2020

天津调查年鉴

Tianjin Survey Yearbook

国家统计局天津调查总队　天津市统计局　编

NBS Survey Office in Tianjin　Tianjin Municipal Bureau of Statistics

中国统计出版社

China Statistics Press

图书在版编目（CIP）数据

天津调查年鉴. 2020 = Tianjin Survey Yearbook 2020 : 汉英对照 / 国家统计局天津调查总队，天津市统计局编. -- 北京 : 中国统计出版社，2020.7
ISBN 978-7-5037-9161-1

Ⅰ. ①天… Ⅱ. ①国… ②天… Ⅲ. ①统计资料－天津－2020－年鉴－汉、英 Ⅳ. ①C832.21-54

中国版本图书馆 CIP 数据核字（2020）第 087700 号

天津调查年鉴 -2020

作　　者 / 国家统计局天津调查总队　天津市统计局
责任编辑 / 李　冲　张　洁
装帧设计 / 李雪燕
出版发行 / 中国统计出版社
通信地址 / 北京市丰台区西三环南路甲 6 号　邮政编码 /100073
电　　话 / 邮购（010）63376909　书店（010）68783171
网　　址 / http://www.zgtjcbs.com/
印　　刷 / 河北鑫兆源印刷有限公司
经　　销 / 新华书店
开　　本 / 880mm×1230mm　1/16
字　　数 / 324 千字
印　　张 / 13　0.5 彩页
版　　别 / 2020 年 7 月第 1 版
版　　次 / 2020 年 7 月第 1 次印刷
定　　价 / 280.00 元　280.00yuan(RMB)

本书附同版本 CD-ROM 一张，光盘内容以书面文字为准。
如有印装差错，由本社发行部调换。

2019 年全市居民人均可支配收入构成

2019 年全市居民人均消费支出构成

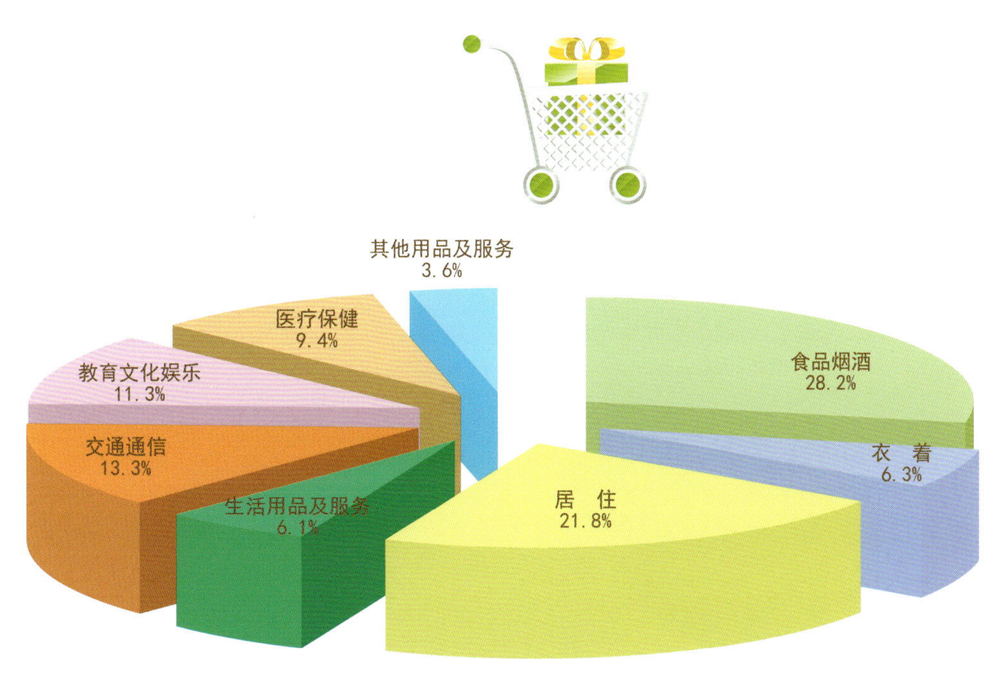

2019年城镇居民人均可支配收入构成

2019年城镇居民人均消费支出构成

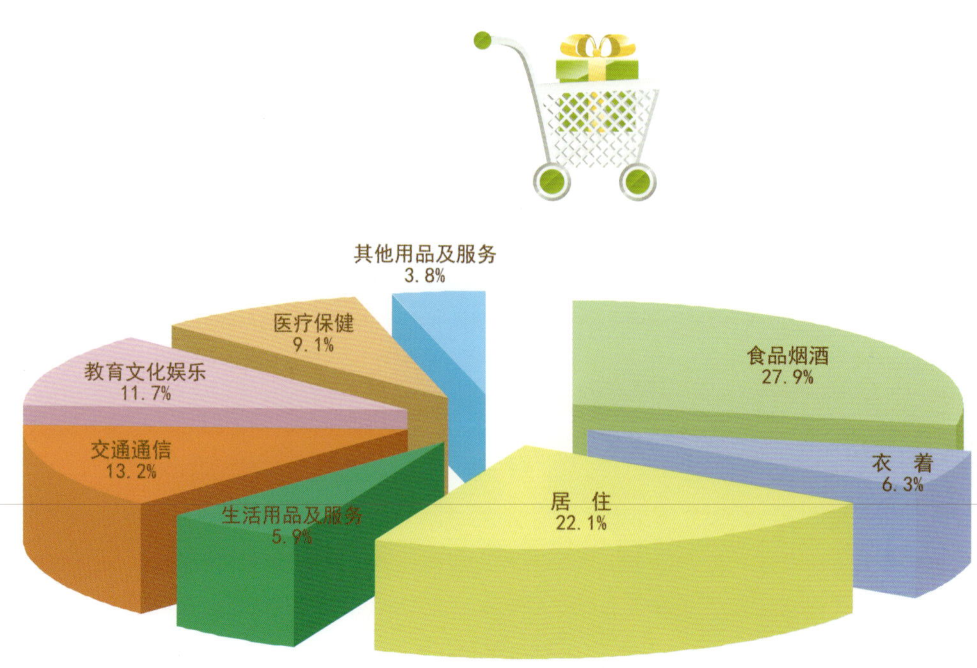

2019年农村居民人均可支配收入构成

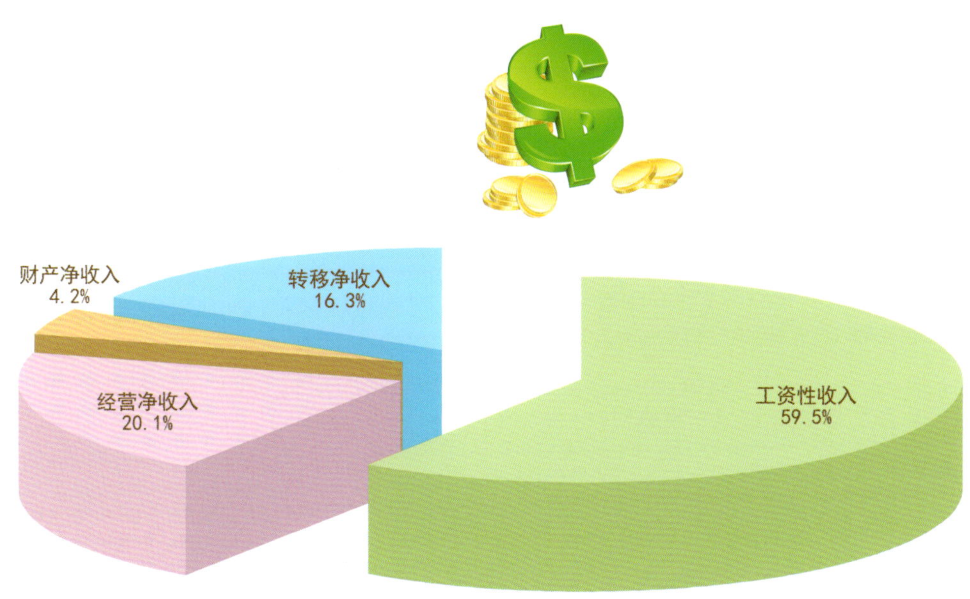

2019年农村居民人均消费支出构成

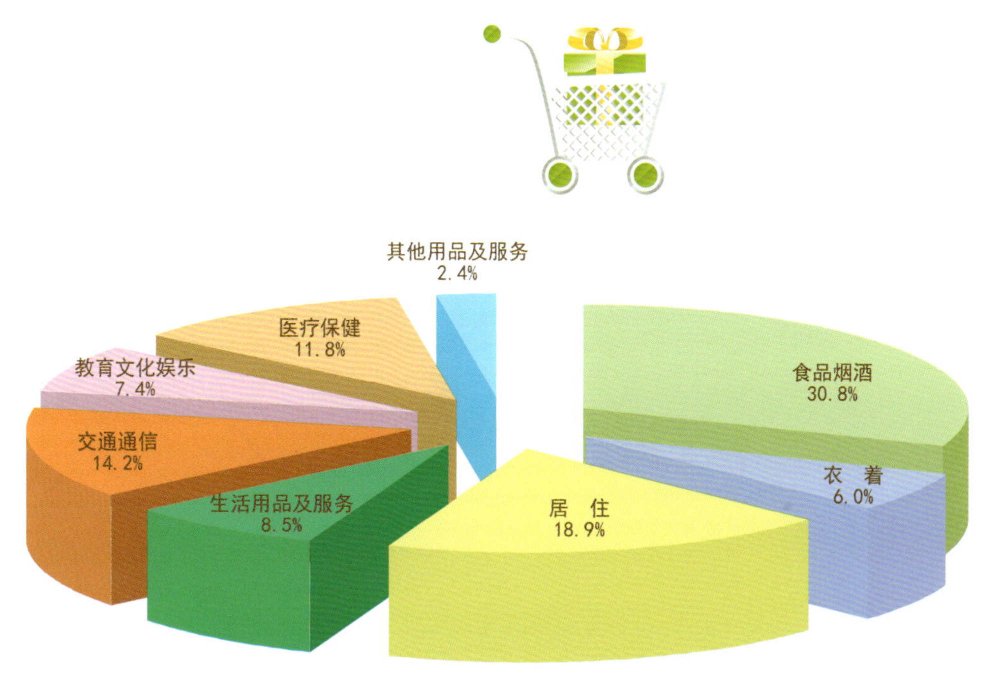

2006-2019 年商品零售价格指数和居民消费价格指数

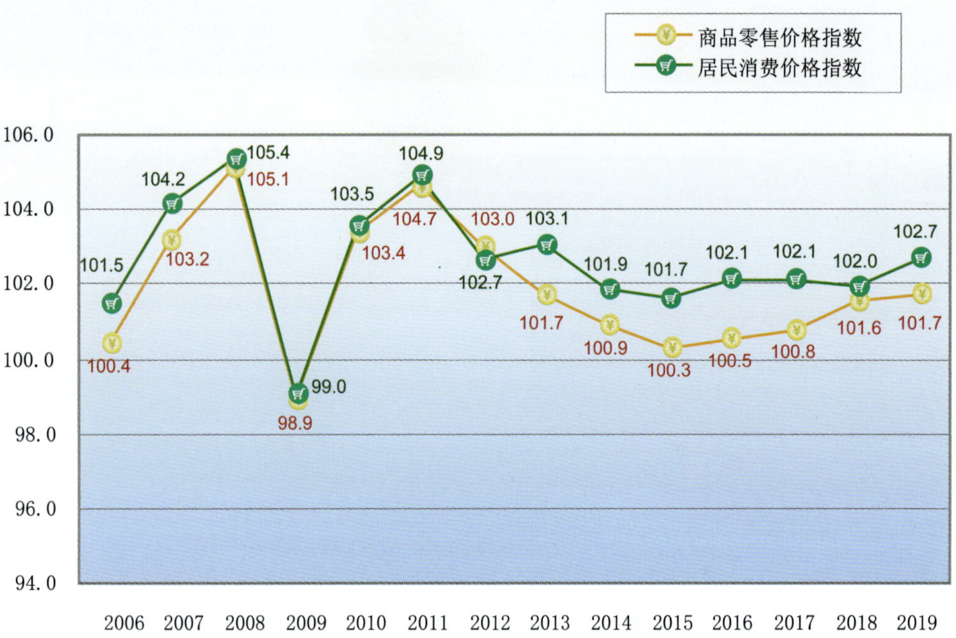

2006-2019 年工业生产者出厂价格指数和购进价格指数

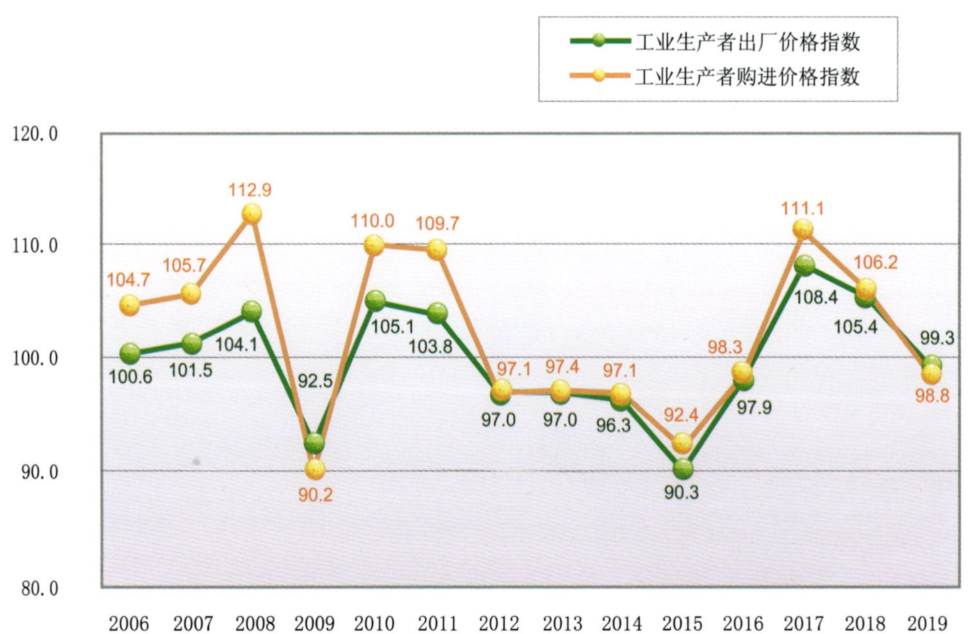

2019 年 1–12 月住宅销售价格指数（新建商品住宅）

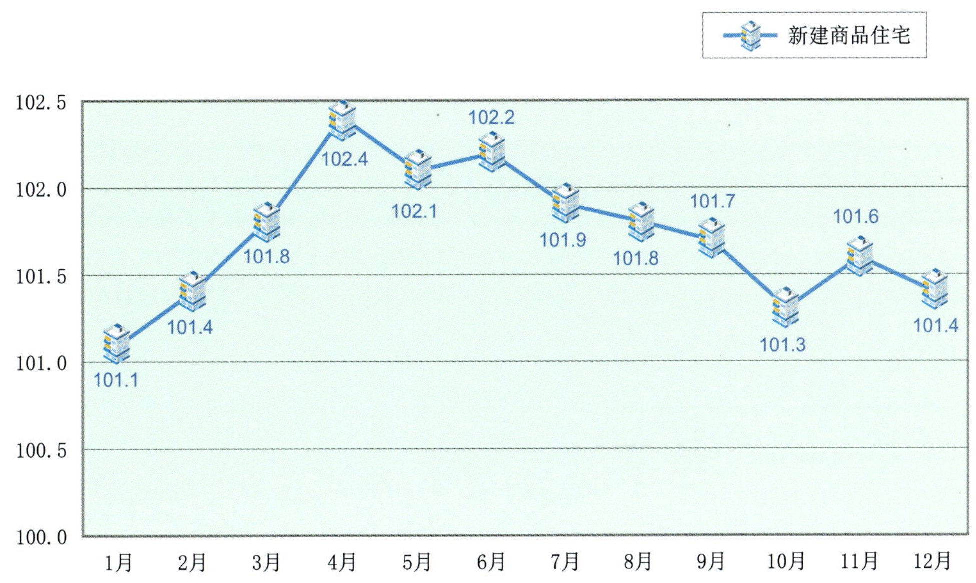

2019 年 1–12 月住宅销售价格指数（二手住宅）

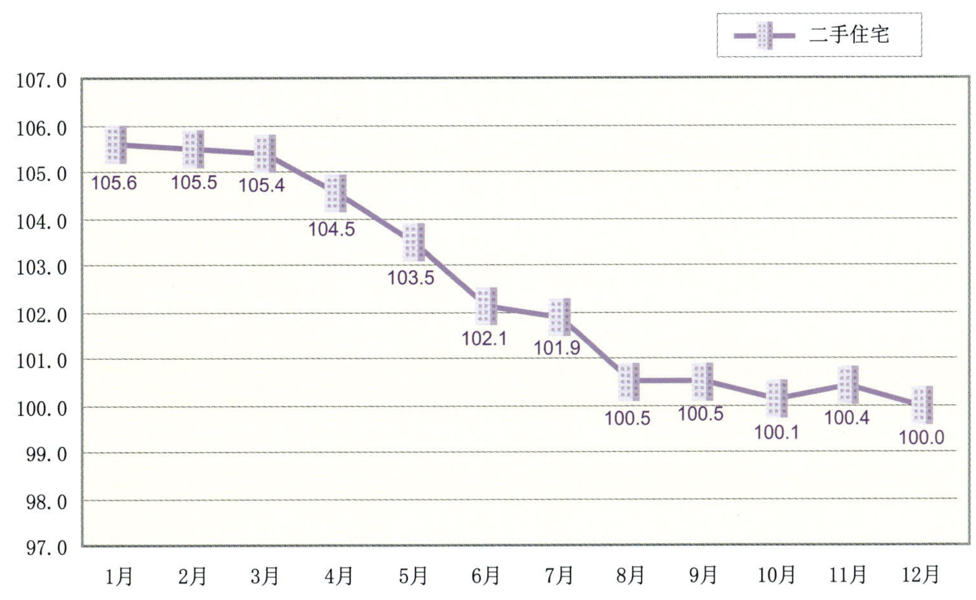

天津调查年鉴—2020

编辑委员会

Tianjin Survey Yearbook 2020
Editorial Board and Staff

编者说明

一、《天津调查年鉴》是一部反映天津城乡居民生活、居民消费价格、工业生产者价格、房地产价格、固定资产投资价格、农村与农业发展情况的统计资料工具书，创刊于 2006 年，逐年出版。本书以翔实的抽样调查资料与统计资料向社会各界展现天津经济与民计民生发展状况，成为社会各界了解天津、认识天津和分析研究天津经济和社会发展的权威性资料工具书。

二、《天津调查年鉴 2020》载有综合篇、人民生活篇、价格及价格指数篇、农业篇四个篇目。为方便读者使用，在书中每篇后注明统计指标解释。

三、本年鉴数据资料所使用的计量单位，除部分面积单位使用亩或万亩外，其他均为国际统一标准计量单位。

四、本年鉴统计图表中，“#”表示其中的主要项，“空格”表示统计指标无数据，“…”表示数据不足本表最小计量单位数。

五、由于与不同年份有关专业的普查结果相衔接，以及国家统计制度变化等原因，年鉴中部分指标的历史年度数据会有变动。读者在使用历史资料时，凡以前的年鉴与本年鉴数据有出入的，均以本年鉴为准。

六、感谢广大读者对《天津调查年鉴》编辑出版工作的支持和帮助，欢迎继续提出宝贵意见，使《天津调查年鉴》的形式和内容更趋完善。

EDITOR’S NOTES

Ⅰ.*Tianjin Survey Yearbook* is a statistics publication, which reflects various aspects of the livelihood of urban and rural Tianjin residents, consumer prices, industrial producer prices, real estate price, fixed-asset investment prices, purchasing managers' index, rural and agricultural development. It was created in 2006 and published annually ever since. Possessing plentiful and detailed Sampling survey and statistical materials to reflect various aspects of Tianjin's economic and the development of people's livelihood, the yearbook has become the most authoritative statistics publication for various circles to get to know Tianjin and to analyze Tianjin's economic and social development.

Ⅱ. There are four chapters in *Tianjin Survey Yearbook 2020* including General Survey, People's Living Conditions, Price and Price Indices, Agriculture. To facilitate and ensure comprehension, there are explanatory notes attached after each chapter.

Ⅲ. The units of measurement used in this yearbook are internationally standard measurement units except for partial area units which used mu or million mus.

Ⅳ. In the charts of this yearbook："#" indicates a major breakdown of the total; (blank space) indicates the data is not available; and "…" indicates the figure is not large enough to be measured with the smallest unit in the table.

Ⅴ. Some data in this yearbook is different from former yearbook for the reason of keeping consistent with data of census as well as changes of national statistics system. The data of this yearbook should be considered as authoritative.

Ⅵ. The readers' support and help during the editing and publishing work of *Tianjin Survey Yearbook* is very much appreciated. And we hope for your valuable suggestions to make the form and content of *Tianjin Survey Yearbook* more perfect.

目 录

Contents

一、综合

GENERAL SURVEY

二、人民生活

PEOPLE’S LIVING CONDITIONS

三、价格及价格指数

PRICE AND PRICE INDICES

四、农 业

AGRICULTURE

一、综　合

Chapter 1

GENERAL SURVEY

2019年天津市国民经济和社会发展统计公报

天津市统计局
国家统计局天津调查总队

2019年，天津市以习近平新时代中国特色社会主义思想为指导，以习近平总书记对天津工作提出的“三个着力”重要要求为元为纲，特别是深入学习贯彻习近平总书记视察天津重要指示和在京津冀协同发展座谈会上的重要讲话精神，按照市委、市政府决策部署，坚持稳中求进工作总基调，坚持贯彻新发展理念，坚持落实“巩固、增强、提升、畅通”八字方针，着力做好稳就业、稳金融、稳外贸、稳外资、稳投资、稳预期工作，全市经济运行稳中有进、稳中向好，高质量发展扎实推进，动能转换步伐加快，营商环境明显改善，市场活力不断释放，民生福祉持续增进，社会事业发展取得新成效。

一、综合

2019年，全市生产总值（GDP）14104.28亿元，比上年增长4.8%。其中，第一产业增加值185.23亿元，增长0.2%；第二产业增加值4969.18亿元，增长3.2%；第三产业增加值8949.87亿元，增长5.9%。三次产业结构为1.3∶35.2∶63.5。

财政收支增长较快。在大规模减税降费的背景下，2019年一般公共预算收入2410.25亿元，比上年增长14.4%。其中，税收收入1634.20亿元，增长0.6%，占一般公共预算收入的比重为67.8%。从主体税种看，增值税728.30亿元，增长4.3%；企业所得税323.78亿元，增长1.3%；个人所得税96.47亿元，下降25.7%。全年一般公共预算支出3508.71亿元，增长13.0%。其中，城乡社区支出751.21亿元，增长34.0%；社会保障和就业支出550.57亿元，增长8.8%；教育支出466.98亿元，增长4.3%；卫生健康支出197.73亿元，增长2.4%。

供给侧结构性改革持续深化。去产能扎实推进，2019年四季度，全市规模以上工业产能利用率为78.2%，全年平均工业产能利用率为76.4%，产能利用较为充分；水泥产量增长5.3%，增速比上年回落48.1个百分点，平板玻璃产量下降1.8%。企业降成本成效明显，在不折不扣落实好国家各项减税降费举措的基础上，深入实施天津市6批降成本政策措施，实施“三个一律免征”，2019年规模以上工业企业百元营业收入成本84.86元，比年初2月份减少0.80元，为全年最低水平。投资补短板取得积极进展，教育、卫生和社会工作等民生领域投资分别增长46.9%和98.9%。

新动能持续发展壮大。2019年，规模以上工业中战略性新兴产业增加值增长3.8%，快于全市工业0.4个百分点，高技术产业和战略性新兴产业增加值占规模以上工业增加值的比重分别达到14.0%和20.8%。经开区生物医药产业集群、高新区网络信息安全产品和服务产业集群获批国家第一批战略性新兴产业集群。滨海新区化工新材料、宝坻动力电池材料特色集群初步形成。360上市公司、紫光云总部、TCL北方总部、国美智能等落户，三星动力电池、杰科生物医药研发和生产基地、康希诺生物创新疫苗产业化等项目竣工，海尔全球首个“智能+5G”智慧园区建成使用。新能源汽车、工业机器人、服务机器人等新产品产量分别增长56.7倍、40.0%和85.8%。规模以上服务业中，新服务、高技术服务业、战略性新兴服务业营业收入均实现两位数增长，分别增长14.8%、19.3%和12.4%。

营商环境进一步改善。制定《天津市优化营商环境条例》，不断深化“一制三化”改革，深入落实“天津八条”“民营经济 19 条”及 32 项配套细则，召开企业家大会。一般社会投资项目从获得土地到取得施工许可证平均时间压缩到 75 天以内，企业开办时间压缩至 1 天。建成天津网上办事大厅，96%的政务服务事项实现“一网通办”。2019 年，全市新登记市场主体 26.70 万户，增长 20.7%，其中新登记民营市场主体 26.49 万户，增长 21.1%，占全市的比重为 99.2%。

国企改革深入推进。7 家市属企业成功实现集团层面混改，带动所属 276 户企业混改，其他二级及以下企业 53 家完成混改，共吸引社会资本 315.9 亿元。国企管理层市场化改革取得实效，11 家市属一级企业面向社会公开选聘职业经理人。

主要民营经济指标发展势头良好。2019 年，全市民营经济增加值增长 5.1%，快于全市经济 0.3 个百分点；规模以上民营企业工业总产值增长 4.1%，快于全市 0.1 个百分点，占比 32.6%；民间投资占比 41.1%，其中工业民间投资增长 11.5%，租赁和商务服务业民间投资增长 33.2%，科研和技术服务业民间投资增长 15.0%；民营企业出口增长 5.5%，占比 36.7%；规模以上服务业中，民营企业营业收入增长 12.4%，营业利润增长 11.6%，占比分别达到 59.9%和 55.2%。

居民消费价格温和上涨。2019 年，全市居民消费价格上涨 2.7%。其中，食品价格上涨 6.0%，非食品价格上涨 2.0%；消费品价格上涨 2.7%，服务价格上涨 2.6%。

工业生产者价格同比下降。2019 年，全市工业生产者出厂价格下降 0.7%，工业生产者购进价格下降 1.2%。

二、农业

农业生产保持稳定。全年农林牧渔业总产值 414.35 亿元，比上年增长 0.4%。其中，农业产值 202.91 亿元，增长 2.6%；林业产值 21.91 亿元，增长 1.2 倍；牧业产值 100.39 亿元，下降 14.3%；渔业产值 74.43 亿元，增长 10.0%；农林牧渔专业及辅助性活动产值 14.71 亿元，增长 8.0%。粮食产量 223.25 万吨，增长 6.5%；蔬菜产量 242.78 万吨；肉类产量 30.28 万吨；水产品产量 26.22 万吨；禽蛋产量 19.36 万吨；牛奶产量 47.37 万吨。

现代都市型农业加快发展。建成 26 万亩高标准农田，小站稻种植面积达到 80 万亩，培育国家级龙头企业 17 家。实施稳定生猪生产行动计划，创建畜禽标准化示范区 30 个、优质高效渔业养殖生产基地 50 个，农产品监测总体合格率达到 99.8%。创建蓟州出头岭等产业强镇，打造产业融合载体。宁河区潘庄镇产业融合发展示范园、蓟州渔阳都市农业科技园分别入选第一、二批国家级农业产业融合示范园。杨柳青文旅特色小镇典型经验和天津推动特色小镇高质量发展典型做法在全国推广。农村人居环境持续改善，改造提升户厕 22.7 万座、公厕 2785 座，建成 791 个村生活污水处理设施。建成美丽村庄 250 个。

三、工业和建筑业

工业生产稳中向好。全年全市工业增加值比上年增长 3.6%，规模以上工业增加值增长 3.4%，比上年加快 1.0 个百分点。在规模以上工业中，分门类看，采矿业增加值增长 3.0%，制造业增长 3.3%，电力、热力、燃气及水生产和供应业增长 6.0%；分行业看，39 个行业大类中 20 个行业增长，其中汽车制造业增长 13.7%，黑色金属冶炼和压延加工业增长 18.6%，医药制造业增长 8.8%，电气机械和器材制造业增长 10.9%，石油和天然气开采业增长 1.7%。规模以上工业在目录的 412 种产品中，221 种产量增长，占目录产品的 53.6%，增长面比上年扩大 2.8 个百分点。规模以上工业企业营业收入增长 3.5%，营业收入利润率为 6.5%。

建筑业实现平稳增长。全年建筑业增加值增长 0.3%，建筑业总产值 4096.50 亿元，增长 8.1%。建筑业企业房屋施工面积 15616.89 万平方米，其中新开工面积 4576.21 万平方米。截至年末，全市具有特级、一级资质的总专包建筑业企业 322 家，比上年末增加 3 家。

四、批发零售和住宿餐饮

流通消费市场基本稳定。全年批发和零售业商品销售额增长 2.2%。限额以上单位商品零售额中，家用电器和音像器材类零售额增长 15.6%，智能手机增长 15.1%；日用品类增长 9.7%，饮料类增长 7.7%，书报杂志类增长 2.3%。夜间经济繁荣发展，先后建成运营 6 个市级夜间经济示范区和一批夜市街区，五大道、“哪吒体育节”、意式风情街等夜间经济示范街区成为消费新引擎。

大众餐饮市场持续活跃。全年住宿和餐饮业营业额增长 10.0%，其中限额以下住宿餐饮业营业额增长 11.2%，快于全市 1.2 个百分点；限额以上住宿和餐饮业单位中，快餐类单位营业额增长 6.1%，餐饮配送类增长 30.8%，小吃类增长 22.4%。

五、固定资产投资

固定资产投资增长较快。全年固定资产投资（不含农户）比上年增长 13.9%。分产业看，第一产业投资增长 10.3%；第二产业投资增长 17.4%，其中食品制造业增长 64.5%，医药制造业增长 88.6%，计算机通信和其他电子设备制造业增长 57.9%；第三产业投资增长 12.8%，其中金融业增长 1.1 倍，租赁和商务服务业增长 34.2%。分领域看，工业投资增长 17.9%，基础设施投资增长 13.6%，其中交通运输和邮政业增长 23.4%。

坚持“房子是用来住的，不是用来炒的”定位，坚决落实“稳地价、稳房价、稳预期”目标要求，落实一城一策、因城施策的房地产市场长效管理机制，房地产开发投资增长 12.5%。商品房销售面积 1478.68 万平方米，增长 18.3%；销售额 2274.14 亿元，增长 13.3%。

六、交通、运输和邮电

交通运输业增势较好。全年货运量 56940.61 万吨。其中，铁路 9887.42 万吨，水运 8954.91 万吨。货物周转量 2244.03 亿吨公里。其中，铁路 271.69 亿吨公里，水运 1546.01 亿吨公里。客运量 1.96 亿人次，增长 1.9%；旅客周转量 585.11 亿人公里，增长 5.7%。港口货物吞吐量 4.92 亿吨，增长 4.1%；集装箱吞吐量 1730.07 万标准箱，增长 8.1%。机场旅客吞吐量 2381.33 万人次，增长 0.9%；机场货邮吞吐量 22.62 万吨，下降 12.6%。截至年末，全市民用汽车保有量 306.97 万辆，其中私人汽车 258.81 万辆；民用轿车 195.10 万辆，其中私人轿车 176.89 万辆。

邮电业务量保持高速增长。全年邮电业务总量 1343.77 亿元，比上年增长 57.9%。其中，电信业务总量 1194.97 亿元，增长 62.4%；邮政行业业务总量 148.80 亿元，增长 29.0%。全年快递业务量 6.97 亿件，增长 21.1%。年末移动电话用户 1704.7 万户，增长 3.4%。互联网宽带接入端口 1092.6 万个，增长 20.2%。积极开展 5G 应用试点示范，在智能制造、教育、媒体、医疗、港口、自动驾驶等 10 多个领域实现 5G 示范应用。

七、金融

金融存贷款余额规模继续扩大。截至年末，全市金融机构（含外资）本外币各项存款余额 31788.78 亿元，比年初增加 795.83 亿元，比上年末增长 2.6%；各项贷款余额 36141.27 亿元，比年初增加 2026.11 亿元，增长 6.0%。

证券市场发展取得新进展。全年新增境内外上市公司 6 家。年末境内上市公司 54 家，新三板挂牌公司 162 家。年末证券账户 554.92 万户，比上年末增长 7.4%。全年各类证券交易额 39933.63 亿元，增长 7.4%。其中，股票交易额 21328.83 亿元，增长 20.8%；债券交易额 16899.11 亿元，下降 0.2%；基金交易额 1659.11 亿元，下降 34.3%。期货市场成交额 101536.32 亿元，增长 52.4%。

保险市场增长较快。全年原保险保费收入 617.89 亿元，比上年增长 10.3%。其中，人身险保费收入 465.70

亿元，增长 12.1%；财产险保费收入 152.19 亿元，增长 5.4%。全年赔付支出 158.17 亿元，比上年下降 3.6%。其中，人身险赔付 78.87 亿元，下降 5.8%；财产险赔付 79.29 亿元，下降 1.4%。

八、开发开放

招商引资势头良好。全年共引进内资项目 4525 个，实际利用内资 2882.44 亿元，增长 8.5%。引进服务业项目 3654 个，到位资金 2489.13 亿元，增长 3.1%，占比 86.4%；引进制造业项目 598 个，到位资金 279.68 亿元，增长 58.3%，占比 9.7%。全市新批外商投资企业 711 家，合同外资额 315.94 亿美元，实际直接利用外资 47.32 亿美元，增长 3.0%。

对外开放步伐加快。积极融入“一带一路”建设，大力发展海铁联运，国际集装箱班列开行 491 列，11 个中欧产业合作项目签约，新设立 4 个“鲁班工坊”。全年新设境外企业机构 131 家，中方投资额 15.95 亿美元。对外承包工程新签合同额 50.20 亿美元，完成营业额 54.24 亿美元。年末在外劳务人员 2.15 万人。

对外贸易有所下降。全年外贸进出口总额 7346.03 亿元，下降 9.1%。其中，进口 4328.22 亿元，下降 11.2%；出口 3017.81 亿元，下降 5.9%。一般贸易出口 1577.97 亿元，增长 1.4%；加工贸易出口 1271.44 亿元，下降 10.9%。

自贸试验区改革深入推进。出台支持自贸试验区创新发展措施及行动方案，“深改方案”128 项任务完成 122 项，27 项创新成果在全国复制推广，自由贸易账户政策落地实施。自贸试验区新登记市场主体累计超过 6.4 万户，注册资本超过 2.16 万亿元。

旅游业稳步发展。成功举办 2019 中国旅游产业博览会，出台《天津市促进旅游业发展两年行动计划（2019-2020 年）》，蓟州区入选首批国家全域旅游示范区，全市所有 A 级景区全部实现电子支付功能。全年乡村旅游接待量和综合收入分别增长 9%和 8%。

九、京津冀协同发展

主动服务北京非首都功能疏解和雄安新区建设。承接北京非首都功能疏解取得新成效，国家会展中心、中国核工业大学等开工建设，中国电信京津冀数据中心、中车金融租赁、中科院北京国家技术转移中心天津中心等一批项目引进落地。滨海—中关村科技园累计注册企业达到 1443 家，中关村智能制造科创中心项目投入运营，宝坻京津中关村科技城 15 个承接项目加快施工。主动服务雄安新区建设发展，天津港雄安服务中心揭牌，天津一中等学校在雄安设立校区。全年京冀企业来津投资到位资金 1470.67 亿元，占全市实际利用内资的 51.0%，比上年提高 4.6 个百分点。

深化重点领域协同。津石、塘承高速公路全面开工，对符合条件的国际标准集装箱货车实行高速公路差异化收费；京滨、京唐高铁加快建设，3 条市域（郊）铁路纳入京津冀协同发展交通一体化规划修编，天津滨海国际机场新增加密航线 26 条。深入实施口岸降费提效优化环境专项行动，进出口整体通关时间较上年分别压缩 54.6%和 58.5%。全年天津口岸进出口总额 13845.06 亿元，其中来自京冀的货物比重达到 32.0%，比上年提高 1.8 个百分点。强化产业合作，三地 30 余所大学组建一批创新联盟，科技成果展示交易线上平台建成运行，26 个制造类项目对接落户滨唐、滨沧协同发展示范园。强化生态环保联防联控，京津冀河流跨界断面实现统一采样、统一监测，永定河综合治理与生态修复稳步推进，“通武廊”签订环境保护合作框架协议。

十、城市建设和公用事业

城市载体功能不断完善。地铁 1 号线东延线通车运营，4 号线、6 号线二期等地铁线路加快建设，7、11 号线开工建设。整修完成解放南路、光荣道等 20 条重点道路，打通微山路跨大沽南路立交等 3 处快速路瓶颈堵点和登州路等 5 处卡口路段，新外环全线贯通。截至年末，全市公路里程 16146 公里，其中高速公路 1295 公里。新开公交线路 16 条，全市公交线路达到 970 条，公交运营车辆 12746 辆，全年城市公共交通客运量 16.37 亿人次，比上年增长 8.7%，其中轨道交通客运量 5.26 亿人次，增长 28.8%。全方位推动通信基础设施建设，移动宽带、固定宽带下载速率均跃居全国第 3 位；开展 5G 网络建设，截至 2019 年底已建设 5G 基站 8532 个。

公用事业服务能力增强。完成供热旧管网改造 100 公里、燃气旧管网改造 70 公里。开工建设 11 座垃圾处理设施，新增垃圾日处理能力 3424 吨。推行生活垃圾分类，覆盖居民 180 万户。全社会用电量 878.43 亿千瓦时，其中城乡居民生活用电量 114.20 亿千瓦时。

十一、教育和科学技术

教育事业发展取得新成效。完成 260 所义务教育学校第三轮现代化达标验收，推出 54 个普通高中学科特色课程基地，7 所高职院校、10 个专业群入选全国“双高计划”，全国新工科教育创新中心落户天津大学，天津茱莉亚学院大学预科项目正式开学。关注“一小”问题，实施学前教育两年行动，新增幼儿园学位 6 万余个。截至年末，全市共有普通高校 56 所，中等职业教育学校 74 所，普通中学 527 所，小学 877 所。全年研究生招生 2.55 万人，在校生 7.33 万人，毕业生 1.85 万人。普通高校招生 15.96 万人，在校生 53.94 万人，毕业生 13.71 万人。中等职业教育学校招生 3.21 万人，在校生 9.97 万人，毕业生 3.67 万人。普通中学招生 15.18 万人，在校生 46.20 万人，毕业生 13.08 万人。小学招生 12.78 万人，在校生 70.20 万人，毕业生 10.08 万人。幼儿园 2374 所，在园幼儿 27.59 万人。

科技创新实现新跃升。成功举办第三届世界智能大会。新一代超级计算机、国家合成生物技术创新中心等国家级创新平台落户，现代中药、智能网联汽车、生物基材料等制造业创新中心加快推进，国家企业技术中心达到 63 家，市级企业技术中心达到 657 家。发布全球首款脑机接口专用芯片，推出光伏用 12 英寸单晶硅片，海之星智能水下检测机器人填补国内空白，国家技术创新示范企业达到 20 家，国家高新技术企业达 6106 家。实施创新型企业领军计划，6235 家企业通过国家科技型中小企业评价，雏鹰企业、瞪羚企业分别达到 1632 家和 348 家，新认定科技领军企业 15 家、市级“杀手锏”产品 55 个。国家自主创新示范区注册企业超过 2 万家。年末全市共有国家级重点实验室 13 个，国家级工程（技术）研究中心 12 个。全年签订技术合同 13977 项，合同成交额 923 亿元，技术交易额 508 亿元。

科学研究硕果累累。全市 17 项科技成果获得国家科学技术奖，其中，自然科学奖 2 项，包括一等奖 1 项，二等奖 1 项；科技进步奖 15 项，包括特等奖 2 项，一等奖 1 项，二等奖 12 项。市级科技成果登记数 2345 项，其中，属于国际领先水平 93 项，达到国际先进水平 239 项。全年受理专利申请 9.60 万件；专利授权 5.78 万件，其中发明专利 5025 件；年末有效发明专利 3.47 万件。

人才引育成效明显。“海河英才”行动计划累计引进各类人才 24.8 万人，其中资格型、技能型人才分别为 4.8 万人和 6.4 万人。启动“海河工匠”建设，在长征火箭、长城汽车等先进制造业企业建立 205 个企业培训中心，覆盖技能工人 15.8 万人。年末在津院士 37 人，新建博士后工作站 35 个，新进站博士后 385 人。

十二、卫生、文化和体育

医疗服务能力显著提升。儿童医院马场院区投入使用，市一中心医院新址改扩建项目封顶，中心妇产医院、胸科医院老院区改造工程开工。国家集中采购和使用试点药品价格大幅降低，二级以上公立医院智慧服务实现全覆盖。院前医疗急救反应速度大幅提高，急救站点增至 171 个。人均期望寿命 81.69 岁，婴儿死亡率控制在 6‰以下。持续实施天津市妇女儿童健康促进计划，服务 401.4 万人次。天津中医药大学第一附属医院成为第四批国家中医临床医学研究中心。截至年末，全市共有各类卫生机构 5964 个，其中医院 441 个。卫生机构床位 6.83 万张，其中医院 6.10 万张。卫生技术人员 10.96 万人，其中执业（助理）医师 4.61 万人，注册护士 4.14 万人。医疗卫生机构诊疗人数 12260 万人次，其中医院诊疗人数 7246 万人次。全年医疗救助总人数 29.32 万人，医疗救助支出 6.13 亿元。

文化事业蓬勃发展。举办庆祝新中国成立 70 周年文化活动，创作《永远的战友》《周恩来回延安》等精品力作。国家海洋博物馆建成开放，市民族文化宫重建启用，北疆博物院旧址等 6 处不可移动文物入选全国重点文物保护单位，首批街镇综合性文化服务中心全面达标。截至年末，全市共有艺术表演团体 198 个，文化馆 17 个，博物馆 68 个，公共图书馆 29 个，街乡镇综合文化站 244 个。全市影院共计 117 家，放映场次 127 万场，观影人数 2565 万人次，实现票房收入 9.44 亿元。全年出版图书 1.04 亿册，期刊 2961 万册，报纸 2.39 亿份。

体育事业发展取得新突破。成功举办全国第十届残运会暨第七届特奥会、“一带一路”海河国际龙舟赛、环团泊湖国际铁人三项赛等大型赛事。2019 年，天津运动员在国内体育赛事中获得 75 枚金牌，在国际赛事中获得 7 枚金牌。大力发展冰雪健身运动，隆重举行第六届全国大众冰雪季启动仪式，并先后举办了第二届中俄青少年冰球友谊赛、天津国际冰壶公开赛等精品赛事，在第十四届全国冬运会上获得天津历史上首枚金牌。积极开展群众体育活动，圆满举办第七届“体彩杯”市民运动会等群众性赛事活动，打造 15 分钟健身圈，体育惠民卡消费补贴超过 3 万人。

十三、人口、就业和人民生活

常住人口规模继续扩大。截至 2019 年末，全市常住人口 1561.83 万人，比上年末增加 2.23 万人。常住人口中，城镇人口 1303.82 万人，城镇化率为 83.48%。常住人口出生率 6.73‰，死亡率 5.30‰，自然增长率 1.43‰。年末全市户籍人口 1108.18 万人。

稳就业工作取得实效。扎实开展援企稳岗“护航行动”，支持青年群体就业创业，新发展见习基地 458 家，帮助 4.38 万名就业困难人员再就业。全年新增就业首次突破 50 万人，达到 50.17 万人，增长 2.39%。

居民收支保持平稳增长。落实 18 项居民增收措施，退休人员基本养老金月人均增加 178 元，城乡居民基础养老金、老年人生活补助继续提高。全市居民人均可支配收入 42404 元，增长 7.3%，比上年加快 0.6 个百分点。按常住地分，城镇居民人均可支配收入 46119 元，增长 7.3%；农村居民人均可支配收入 24804 元，增长 7.5%。全市居民人均消费支出 31854 元，增长 6.5%，其中，教育文化娱乐、医疗保健支出分别增长 12.5%、11.8%。

十四、社会保障和社会救助

社会保障服务能力持续加强。建立职工大病保险制度，覆盖 590 万职工，职工和居民医保门诊报销限额、贫困人口大病保险保障水平进一步提高，失业保险金月人均增加 90 元。截至年末，全市参加职工基本医疗保险人数 595.04 万人，参加居民基本医疗保险人数 541.94 万人，分别比上年增加 19.78 万人和 0.48 万人；参加城镇职工基本养老保险人数 695.57 万人，参加城乡居民养老保险人数 164.49 万人，分别比上年增加 12.41 万人和 3.34 万人；参加城镇职工工伤保险人数 400.22 万人，增加 1.7 万人；参加城镇职工失业保险人数 335.51 万人，增加 12.07 万人；参加城镇职工生育保险人数 341.26 万人，增加 10.84 万人。全面完成 147 万平方米三年棚改任务，6.3 万户近 30 万人受益。完成 8310 万平方米老旧小区及远年住房三年改造任务，127 万户居住品质得到提升。完成 6102 户农村困难群众危房改造。

社会救助体系进一步完善。用心解决“一老”问题，构建以社区为支撑的居家养老服务体系，加强特殊困难群体帮扶，建成“救急难”服务平台，残疾人无障碍导向标识系统进一步完善，城乡低保、低收入家庭救助、特困供养等标准得到新提升。建成 109 个老年日间照料服务中心，年末全市有养老机构 364 个，老人家食堂 1565 家。全市低保对象 14.10 万人，特困供养人员 1.20 万人，各类福利机构年末收养人员 2.78 万人。救助站 10 个，提供救助服务 6991 人次，提供住宿的社会服务机构拥有床位 5.96 万张。全年社会救助总支出 21.55 亿元。

十五、扶贫协作和生态环保

扶贫协作扎实推进。坚持升级加力、多层全覆盖、有限无限相结合，实施东西扶贫协作学校结对、医院结对、校企结对、结对认亲四个全覆盖工程。累计向受援地安排财政资金31.46亿元，实施帮扶项目1144个，选派党政干部和专业技术人员2319人，帮助85万名贫困群众实现就业增收，助力受援地区24个贫困县脱贫摘帽、23个进入脱贫摘帽序列。

污染防治力度加大。持续强化大气污染“五控”治理，完成120万户居民冬季清洁取暖改造，PM2.5平均浓度总体保持稳定，达到51微克/立方米。水环境治理成效明显，完成河湖“清四乱”专项行动，完成10座城镇污水处理厂扩建提升工程，地表水优良水体比例达到50%，提高10个百分点，劣Ⅴ类水体比例首次降至5%，降低20个百分点。渤海综合治理提速推进，制定“一河一策”治理方案，12条入海河流全部消除劣Ⅴ类水体，近岸海域优良水质比例达到81%，提高31个百分点。完成农用地土壤污染详查，污染地块治理深入推进，整治311处非正规垃圾堆放点。

生态环境显著改善。升级保护875平方公里湿地自然保护区，加快推进退耕还湿、土地流转、河湖水系连通，建成武清永定河故道、宝坻潮白河国家湿地公园。加快建设736平方公里双城间绿色生态屏障，大力推进生态修复等十大工程，初步形成林水相依、可亲近体验的生态场景。提升153公里海岸线生态功能，加快实施生态廊道建设和岸滩修复工程。新增植树造林40万亩，新增城市绿道河西示范段、子牙滨河公园等一批城市公园，海河沿线夜景品质全面升级。

注：1. 本公报中数据均为初步统计数。

2. 全市生产总值、各产业增加值绝对数按现价计算，增长速度按不变价格计算。

3. 规模以上工业企业是指年主营业务收入2000万元及以上的全部法人工业企业。

4. 规模以上服务业企业是指年营业收入1000万元及以上，或年末从业人员50人及以上的交通运输、仓储和邮政业，信息传输、软件和信息技术服务业，房地产业（不含房地产开发经营），租赁和商务服务业，科学研究和技术服务业，水利、环境和公共设施管理业，教育，卫生和社会工作法人单位；年营业收入500万元及以上，或年末从业人员50人及以上的居民服务、修理和其他服务业，文化、体育和娱乐业法人单位。

5. 限额以上批发业企业是指年主营业务收入2000万元及以上的批发业企业；限额以上零售业企业是指年主营业务收入500万元及以上的零售业企业；限额以上住宿和餐饮业企业是指年主营业务收入200万元及以上的住宿和餐饮业企业。

6. 固定资产投资（不含农户）统计口径范围为计划总投资500万元及以上的固定资产项目投资及全部房地产开发项目投资。

7. 电信业务总量按2015年价格计算。

8. 邮政行业业务总量按2010年价格计算。

天津居民收入持续增长　生活水平稳步提升

2019 年，天津市面对艰巨、繁重、复杂的改革发展任务和各种突发难题，坚持以习近平新时代中国特色社会主义思想为指导，深入贯彻落实习近平总书记对天津工作的重要指示批示精神，认真落实党中央大政方针和市委决策部署，锐意进取、攻坚克难，坚持高质量发展不动摇，扎实践行新发展理念，深入推进供给侧结构性改革，保持了经济社会稳中有进、稳中向好的发展势头。同时不断增强民生保障，落实多项增收措施，全面完成 20 项民心工程，居民收入持续增长，生活水平稳步提升。

一、稳就业惠民生，居民收入加快增长

2019 年全市统筹推进稳增长、促改革、调结构、惠民生、防风险工作，全力做好“六稳”工作，出台落实多项居民增收政策，实现了居民收入加快增长。2019 年天津居民人均可支配收入 42404 元，比上年名义增长 7.3%，较上年加快 0.6 个百分点；扣除价格因素，实际增长 4.5%。其中，城镇居民人均可支配收入 46119 元，增长 7.3%，较上年加快 0.6 个百分点；农村居民人均可支配收入 24804 元，增长 7.5%，较上年加快 1.5 个百分点。农村居民收入增速逐步回升，超过城镇居民收入增速 0.2 个百分点，城乡居民收入比为 1.86，城乡居民收入差距略有缩小。

（一）高质量充分就业促进工资性收入较快增长

2019 年，各级党委政府在提高就业质量和收入水平上持续发力，促进工资性收入较快增长。居民人均工资性收入 27002 元，增长 7.5%，对居民可支配收入增长的贡献率达到 65.0%，是居民增收第一动力。分城乡看，城镇居民人均工资性收入 29588 元，增长 7.4%，拉动城镇居民人均可支配收入增长 4.7 个百分点；农村居民人均工资性收入 14750 元，增长 8.7%，拉动农村居民人均可支配收入增长 5.1 个百分点。

一是不断稳定和扩大就业，深入实施大学生就业创业引领计划，搞好化解过剩产能企业人员安置工作，做好军队退役人员安置、管理、服务和保障，发挥“海河英才”“海河工匠”“春风行动”等稳就业、促就业政策优势。二是加强职业技能培训，继续开展针对农村劳动力和退役军人的职业教育和技能培训，促进农民转移就业，大力扶持退役军人就业创业。三是提升收入水平，包括调整机关事业单位基本工资标准，发放“创文”“创卫”奖金，规范和保障义务教育教师工资待遇，提升防暑降温费，发布部分行业工资指导线，以及部分国有企业混改和二级公立医院改革成效初现等。

（二）红利收入带动财产净收入持续增加

2019 年，全市居民人均财产净收入为 3908 元，增长 8.9%，其中城镇居民人均财产净收入为 4515 元，增长 8.8%；农村居民人均财产净收入为 1034 元，增长 12.2%。红利收入是促进财产净收入持续增长的重要因素，这主要得益于完成农村集体产权制度改革试点任务，推动农村集体经营性土地入市，加快承包地经营权有序流转，村集体收入增加，从而给村民发放了更多的分红。

（三）惠民政策助推转移净收入快速增长

2019 年，全市居民人均转移净收入为 8398 元，增长 12.6%，其中城镇居民人均转移净收入为 9319 元，增长 11.7%；农村居民人均转移净收入为 4035 元，增长 24.5%。市委市政府倾心用力保障和改善民生，不断完善社会保障体系，出台多项政策推动转移收入增长。一是继续提高退休人员基本养老金、城乡居民基础养老金和老年人生活补助标准；二是提升医保保障水平，建立职工大病保险制度，提高职工和居民医保门诊报销限额和贫困人口大病保险保障水平，人均报销医疗费增长 18.7%；三是全力做好兜底保障工作，继

续提高优抚对象定期抚恤补助、城乡低保、低收入家庭救助、特困供养标准，保障低收入群体的收入增长；四是深入开展农村人居环境整治，推进农村地区清洁取暖改造、改造提升户厕、实施新一轮农村饮水提质增效工程，并为居民提供相关补贴，从而带动转移净收入大幅增长。

（四）经营净收入同比下降

受城镇化发展和农村劳动力转移就业等因素影响，2019 年全市居民人均经营净收入为 3095 元，下降 7.4%，其中城镇居民人均经营净收入为 2697 元，下降 7.8%；农村居民人均经营净收入为 4985 元，下降 6.6%。但粮食丰收、种植结构优化、强化品牌农业生产、生猪等畜牧产品价格上涨、促进夜间经济发展、积极推动休闲农业和乡村旅游发展等因素对于稳定经营净收入发挥了积极作用。

二、优结构重服务，居民生活水平持续提升

2019 年天津居民人均消费支出 31854 元，增长 6.5%。其中，城镇居民人均消费支出 34811 元，增长 6.6%；农村居民人均消费支出 17843 元，增长 5.8%，城乡居民消费支出总体保持稳步增长。同时消费结构逐步优化，服务消费增长势头强劲，居住条件和生活设施进一步改善，生活水平持续提升。

（一）恩格尔系数进一步降低

2019 年，居民人均食品烟酒消费支出 8984 元，增长 3.9%，其占消费支出的比重（恩格尔系数）为 28.2%，比上年下降 0.7 个百分点。受猪肉价格大幅上涨的影响，人均肉类消费量，尤其是猪肉消费量大幅下降，但购买肉类支出增长 6.2%，而作为主要替代品的禽类消费量和支出快速增长。居民饮食结构更加均衡，营养更加全面，薯类、豆类、水产品、蛋类、干鲜瓜果等人均消费量增加，油脂类、谷物、糖果糕点类等人均消费量有所下降。

（二）教育文化娱乐持续成为消费热点

2019 年，教育文化娱乐持续成为消费热点，是增长速度最快的消费类别，人均教育文化娱乐支出达到 3584 元，增长 12.5%。各种兴趣班、辅导班、语言培训等种类多样，线上、线下不同培训方式可供选择，居民对子女教育、自身能力提升的关注度持续走高，人均教育支出快速增长 20.5%。出境游、亲子游等个性化的旅游产品供给增多，举办庆祝新中国成立 70 周年系列文艺展演活动、国家海洋博物馆建成开放、民族文化宫重建启用等为居民提供更多娱乐选择，观影、看话剧等各类休闲活动充实丰富居民的课外业余生活，带动相关消费支出较快增长。

（三）惠民政策为居民带来福利

城乡医保保障水平不断提升，居民享受到更多的医疗服务，人均医疗保健支出增长 11.8%。清洁能源取暖和农村户厕改造，带动人均居住支出和生活用品及服务支出分别增长 8.4%和 7.6%。网络提速降费持续推动，移动网络扩容升级，居民人均移动电话费和上网费支出下降，有效降低了居民通信服务成本，人均通信服务支出下降 14.8%。积极推行国家组织药品集中采购和使用试点，部分常用药价格大幅降低，有效减轻患者药费负担，人均购买药品支出下降 7.2%。

（四）服务消费增长势头强劲

2019 年，人均居民服务性消费增长 13.2%，高出消费支出增速 6.7 个百分点。其中，人均饮食服务增长 15.5%，交通费支出增长 16.3%，旅馆住宿支出增长 26.8%，美容美发洗浴支出增长 30.6%。居民文化娱乐活动形式多样，人均购买景点门票支出增长 41.4%，观看电影话剧演出支出增长 38.1%。子女教育和提升个人素质的培训仍然是居民家庭关注的消费热点，各阶段教育培训等方面的消费支出均呈现快速增长。

（五）生活条件和设施继续完善

2019 年，天津市全力完成 20 项民心工程，着力推进老旧小区改造和农村人居环境整治，完善社会公共服务，改善城乡居住环境，居民居住条件和生活设施进一步改善。

公共设施更加完善。96.5%的社区（村）饮用水经过集中净化处理，提高 1.2 个百分点；99.8%的社区（村）内主要道路路灯设施齐全，提高 1.0 个百分点；77.6%的社区（村）内主要道路有绿化园林景观设计，提高

4.7 个百分点。

居住条件明显提升。有卫生厕所的户比重为 96.9%，提高 6.9 个百分点；采用集中供暖的户比重为 82.7%，提高 4.9 个百分点；自行取暖的住户中，使用电或天然气的户比重为 67.9%，提高 16.5 个百分点。

扫黑除恶成效显著。社区安全保障继续完善，77.5%的社区（村）设有专职安全保卫人员，提高 2.8 个百分点；治安环境持续优化，92.7%的社区（村）全年未发生过盗窃或其他刑事案件，提高 9.4 个百分点。

2019年天津城镇居民收支情况分析

一、城镇居民收支总体情况

2019 年，全市上下深入贯彻落实习近平总书记对天津工作的重要指示批示精神，持续推动高质量发展不动摇，扎实践行新发展理念，推进供给侧结构性改革，经济稳中有进、稳中向好。国家统计局天津调查总队抽样调查结果显示，2019 年城镇居民人均可支配收入为 46119 元，比去年名义增长 7.3%，扣除价格因素实际增长 4.5%；人均生活消费支出为 34811 元，比去年名义增长 6.6%，扣除价格因素实际增长 3.8%。

在全国 31 省（自治区、直辖市）中，城镇居民收入绝对值水平位居第 6 位，排在北京、上海、浙江、江苏和广东之后，高出全国平均水平 3760 元；消费绝对值水平位居第 4 位，仅次于上海、北京和浙江，高出全国平均水平 6747 元。居民收入增速排第 21 位，较去年提高 4 位。

从收入构成看，工资性收入、经营净收入、财产净收入和转移净收入占比分别为 64.2%、5.8%、9.8%和 20.2%，其中经营净收入占比较去年略有下降；从收入增长看，工资性收入、财产净收入和转移净收入均保持增长态势，经营净收入则有所减少。

从消费构成看，教育文化娱乐和医疗保健等发展享受型消费占比较去年有所提高，食品烟酒、衣着和生活用品及服务等基础性消费占比则有所下降；从消费增长看，八大类消费支出呈现“六升两降”态势，除衣着和交通通信支出较去年略有下降外，其余均呈现不同程度增长，服务性支出增长较快。

二、城镇居民收入变化特点

（一）工资性收入为增收主动力

城镇居民人均工资性收入为 29588 元，增长 7.4%，占人均可支配收入的比重为 64.2%，对收入增长的贡献率为 64.6%，是拉动全年城镇居民增收的主动力。天津各级党委政府坚持就业优先战略，在稳岗位、促创业、提技能、帮助困难群体就业等多方面出台措施，利用“海河英才”“海河工匠”等政策引进优秀人才，扩大就业规模，推进高质量更充分的就业，确保就业形势“稳中有进”，2019 年全市新增就业首次突破 50 万人，增长 2.4%。部分国有企业混改和二级公立医院改革成效显现，职工工资水平有所上升。同时上调机关事业单位人员基本工资和防暑降温费、调整住房公积金缴存基数、规范和保障义务教育教师工资待遇、发布部分行业工资指导线等政策性因素促进了工资性收入的增长。

（二）转移净收入增速领跑

城镇居民人均转移净收入为 9319 元，增长 11.7%，占人均可支配收入的比重为 20.2%，对人均可支配收入增长的贡献率为 31.0%。社会保障体系的完善和保障水平的提升等惠民政策支撑了转移净收入的快速增长。2019 年，继续提高机关企事业单位离退休人员基本养老金，以及城乡居民基础养老金待遇，领取退休金人数增加，带动人均养老金或离退休金收入增长 12.5%；全面提高基本医保待遇水平，报销比例和限额提高、保障范围扩大，带动人均报销医疗费收入增长 16.3%。完善民生兜底保障，最低生活保障、低收入家庭救助标准及特困人员供养标准等提高，保证了低收入群体的收入增长。多项保障措施助推转移净收入增速提升。

（三）财产净收入较快增长

城镇居民人均财产净收入为 4515 元，增长 8.8%，实现较快增长，占人均可支配收入的比重为 9.8%，对人均可支配收入增长的贡献率为 11.6%。城镇化水平的提高使集体经济壮大，带动了红利收入的增长。但受房地产市场整体下行及小城镇建设还迁房交付使用的影响，出租房屋净收入有所下降。

（四）经营净收入减少

城镇居民人均经营净收入为 2697 元，下降 7.8%，占人均可支配收入的比重为 5.8%，主要是部分行业竞争激烈，效益下降影响。加之部分城区为创建文明城区和卫生城市，对占道经营及私搭乱建等现象进行了集中整治，在提升市容环境的同时，也导致部分经营户经营空间受限，成本提高，总体经营效益有所下降。

三、城镇居民消费变化特点

（一）食品烟酒支出小幅增长，膳食结构更健康

城镇居民人均食品烟酒支出为 9719 元，增长 3.2%，占人均消费支出的比重（恩格尔系数）为 27.9%，较去年下降 0.9 个百分点。随着生活水平的提高，居民对“舌尖上的健康”更加关注，膳食结构更加营养健康。全年薯类、水产品、蛋类及蛋制品、干鲜瓜果类等食品人均消费量均比去年有所增长，而油脂类、酒类等消费量则有所下降，低热量、高蛋白、高纤维类食品越来越受到人们的青睐。同时，受猪肉价格大幅上涨的影响，肉类消费量下降，而作为主要替代品的禽类消费量上升。

（二）衣着和交通通信支出略有下降，服务优化便利生活

城镇居民人均衣着支出为 2195 元，下降 0.3%。网络购物的不断成熟带给居民更多的品牌选择，价格更加实惠。为了争夺客户资源，各类品牌节日打折促销力度不断加大，居民从中受益，衣着支出总体呈现量升但金额降低的现象。人均交通通信支出为 4596 元，下降 0.9%。其中人均通信支出为 1043 元，下降 11.9%，随着“提速降费”力度的不断加大以及运营商各类优惠套餐的推行，居民通信服务费用支出不断下降。

（三）居住和生活用品及服务支出平稳增长，追求舒适居有美屋

城镇居民人均居住支出为 7702 元，增长 9.4%。随着人们对居住环境和居住品质要求的不断提高，住房改善费用支出随之增加，人均住房维修及管理支出增长 11.4%。人均生活用品及服务支出为 2051 元，增长 7.1%。从“居有其屋”向“居有美屋”理念的转变带动人均家具及室内装饰品支出增长 26.0%，智能化家居模式促进家庭耐用品消费品的更新换代，人均家用器具支出增长 6.7%。

（四）教育文化娱乐和医疗保健支出快速增长，身心发展受关注

城镇居民人均教育文化娱乐支出为 4062 元，增长 12.9%，其中人均教育支出为 2228 元，增长 21.6%，是拉动教育文化娱乐支出增长的主要因素。各学龄阶段学科类或艺术类培训课程依旧火爆，成人提升个人技能的培训课程也备受追捧，相关培训费支出快速增长。人均医疗保健支出为 3179 元，增长 12.5%，其中人均医疗服务支出为 2485 元，增长 20.7%。医保政策逐步完善，门诊报销限额和住院报销比例进一步提高，药品清单有所扩大，居民从医保政策中获得更多实惠。

除此之外，随着居民生活品质的提高，人们越来越懂得“扮美自己”和“享受生活”，购买各类金银首饰及高档手表类用品的支出逐渐增多，美容美发及旅馆住宿等服务类支出快速增长，消费需求旺盛，城镇居民人均其他用品及服务支出为 1307 元，增长 28.1%。

四、需关注的问题和建议

（一）优化收入结构，提升多元支撑力度

2019 年，天津城镇居民收入虽然保持了稳定增长态势，但较全国平均增速仍低 0.6 个百分点，因此提高收入仍需多方施策，强优势，补短板。一是稳岗促就业，关注低收入群体。以京津冀协同发展为契机，引进优质投资，振兴制造业等传统实体经济，培育互联网、人工智能、高端装备等新动能引擎，持续释放

政策红利培育“人才高地”，促进更高质量更充分的就业。对城镇低收入群体在落实兜底保障政策的基础上，加强职业技能培训，提供合适就业岗位，提高低保低收入群体再就业的意愿和能力。二是持续优化经营环境，助力小微企业和家庭经营户。进一步提高政务服务效能，畅通政企沟通渠道，完善中小企业融资机制，不断优化营商环境，促进民营经济发展，以创业带动就业。对于最基层的作坊式经营户要加强政策引导，通过建章立制、资金扶持和“捆绑”经营帮助小作坊升级改造，助力规模化经营，提高经营效益。三是完善金融宏观政策环境，加强监管，规范金融市场秩序，让百姓的“钱袋子”更安全。同时通过金融产品的创新，提升群众投资意愿，提高财产性收入。

（二）挖掘消费热点，释放消费潜力

天津城镇居民消费结构持续优化，教育文化娱乐、医疗保健等发展享受型消费需求旺盛。服务性消费支出占比提高，保持快速增长态势。在此背景下更需抓住居民消费热点，深挖消费潜力。一是深化供给侧改革，拓展消费新空间。推动实物消费向品牌化、智能化和绿色化方向升级，建立行业体系标准，提供更多元的高质量消费产品，促进实物消费提档升级。积极为健康、教育、文化、养老、体育及旅游等服务类行业发展创造良好的营商环境，同时提供优惠的税收政策，促进服务性消费提质扩容。二是改善消费环境，培育“互联网+”消费新模式。强化产品和服务标准体系的建设，通过有效的市场监管，严格的失信惩戒机制，维护消费者的合法权益。促进以“互联网+”为依托的平台型、共享经济型消费模式的发展，为居民提供更优质快速的服务。三是促进消费与收入的良性循环。健全与经济发展水平相适应的收入增长机制，建立完善的社会保障和公共服务体系。完善有利于提高城镇居民消费能力的收入分配制度，扩大中等收入群体，增加低收入者收入。多措并举形成收入和消费双向激励的良好环境，进一步提升消费潜力。

2019年天津农村居民收支情况分析

2019 年，天津市经济运行稳中有进、稳中向好，民生保障不断增强，乡村振兴战略稳步实施，农村居民收支水平保持增长，生活水平进一步提升，享受到更多改革发展成果。国家统计局天津调查总队抽样调查结果显示，2019 年，天津农村居民人均可支配收入 24804 元，比上年增长 7.5%；人均消费支出 17843 元，比上年增长 5.8%。

一、农村居民收入增速加快

2019 年天津农村居民人均可支配收入 24804 元，增长 7.5%，增速快于城镇居民 0.2 个百分点，比上年加快 1.5 个百分点。四大项收入仅经营净收入同比下降，呈现“三增一降”态势，工资性收入为拉动增长的主力，转移净收入增速最快。

从全国情况来看，2019 年，全国农村居民人均可支配收入 16021 元，增长 9.6%。天津农村居民收入水平在 31 个省（自治区、直辖市）由高到低的排位中仍居第四位，排名前三位的分别是上海、浙江、北京。但农村居民收入增速落后于全国平均水平，在 31 个省（自治区、直辖市）中居末位。

（一）工资性收入增收贡献居首

2019 年农村居民人均工资性收入 14750 元，占人均可支配收入的 59.5%，增长 8.7%，拉动人均可支配收入增长 5.1 个百分点，对农村居民收入增长的贡献率最大。主要是 2019 年全市经济逆势平稳向好，基础设施建设加快，建筑等行业开工时间明显增加，国企混改取得成效，小散乱污企业整治对农村劳动力转移就业的影响逐步消解。特别是各级政府多措并举促进农村劳动力转移就业，以就业援助月、民营企业招聘周、公共就业服务网等多种方式搭建就业平台，统筹利用公益性岗位，持续加强就业技能培训，鼓励吸纳更多农村劳动力实现就业。据农民工监测调查，2019 年天津农民工总量增长 0.6%，农民工月工资水平增长 4.8%，其中外出农民工月工资水平增长 9.7%。

（二）经营净收入呈下降态势

2019 年农村居民人均经营净收入 4985 元，占人均可支配收入的 20.1%，下降 6.6%。其中，人均一产经营净收入 1756 元，下降 2.8%，主要是受淡水养殖鱼、蟹等价格下降、产量减少影响，渔业经营户收益欠佳影响；但小站稻等优质农产品提质发展、粮食丰收、主要畜牧产品价格走高，带动部分农户收益增加，抵消了部分不利因素；人均二三产经营净收入 3229 元，下降 8.5%，主要是受部分行业家庭个体经营效益下降影响。

（三）财产净收入实现较快增长

农村重点领域改革深入推进，集体产权制度改革持续深化，农民的财产性收入渠道得以拓宽。2019 年农村居民人均利息净收入、红利收入以及出租房屋和机械等租金收入呈现不同程度增长，助推财产净收入实现较快增长。2019 年人均财产净收入达到 1034 元，增长 12.2%，占人均可支配收入的比重仅为 4.2%，但较上年提高 0.2 个百分点。

（四）转移净收入保持快速增长

市委市政府倾心用力保障和改善民生，多项民生保障政策集成发力，拉动农村居民转移净收入实现快速增长。2019 年人均转移净收入达到 4035 元，占人均可支配收入的 16.3%，增长 24.5%，增速居四大项收入首位。主要是退休金和基础养老金标准持续提高、领取人数增加，农村居民人均养老金或离退休金达到

2365 元，增长 12.9%；户厕改造、冬季清洁取暖等强农惠农政策大力落实，农村居民从改革发展中享受更多实惠。

二、农村居民生活水平持续提升

2019 年天津农村居民人均消费支出 17843 元，增长 5.8%。八大类消费支出呈现“六增两降”态势，居住和交通通信支出小幅下降，其余六大类消费支出实现不同程度增长。

（一）吃、住、行是三大消费主体

从消费构成看，2019 年农村居民人均消费支出居前三位的分别是食品烟酒支出 5499 元，增长 10.3%；居住支出 3367 元，下降 1.4%；交通通信支出 2532 元，下降 2.4%。三者合计占人均消费支出的比重为 63.9%，是农村居民主要生活花销所在。食品烟酒支出较快增长主要是受食品价格上涨和餐饮服务市场持续升温推动；住房维修及管理支出减少是居住支出下降的主要原因；网络提速降费举措有效降低居民通信成本，以及汽车需求减弱，带来交通通信支出的小幅下降。

（二）服务性消费强力拉动消费支出增长

2019 年农村居民人均服务性消费支出 6565 元，增长 14.2%，快于人均消费支出增速 8.4 个百分点；占人均消费支出的 36.8%，比重较上年提高 2.7 个百分点；对人均消费支出增长的贡献率高达 83.2%，强力拉动农村居民消费支出的增长。其中，饮食服务和医疗服务是拉动服务性消费增长的主要力量。服务性消费的快速增长从一定程度上反映出农村居民消费层次和生活品质的不断提升。

（三）注重改善生活品质成为消费增长亮点

随着农村居民收入水平的提升和消费环境的改善，农村居民的消费潜力不断释放，用于改善和提升生活品质的各类商品和服务消费需求旺盛、涨势强劲。2019 年，农村居民人均生活用品及服务支出增长 11.2%；用于购买化妆品等个人用品和美容美发洗浴的支出分别增长 28.9%和 30.0%；人均用于团体旅游和景点门票的支出分别增长 27.8%和 39.4%。

（四）生活环境和公共服务持续改善

市委市政府着力改善农村人居环境，提升农村地区基础设施，农村居民的生活环境持续改善，享受到更多更优的公共服务，日常生活更加便利。住户生活状况抽样调查结果显示，天津市农村地区有 84.0%的户所在村饮用水经过集中净化处理，比上年提高 6.7 个百分点；有 98.7%的户所在村主要道路有路灯，比上年提高 4.7 个百分点；有 55.6%的户所在村开通了管道燃气，比上年提高 13.4 个百分点；有 39.3%的户所在村内有绿化园林景观设计，比上年提高 14.4 个百分点；有 97.6%的户有政府组织的文化服务，比上年提高 4.6 个百分点。

三、促进农村居民增收的建议

（一）多管齐下稳定扩大农村劳动力就业面

工资性收入是农村居民增收的压舱石。促进农村劳动力转移就业，持续扩大就业面，确保更多农村居民实现稳定就业、获取工资收入，是保障农民增收的重中之重。建议做细做实农民职业技能培训，找准市场人才缺口，在家政、养老护理、安保、医疗陪护等多方面，针对不同人群开展多样化、市场化的职业技能培训，提升农民职业技能水平；搭建多层次就业服务平台，以市场需求为导向，常态化开展线下招聘活动，利用短信、微信、互联网等多种方式将各类线上招聘信息推送到人，促进人岗对接；加大保障农民工工资支付工作的实施力度，全力保障农民工及时足额获得打工收入。

（二）扶持助力家庭经营户提升经营效益

经营性收入是农村居民收入的第二大来源，2019 年呈现下降态势，制约了农村居民收入实现更快增长。建议持续深入推进农村一二三产业融合发展，打造更多优质农产品品牌，增加优质绿色农产品供给，畅通农产品流通渠道，推广农业保险解决农户后顾之忧，为农户实现增产又增收提供保障；鼓励农村劳动力实现自主创业，引导农业特色旅游发展，创新农家乐内容及形式，为农村电商发展提供便利，利用税收优惠、信贷支持、技术指导和营销服务等扶持方式，促进非农经营户经营活动扩容、提质、增收。

（三）完善制度保障拓宽农民财产性增收渠道

农村居民财产净收入虽然增长较快、趋向多元化，但绝对数仍然偏低，仅占人均可支配收入的 4.2%。建议夯实农村居民财产性增收基础，进一步健全土地流转机制，鼓励种植大户、农村合作社和农业企业主形成规模化经营，推动土地有序、公平流转，促进农民土地租金收入的增加；深入推进农村集体产权制度改革，盘活用活集体土地、闲置房屋等资源，提高村集体经济收入、提升农民红利收入；加大政策支持和金融产品创新力度，开发更多专门为农民设计的理财产品，宣传引导农民提高投资理财意识，从而获得更多投资理财收益。

2019年天津市CPI运行特点与2020年走势预判

2019年以来，天津市高度重视物价工作，先后出台多项稳定物价措施，加强物价监管，加大物价调控力度，认真做好市场保供稳价和生猪生产恢复工作，努力保持市场物价基本稳定，确保全年居民消费价格温和上涨，顺利实现CPI调控目标。

一、2019年天津市居民消费价格总水平加速上扬，总体仍处于温和上涨态势

2019年，全市全年CPI上涨2.7%，较上年扩大0.7个百分点，有效突破过去五年一直保持2%左右的箱体运行区间，出现加速上扬势头，但总体上仍处于温和区间，并实现了3%以内的调控目标。

（一）全市CPI月度同比指数总体上呈现加速上扬态势

2019年1-2月份CPI同比指数继续保持在2%以内低位运行。3月份出现明显拉升，涨幅突破2%箱体达到2.4%，比2月份加快0.6个百分点。4月份继续拉升0.5个百分点，涨幅达到2.9%。经过5-8月份4个月的小幅回落平稳运行后，从9月份起再次进入加速拉升状态。10月份CPI同比涨幅突破3%，11月突破4%，12月份达到4.1%，以全年最高涨幅收官，时隔五年CPI再次进入4时代。

（二）食品和服务价格等新涨价因素带动全市七大类消费价格普遍上扬

2019年，食品价格上涨6.0%，非食品价格上涨2.0%；消费品价格上涨2.7%，服务价格上涨2.6%，食品和服务价格是CPI上涨的主体，其中新涨价因素是主要推升力量。在总水平2.7%的涨幅中，新涨价因素为2.4个百分点，贡献率接近90%。

从八大类看，2019年居民消费价格“七涨一降”。其中，其他用品及服务、食品烟酒、教育文化娱乐、居住、衣着涨幅居于前列，同比分别上涨5.0%、4.6%、4.2%、2.4%和2.1%，涨幅均较上年扩大至少1个百分点，共计影响CPI上涨约2.64个百分点。生活用品及服务、医疗保健两类价格同为上涨0.9%，涨幅均较上年有所回落；交通通信价格由涨转降，下降0.7%。

（三）全市CPI涨幅低于全国水平，居省区市中游

2019年全国CPI上涨2.9%，天津低于全国0.2个百分点，在全国31个省（自治区、直辖市）价格指数排位中居第16位。在直辖市价格指数对比中，天津分别比北京、上海高0.4和0.2个百分点，与重庆持平。各主要分类指数中，天津食品烟酒类价格涨幅较低，居住类、教育文化娱乐类、其他用品及服务类价格涨幅较高。在京津冀三地价格指数对比中，天津比北京高0.4个百分点，比河北低0.3个百分点，处于中间位置。

二、CPI变动影响因素及原因分析

（一）食品烟酒价格上涨继续成为上拉CPI的首要动力

2019年食品烟酒价格上涨4.6%，对总指数的贡献率为45.5%，较上年增加5个百分点。

1．猪肉及相关商品价格大幅上涨

在非洲猪瘟疫情的影响下，猪肉同比价格自2019年3月份进入上涨通道，有的月份同比涨幅突破100%，全年平均上涨38.0%，对总指数贡献率约为17.5%。受猪肉价格上涨影响，猪肉副产品、替代品、肉制品价格均大幅上涨，畜肉副产品价格上涨24.4%，牛肉、羊肉、禽肉类、蛋类价格分别上涨13.9%、9.6%、8.8%

和5.1%，其他畜肉及制品、在外餐饮价格分别上涨11.8%和 2.4%，上述几类累计对总指数贡献率超过20%。

2．鲜瓜果价格延续较强涨势

受去年苹果、梨等品种歉收影响，2019 年上半年苹果、梨供应形势紧张，导致鲜瓜果价格持续上涨，同比涨幅连续三月超过 20%，进入四季度，新产苹果、梨全面丰收，同比价格转入下降区间，全年平均上涨9.0%，涨幅较上年有所扩大。

3．鲜菜价格涨幅高位回落

2019年以来，极端天气较少，季节性短缺不明显，鲜菜供应形势总体良好，特别是6-10月份在上年基数较高、当年未发生极端天气灾害的影响下，鲜菜同比价格持续下降，全年平均上涨0.3%，较上年回落9.8个百分点。

4．水产品价格由升转降

一方面淡水鱼价格受整体市场需求量减少影响，价格小幅下降；另一方面虾蟹类价格受整体捕捞量增加的影响，价格下降幅度较大，带动水产品价格近四年首次下降，全年平均下降3.6%。

5．粮油副食品价格平稳上涨

市场供需总体平衡，粮食、食用油、奶类、糖果糕点类、调味品、茶及饮料、烟酒等类价格小幅上涨，幅度都在2%以下。

（二）居住类价格上涨是推动CPI上涨的次要动力

2019年居住价格上涨2.4%，对总指数的贡献率为22.8%，较上年增加5.9个百分点。

私房房租和自有住房价格分别上涨3.7%和2.7%，分别高于上年2.5和1.6个百分点，一方面由于天津市棚户区、老旧小区改造任务不断推进，市场整体可出租房源减少，另一方面由于海河英才计划实施，天津市落户人口不断增多，其中部分有短期租房需求，叠加学区房陪读需求，房租价格上涨明显。此外，管道燃气、物业管理费、住房装潢维修、住房装潢材料价格分别上涨7.4%、4.9%、4.6%和1.9%。

（三）教育文娱价格上涨是助推CPI上涨的重要因素

2019年教育文化娱乐类价格上涨4.2%，对总指数贡献率为17.5%，连续三年位列第三。

近年来，教育文娱消费持续活跃，在需求助推、成本增加等因素影响下，其市场价格也在不断上涨，特别是2019年民办教育收费实行市场调节价后，价格大幅上涨，小学初中教育、高中中职教育价格受此影响分别上涨15.7%和5.1%，课外教育、学前教育、教育用品价格分别上涨7.4%、4.2%和1.6%，涨幅均较上年扩大，以上五项累计对总指数的贡献率为8.6%。此外，文化娱乐价格同样水涨船高，旅游、文化娱乐服务、其他文娱用品价格分别上涨6.2%、3.6%和2.8%，累计对总指数的贡献率为8.2%。

（四）劳务型服务价格上涨成为CPI上涨的持续推动力

近年来，基本劳务服务价格呈刚性走高趋势，给居民生活成本带来一定压力。2019 年，天津基本劳务服务价格均出现不同程度上涨，如衣着洗涤保养、洗浴、车辆修理与保养、鞋类加工服务、家庭维修服务等价格涨幅均超过10%，分别为12.8%、11.5%、11.1%、10.2%和10.1%；中介服务、装潢维修费分别上涨9.4%和4.5%。

（五）交通通信价格下降成为平抑CPI 的唯一因素

2019年交通通信价格下降0.7%，下拉总指数约0.08个百分点，为近三年来首次下降。

汽油、柴油价格受国际油价下跌的影响，分别下降 5.9%和 6.0%，同时飞机票价格下降 3.6%，以上三类合计影响CPI下降约0.14个百分点，是交通通信价格下降的主导因素；小型汽车整体需求减弱，加上年内机动车污染物排放标准转换，价格下降1.3%；国家“提速降费”政策持续显效，通信服务价格连续五年保持2%左右的降幅。

三、2020年CPI走势预判及建议

2019年CPI上涨的特征主要是猪肉供给缺口引起的结构性上涨，在全年平均2.7%的CPI涨幅中，猪肉

价格上涨的贡献率为 17.5%，排在第一位，如果去掉猪肉的价格涨幅，CPI 仅上涨 2.2%，延续了近几年 2%左右的涨幅，处于合理稳定区间。从核心 CPI（扣除食品和能源价格指数）来看，2019 年平均上涨 2.3%，与近五年平均值相当，也处于合理稳定区间。2019 年央行多次降息以及 2020 年 1 月全面降准，再次佐证了当前物价上涨为结构性而非全面性上涨。2020 年影响物价走势的有利因素和不利因素并存。

（一）外部经济环境喜忧参半

1．我国宏观经济环境总体稳定有助于价格走势稳定

2019 年在以习近平同志为核心的党中央坚强领导下，我国经济社会持续健康发展，为后一时期 CPI 总体运行在合理区间提供了有利外部条件。2020 年经济工作将紧扣全面建成小康社会目标任务，坚持稳中求进工作总基调，坚持新发展理念，坚持以供给侧结构性改革为主线，推动高质量发展，统筹推进稳增长、促改革、调结构、惠民生、防风险、保稳定，保持经济运行在合理区间。同时从货币环境来看，国家继续实施稳健货币政策，广义货币 M2 余额增速连续处于“8”时代，通胀压力不大，这些都为物价平稳运行提供良好的外部条件。

2．全球局势复杂多变为价格运行增添了不稳定因素

在 2019 年 CPI 变动中，金饰品、汽油等价格波动频繁，对物价走势产生较大影响，其中金饰品价格屡创新高，平均上涨 13.4%，零售价最高点接近 450 元/克；汽油价格年内平均虽为下降，但是总体涨多降少，上调 14 次、下调 7 次，近期调价周期内已连续 4 次上涨。2020 年受国际局势复杂多变的影响，金饰品、汽油以及其他基础产品价格将延续震荡走势，对 CPI 运行增添不稳定因素。

（二）内部上涨压力不容忽视

1．2020 年物价压力主要来自翘尾影响

2019 年 CPI 上涨的动力主要来自新涨价因素，占比接近九成，然而 2020 年 CPI 上涨的压力将主要来自于 2019 年的翘尾影响。据测算，2020 年 1-7 月份各月翘尾因素都在 2%以上，个别月份甚至超过 3%，处于较高水平，如果不发生突发涨价情况，全年各月涨幅将呈现前高后低走势。

2．食品价格上涨将继续成为上拉 CPI 的主要推动力

随着生猪生产的逐渐恢复以及外部猪肉的供应补给，猪肉价格出现大幅上涨的可能性不大，但是从全年看，由于猪肉价格的翘尾因素处于较高水平，即使后期猪肉价格明显回落，全年也可能保持较高涨幅，加上不稳定的天气因素对鲜菜价格影响极大，食品价格仍将继续成为上拉 CPI 的主要推力。

3．消费升级将带动部分服务类价格继续上涨

随着人民对美好生活的向往日益强烈，消费升级趋势持续增强，教育文化、休闲娱乐、健康养老消费需求不断增加，相关服务价格仍将继续保持温和涨势，如教育服务、旅游、养老服务、其他文娱服务等。

近期召开的中央经济工作会议明确指出“要做好关键时点、困难人群的基本生活保障”“加快恢复生猪生产，做到保供稳价”等涉及物价稳定运行方面的问题，物价稳定关系千家万户，既是民生问题，更是民心问题。因此，建议地方政府及有关部门科学布局宏观管控，审慎出台调价政策，密切关注物价走势，合理引导价格预期，确保 2020 年天津市 CPI 运行在合理目标区间内。

2019年天津市工业生产者价格运行分析

一、2019年工业生产者价格运行情况

根据国家统计局天津调查总队抽样调查资料显示：2019年，天津市工业生产者出厂和购进价格分别下降0.7%和1.2%，涨幅比上年分别回落6.1个和7.4个百分点，均由正转负，生产资料是影响天津市工业生产者价格回落的主要因素。

（一）月度环比价格呈小幅波动走势

从各月环比数据来看，天津市工业生产者出厂价格涨多跌少，1、6、8、10月份环比分别下降0.5%、0.7%、0.4%和0.1%，其余月份均为上涨，其中3月份涨幅最大，环比上涨0.8%。购进价格各月环比涨跌基本持平，1、2、4、6、7、11月份下降，9月份环比持平，其余月份均为上涨，其中12月份上涨幅度最大，环比上涨0.6%。

（二）月度同比价格呈较大振幅走势

从各月出厂价格同比数据来看，1-4月份天津市出厂价格同比由降转升，涨幅逐月扩大，5月份之后开始逐月回落，且降幅逐不断扩大，11月份降幅收窄，12月份天津市出厂价格同比由降转升，同比上涨1.3%，为全年最大涨幅。购进价格与出厂价格运行轨迹相似，6月份开始回落，12月份同比降幅收窄。

（三）生产资料类产品价格冲高回落

2019年天津市生产资料出厂价格比上年下降1.2%，涨幅比上年回落8.6个百分点，影响总指数下降0.9个百分点。其中采掘业、原料业和加工业价格分别下降2.1%、2.5%和0.4%。从各月同比来看，天津市生产资料出厂价格与总指数走势相同，1-4月份同比呈上升趋势，自5月份逐月回落，11月份降幅收窄，12月份由降转升。

（四）生活资料类产品价格小幅上涨

2019年天津市生活资料出厂价格比上年上涨0.8%，涨幅比上年提高1.8个百分点，拉动总指数上涨0.2个百分点。其中食品、衣着分别上涨5.6%、0.8%，一般日用品、耐用消费品分别下降0.1%、3.5%。

（五）九大类购进价格三涨六降

2019年九大类原材料购进价格与上年相比三涨六降。下降的有燃料动力类、黑色金属材料类、化工原料类、有色金属材料及电线类、木材及纸浆类、建筑材料及非金属类，分别下降3.4%、1.4%、6.5%、2.6%、1.7%、1.7%，这六大类共影响总指数下降1.8个百分点。上涨的有农副产品类、纺织原料类、其他工业原材料及半成品类，分别上涨14.5%、0.2%、0.5%，这三大类共拉动总指数上涨0.6个百分点。

二、工业生产者价格区域比较

（一）涨幅低于全国平均水平

据国家统计局反馈数据资料显示：2019年，全国工业生产者出厂价格比上年下降0.3%，天津市下降0.7%，低于全国0.4个百分点，在31个省（自治区、直辖市）排位中，天津市居第19位；全国购进价格比上年下降0.7%，天津市下降1.2%，低于全国0.5个百分点，在30个省（自治区、直辖市）（不含西藏）排位中，天津市居第24位。

（二）涨幅低于北京市和河北省

比较 2019 年京津冀三地的工业生产者出厂价格，河北省上涨 0.2%，高于天津市；北京市下降 0.4%，降幅小于天津市。

三、工业生产者价格运行的主要特点

（一）石油和天然气开采业及下游行业价格持续低位运行

2019 年石油和天然气开采业价格下降 4.0%，涨幅比上年回落 35.8 个百分点；石油加工、炼焦和核燃料加工业价格下降 0.8%，涨幅比上年回落 20.7 个百分点；化学原料和化学制品制造业价格下降 6.7%，涨幅比上年回落 14.7 个百分点，主要是原油价格下降和市场需求不足影响。

（二）汽车制造业价格回落

2019 年汽车制造业价格下降 5.3%，与上年相比降幅小幅收窄，主要受市场需求减弱，部分车型打折促销和汽车配件价格下降。

（三）黑色金属冶炼和压延加工业价格持平

2019 年钢铁行业产品价格经过前两年大幅度恢复性上涨后呈现平稳运行走势，全年黑色金属冶炼和压延加工业价格与上年持平，涨幅比上年回落 9.9 个百分点。

（四）农副产品加工业和食品制造业价格上涨

2019 年农副产品加工业价格上涨 8.9%，自 6 月份以来保持较快上涨趋势，主要受豆油以及生猪价格上涨的影响；2019 年食品制造业价格上涨 3.9%，主要是原材料和劳动力成本上涨影响。

四、近期工业生产者价格走势预测

2019 年钢铁价格维持震荡走势，年末价格虽出现小幅下跌，但震荡格局未变，综合预计近期天津市黑色金属价格将较为平稳。再结合近期国际原油价格反弹，大豆、豆油和棕榈油价格上涨以及翘尾等因素，初步预计近期天津市工业生产者价格将保持平稳运行走势。

2019年全市住房交易“价稳量增”
房地产市场调控目标较好实现

自 2016 年 9 月和 2017 年 3 月天津市先后两次出台房地产市场调控政策以来，天津市房地产市场持续稳定，2019 年价格继续保持平稳，交易相对活跃。根据全国 70 个大中城市住宅销售价格资料显示：2019 年天津市新建商品住宅销售价格、二手住宅销售价格月度环比最高涨幅分别为 0.7%和 0.9%，新建商品住宅销售价格指数始终围绕 100.0 上下波动运行，全年有 4 个月价格环比下降；二手住宅销售价格月度环比先涨后跌，下半年各月环比指数均在 100.0 以内运行。

一、住宅销售价格稳中有降

（一）新建商品住宅销售价格平稳，同比最高涨幅 2.4%

从各月环比来看，2019 年天津市新建商品住宅销售价格总体保持平稳，环比指数在 100.0 上下小幅波动，涨幅最高点出现在 4 月份房地产市场的“小阳春”月，上涨 0.7%；降幅最大出现在 10 月份，下降 0.4%，全年 1、7、10、12 月四个月份出现价格环比下降；其他各月均在 100.0 及以上小幅波动，整体保持了相对平稳，未出现明显大涨大落。

从各月同比来看，由于天津市住建部门对新建商品住宅进行价格指导，2019 年，新建商品住宅价格同比指数在 101.1-102.4 区间内运行。4 月份是全年价格同比涨幅最高的月份，为 2.4%，1 月份涨幅最低，为 1.1%。

（二）二手住宅销售环比价格前半年涨中有平，后半年连续下降

从各月环比来看，2019 年，天津市二手住宅销售价格环比指数变化上下半年截然不同。1-6 月份，价格环比多数月份呈现上涨态势，其中 4 月份是全年涨幅最高，为 0.9%；从 7 月份起，价格月度环比由平转降，价格环比连续下跌，跌幅在 0.1%-0.5%之间波动。

从各月同比来看，2019 年天津市二手住宅销售价格 1-10 月份同比涨幅逐月持续收窄，从 1 月份的同比上涨 5.6%收窄至 10 月份的同比上涨 0.1%；11 月份二手住宅销售价格同比涨幅为 0.4%；到 12 月份，天津市二手住宅销售价格与上年 12 月份持平。

（三）价格区域分层显著

2019 年，新建商品住宅市内六区成交平均价格为每平方米 3.70 万元；东丽、西青、北辰、津南环城四区成交平均价格为每平方米 1.74 万元；滨海新区成交平均价格为每平方米 1.44 万元；武清、宝坻、静海、宁河、蓟州五个远郊区的平均价格为每平方米 1.22 万元；和平区新建商品住宅平均价格最高，每平方米均价为 4.83 万元；宁河区则为平均价格最低区，每平方米均价为 1.03 万元。

2019 年，成交总价在 200 万以内的新建商品住宅达到了 8.89 万套，占总成交套数的 73.5%。每平方米价格在 20000 元以下的 7.71 万套，占成交套数的 63.8%。根据目前天津居民收入水平，相对住房总价款低、单价便宜的楼盘较为被购房者所青睐。

二、房地产市场变化特点及原因

2019 年，市委市政府坚持房地产市场调控目标不动摇，稳定市场预期，强化对房地产市场的管理，促

进合理需求释放，稳步推动房地产调控长效机制，2019 年天津市住宅市场销售价格稳定，交易量增加。

（一）二手住宅价格月度环比下降较为明显

天津市新建商品住宅销售价格保持相对稳定，市住建部门对新建商品住宅坚持价格指导不动摇，新建商品住宅销售价格有 4 个月出现环比下降，比上年价格环比下降的月份增加了 3 个月，年底部分楼盘打折促销，价格有所下降。

二手住宅价格则在下半年出现了明显的下降态势，7-12 月份，价格环比指数均在 100.0 以下运行，最大降幅为 0.5%，下行态势明显。

（二）天津市住宅价格环比指数位居 70 个大中城市下游

从 2019 年每月环比价格指数排位来看，天津市新建商品住宅、二手住宅多数月份月度涨幅居于 70 个大中城市下游，从全国大中城市比较看，2019 年天津市房地产市场调控效果是比较好的地区，住房价格比较稳定。

（三）住宅交易量增长明显

2019 年，全市新建商品住宅成交 12.14 万套，比上年增长 20.7%。全年来看，除一季度各月成交量月均在 1 万套内之外，自 4 月份开始，新建商品住宅连续 8 个月月度成交量在 1 万套以上，其中，12 月份为全年成交套数最高月份，成交 1.26 万套。全年成交量最少的月份为 2 月份，仅成交 0.47 万套。

全市二手住宅成交 13.25 万套，比上年增长 15.6%。从各月情况来看，除 2 月份、10 月份成交未过万套外，其他各月成交均在 1 万套以上。4 月份为二手住宅成交量最高的月份，成交 1.56 万套，符合二手住宅交易的特点，即 3、4 月份为二手住宅市场的“小阳春”月。

整体来看，天津市二手住宅成交套数高于新建商品住宅，天津市存量房成交量比重逐年增加。

（四）滨海新区、武清区住宅成交量居全市前两位

从 2019 年各区房地产市场表现来看，有着巨大发展潜力的滨海新区和离北京最近的武清区区位优势明显，住宅交易活跃度最高。滨海新区全年新建商品住宅和二手住宅的成交量分别达到了 2.73 万和 2.97 万套，分别占全市总成交套数的 22.6%和 22.4%，位居全市之首。武清区新建商品住宅和二手住宅成交量则分别达到了 1.73 万和 1.35 万套，分别占全市总成交套数的 14.3%和 10.2%，位居全市次席。

成交区域来看，环城四区仍为全市新建商品住宅的主力，该区域全年成交 3.88 万套，占全市的 32.1%。二手住宅成交套数的主力区域为市内六区，全年成交 4.81 万套，占全市的 36.2%。

（五）90-144 平方米户型继续成为新建商品住宅成交主体

从全市成交新建商品住宅面积看，90（含）平方米以下户型成交 3.2 万余套，占总成交套数的 26.8%，占比较上年下降 0.3 个百分点；90-144 平方米户型成交近 7.8 万套，占总成交套数的 64.8%，占比与上年持平；144（不含）平方米以上户型成交 0.8 万余套，占总成交套数的 8.4%，占比较上年增加 0.3 个百分点。中等户型住宅始终是近三年天津市新建商品住宅成交的主力户型。

从二手住宅成交面积看，90（含）平方米以下户型成交 8.43 万套，占成交总套数的 63.5%，小户型仍为当前存量房交易的主力户型。

三、对 2020 年住宅价格走势的初步判断

总体来看，2020 年，天津市房地产市场将延续 2019 年房价基本走势，在当前严格调控政策的大背景下，预计住宅销售价格将继续保持全年稳定，大幅上涨及大幅下降的可能性很小。

2019年天津市固定资产投资价格涨幅逐季收窄

据国家统计局天津调查总队抽样调查资料显示：2019年，天津市固定资产投资价格比上年上涨1.7%，涨幅比上年回落2.8个百分点。其中：建筑安装工程价格上涨2.6%，设备工器具购置价格下降0.2%，其他费用价格上涨1.4%。从各季度情况看，一至四季度天津市固定资产投资价格较上年分别上涨2.6%、2.2%、1.5%和0.6%，涨幅逐季收窄。

一、建筑安装工程价格持续上涨，涨幅逐季回落

2019年，天津市建筑安装工程价格比上年上涨2.6%，从各季度看，一至四各季度分别上涨4.7%、3.9%、1.6%和0.3%。

（一）材料费价格平稳上涨

2019年，天津市固定资产投资材料费价格比上年上涨2.2%。从材料类别看，八大类材料价格6升2降。其中，非金属材料类上涨5.0%，水暖及厨卫洁具类上涨2.6%，木、竹材及其制品类上涨1.3%，化工材料和电气电料类均上涨1.0%，金属材料类上涨0.1%，仪表及其他类下降1.3%，装饰材料及配件类下降1.4%。

在全社会投资稳步增加的拉动下，水泥等基础性原材料价格仍保持上涨态势。2019年，非金属材料上涨5.0%，涨幅较大。其中，水泥及混凝土价格上涨3.1%，砖瓦砂石价格上涨3.3%，预拌混凝土价格上涨7.8%。

随着天津市部分重点工程项目年末进入收尾阶段，工程建筑材料需求有所回落，加之国际铁矿石价格经历快速上涨后回落，钢铁产能充足，市场供应大于需求，钢材价格有所回落。四季度天津市固定资产材料费中金属材料价格同比下降4.3%，其中，钢材价格同比下降4.5%，是影响建筑安装工程价格涨幅回落的首要因素。在此影响下，四季度建筑安装工程中的材料费价格由升转降，同比下降0.7%，是2016年四季度以来的首次下降。

（二）人工费价格持续上涨

2019年，天津市固定资产投资中人工费价格比上年上涨5.7%。其中：工程管理人员、工程技术人员和普通工人工资分别上涨 5.0%、4.2%和 6.2%。涨幅普通工人最高，比工程管理人员和工程技术人员分别高1.2和2.0 个百分点。从各季度看，一至四季度人工费价格分别上涨6.3%、6.0%、5.8%和4.6%。人工费价格上涨主要原因：一是建筑工程施工中大量采用技术先进的机械及施工方法，对工人业务素质要求越来越高，建筑企业的用工成本进一步上升；二是部分项目施工时间要求紧，项目施工人员工作强度增大提高劳动报酬；三是部分施工单位因季节原因普通工人招工存在一定困难，劳动报酬标准提高，特别是钢筋工、混凝土工等工种。

二、设备、工器具购置和其他费用价格较平稳

2019年，设备、工器具购置价格比上年下降0.2%；其他费用价格上涨1.4%。其中，土地使用费价格上涨2.8%，其他价格（银行贷款利率）下降0.6%，其他费用价格受综合地价因素影响较大。

三、天津固定资产投资价格在全国处于中下游水平

2019 年，全国固定资产投资价格比上年上涨 2.6%，天津市低于全国平均水平 0.9 个百分点。在全国 30 个省（自治区、直辖市）（不含西藏）中位居第 23 位，居中下游水平。在京津冀地区涨幅低于北京、河北省，其中北京为 2.1%，河北省为 3.0%；在四个直辖市中涨幅居第 3，重庆为 3.4%，上海为 1.4%。

2019年天津畜牧业生产形势分析

2019 年，在非洲猪瘟疫情影响下，天津生猪饲养量出现较大幅度减少，由于生猪供应减少导致肉类价格上涨，肉鸡和肉牛养殖均有所增长，羊饲养量则随着养殖方式转变继续减少，牛奶产量略有减少，鸡蛋产量与上年持平。

一、2019 年天津畜牧业生产特点

（一）生猪养殖受疫情影响明显

截至 2019 年末，全市生猪存栏 124.3 万头，比上年末减少 72.7 万头，减幅为 36.9%；其中，能繁殖母猪存栏 14.5 万头，比上年末减少 8.5 万头，减幅为 36.8%。出栏方面，2019 年全市共出栏生猪 197.8 万头，比上年减少 80.8 万头，减幅为 29.0%。从分季度数据来看，2019 年全市生猪生产形势总体呈现逐步趋稳的态势。

一季度疫情影响明显，存栏减少、出栏增加。2019 年一季度，在非洲猪瘟疫情影响下，生猪非正常死亡和恐慌性清栏增加，加之前期因疫情封锁积压的存栏得到释放，生猪存栏出现大幅减少。季末全市生猪存栏为 139.6 万头，比 2018 年底减少了 57.3 万头，减幅为 29.1%。其中，能繁母猪存栏为 14.6 万头，比 2018 年底减少 8.4 万头，减幅为 36.5%。生猪出栏在上年末积压存栏释放和春节因素的共同作用下，出现了明显增加，一季度共出栏生猪 69.2 万头，比 2018 年四季度增加了 39.0%。

二季度疫情影响减弱，存栏减幅收窄，但生猪供应缺口开始显现。随着疫情对生猪生产的影响开始减弱，恐慌性清栏减少，生猪存栏尤其是能繁母猪存栏的减少趋势有所缓解，二季度共出栏生猪 48.3 万头，比一季度减少 30.2%。季末全市生猪存栏 128.0 万头，比上季度减少 11.6 万头，减幅为 8.3%，其中，能繁母猪减少 0.6 万头，减幅为 4.0%。同时，由于全国性生猪存栏的连续减少，供应缺口开始显现，猪价呈现上行趋势，平均出栏价格达到每公斤 12.80 元，比上季度上涨 16.5 %。

三季度多重因素助力稳定生猪生产。三季度，生猪生产缩减趋势得到了有效遏制，季末生猪存栏为 127.0 万头，仅比二季度末减少 1 万头，养殖规模开始趋于稳定。其中，能繁母猪存栏 14 万头，与上季度相比基本持平。生猪养殖开始趋稳，主要得益于以下三方面因素：一是国务院召开常务会议确定稳定生猪生产措施并印发《关于稳定生猪生产促进转型升级的意见》指导生猪生产恢复，市委市政府积极采取应对措施稳定生猪产能；二是非洲猪瘟疫情影响继续减弱，养殖户恢复生产意愿有所增强；三是生猪价格持续走高，达到平均每公斤 15.3 元，养殖效益大幅提升。由于存栏不足，加之养殖户对后期市场价格预期良好，存在部分压栏惜售现象，三季度生猪出栏减少为 33.2 万头，比二季度减少超过三成。

四季度生猪价格大幅上涨。四季度，生猪出栏价格在三季度高位基础上继续大幅上涨 3.5 元，达到平均每公斤 18.8 元，养殖户信心恢复，一方面积极购进或培育能繁母猪提升产能，能繁母猪存栏出现首次回升，达到 14.5 万头，比上季度增长 4.0%；另一方面加紧在价格高位出栏生猪，四季度单季出栏达到 47.0 万头，比三季度增加超过四成，导致年末生猪存栏减少至 124.3 万头，减幅为 2.1%。

（二）肉鸡替代作用有效发挥，鸡蛋产量小幅减少

肉鸡因养殖周期短，在非洲猪瘟疫情导致肉类供给出现缺口，价格明显上涨的情况下，成为猪肉的最优替代品。为保证供给、增加收益，全市肉鸡养殖户在扩大生产规模的同时努力提升出栏频率，大幅增加了鸡肉产出。截至 2019 年末，全市肉鸡存栏为 920.7 万只，同比增长 3.4%。全年出栏活鸡 6361.5 万只，同比增长 22.4%。2019 年出栏率达到 691.0%，比上年增长一倍有余。全年产出鸡肉 10.3 万吨，同比增长 28.9%，

有效填补了非洲猪瘟导致的肉类供应缺口。

2019 年末全市蛋鸡存栏达到 1413.3 万只，比上年增加 54.0 万只，增幅为 4.0%。全年鸡蛋产量为 19.0 万吨，与上年基本持平。虽然下半年鸡蛋价格上涨后养殖户积极培育新蛋鸡促使年末蛋鸡存栏增加，但由于前期淘汰鸡价格受猪价带动明显上涨，养殖户加速淘汰了部分老鸡，新增蛋鸡占比较高使产蛋率有所下降，年末蛋鸡存栏增加而鸡蛋产量未出现增长。

（三）肉牛养殖规模持续增加，牛奶产量略有减少

2019 年，天津肉牛存栏持续增加，奶牛存栏在结构调整中略有减少。牛奶产量则随奶牛存栏下降略有减少。

非洲猪瘟疫情背景下，肉牛养殖风险较低的优势更加凸显，养殖户增加存栏意愿较强，2019 年末全市肉牛存栏达 14.7 万头，比上年增加 1.4 万头，增长超过一成。虽然肉牛存栏明显增加，但由于 2018 年末肉牛存栏较少，加之养殖户为扩大生产减少了出栏，2019 年全市肉牛出栏同比减少了 15.5%，为 14.1 万头。

据调研了解，全市奶牛养殖面临一定困境。部分奶牛场反映，由于牛奶企业对价格的垄断较为严重，奶牛场不掌握牛奶定价主动权，收购牛奶价格过低，养殖效益较差，养殖信心受挫，加之牛肉价格上涨，奶牛场转养肉牛和提前淘汰奶牛作为肉牛出售的情况有所增加。数据显示，2019 年末，全市奶牛存栏为 11.0 万头，同比下降了 2.7%。

（四）羊养殖方式转变明显

随着各区环境整治工作推进，全市养羊户养殖方式转变已基本完成，对环境影响较大的放养方式已基本消除。2019 年末，全市羊存栏为 39.2 万只，虽然同比仍然减少了 6.5%，但与三季度末相比则已经表现出趋稳回升态势。

出栏方面，2019 年共出栏羊 34.2 万只，同比减少 30.4%。羊出栏量的大幅减少，主要是由于采用购进羔羊育肥方式的养羊户明显减少，自繁自养户占比提高，养殖周期延长导致了出栏率下降。相比育肥羔羊的方式，自繁自养更能保证羊的品质，减少疫病危害并获得更高的综合利润。

二、意见建议

（一）加强猪瘟疫情监测防控

虽然目前非洲猪瘟疫情防控取得了阶段性成果，但为确保生猪产能顺利恢复，仍需加强对养殖场户的指导，落实常态化、制度化、科学化的防控措施。严查违规调运生猪行为，做好出栏检疫，强化屠宰和无害化处理环节监管。

（二）畜禽粪污资源化利用仍需统筹施策

畜禽粪污资源化利用是保障畜禽产品有效供给，保护生态环境，促进畜牧业绿色可持续发展的必然选择。但目前畜禽粪污资源化利用存在技术难度大、处理成本高、利用效率低等困难。对此，提出如下三点建议：

一是鼓励在畜禽养殖集中区从事畜禽粪污资源化利用，为农用有机肥、沼气生产企业、蚯蚓养殖户等提供一定政策支持。

二是加强监管，严格控制重金属和抗生素使用。虽然适量重金属和抗生素对畜禽生长发育具有一定的促进作用，但超量添加却会通过畜禽排泄物对土壤和水体造成严重污染，破坏了畜禽粪污的资源属性。建议加强对饲料生产企业和养殖场户饲料来源的管控，切实保证畜禽粪污顺利实现资源化利用。

三是合理调整畜禽养殖场户布局，提升种养结合水平。由于有机肥重量大、单价低，运输成本过高，采用种养结合、农牧循环的经营模式才能使畜禽粪污得到有效利用。建议发展畜禽养殖过程中充分考虑当地种植业和环境的消纳能力，促进种养结合、和谐发展。

（三）精准适度扶持，预防下一轮“猪周期”

目前，中央和天津已经下发有关文件，采取各种有力措施鼓励种猪场及大型规模养殖场户恢复产能，

这是促进生猪生产尽快恢复的有效手段，生猪生产已经开始向稳定恢复阶段过渡。为提前预防新一轮“猪周期”对生猪市场的冲击，需要针对不同养殖场户采用不同扶持政策，一方面鼓励现有规模养殖场尽快恢复产能，另一方面谨慎对待新建生猪养殖场的审批。尤其对于没有经验的新入行养殖户和社会资金的大规模注入要持谨慎态度，防止大范围盲目建设造成下一轮“猪贱伤农”。

三、对畜牧业生产形势的预测

受非洲猪瘟疫情影响，天津能繁母猪存栏减少了三分之一以上。虽然能繁母猪存栏已经出现回升迹象，但因从引进一头后备母猪到产出商品猪至少需要 500 多天，加之种猪、仔猪价格居高不下，疫情发生和传播风险还没有完全根除，生猪生产彻底恢复仍需要较长一段时间。由于生猪生产无法在短期内得到恢复，肉鸡价格有望继续保持高位，存栏、出栏仍将继续增加。随着蛋鸡存栏的增长，鸡蛋产量有望出现明显增加。肉牛存栏仍将保持增长态势，且随着 2019 年新增肉牛开始出栏，2020 年肉牛出栏量有望出现一定程度增长。奶牛养殖困境短期内仍难以彻底摆脱，养殖规模的变化将主要决定于大型养殖企业是否增加存栏。随着羊养殖转型的完成，2020 年羊的存栏和出栏将有望保持稳定或出现回升。

2019年天津市种植业生产综述

2019年，天津市坚持以习近平新时代中国特色社会主义思想为指导，全面落实中央一号文件精神要求，扎实推动乡村全面振兴，加快农业结构优化调整，大力发展现代都市型农业。

一、种植业生产结构持续调整

2019年天津市继续加大粮食生产支持力度，优化区域布局，着力增加高产、优质、高效农作物品种种植面积。从主要农作物品种种植占比情况来看，主要呈现以下特点：

（一）粮食作物占比有所提升，品种结构明显优化

2019年全市粮食播种面积508.9万亩，比上年减少16.4万亩，同比下降3.1%，在农作物总播种面积中的占比为82.7%，比上年增加1.1个百分点。

1. 小麦播种面积明显减少

由于冬小麦播种期间，降水少于常年，导致部分地区冬小麦无法顺利播种，对静海区等旱灾多发地区影响尤为明显。2019年全市小麦播种面积为151.68万亩，比上年减少14.58万亩，同比减少8.8%，在农作物总播种面积中的占比为24.6%，比上年减少1.2百分点。

2. 玉米播种面积有所减少

由于玉米最低收购价的取消，玉米价格优势消失，种植效益大幅下降。此外，随着生猪养殖规模大幅缩减，对玉米饲料的市场需求持续降低，部分种植户改种其他农作物。玉米播种面积为271.16万亩，较上年减少9.0万亩，减幅达3.2%，在农作物总播种面积中的占比为44.1%，比上年增加0.6个百分点。

3. 水稻播种面积大幅增加

2019年天津市大力实施乡村振兴战略，加快农业结构优化调整，继续调减以玉米为主的大田低效粮食作物，加快实施小站稻振兴计划。而由于水稻种植省心省力，产量稳定，收益高，广大种植户结合生产实际，通过调整优化种植品种提高经济效益，全市水稻播种面积明显增加。水稻播种面积为68.29万亩，比上年增加8.45万亩，同比增长14.1%，在农作物总播种面积中的占比为11.1%，比上年增加1.8个百分点。

4. 大豆播种面积减少

部分地区由于降水减少以及地下水禁采等原因影响，大豆种植面积大幅减少。2019年全市大豆播种面积为7.72万亩，比上年减少1.59万亩，同比减少17.0%，在农作物总播种面积中的占比为1.3%，比上年减少0.1个百分点。

（二）蔬菜占比小幅增长

2019年全市蔬菜播种面积72.51万亩，比上年减少2.11万亩，同比减少2.8%，在农作物总播种面积中的占比为11.8%，比上年增加0.2个百分点。

（三）棉花占比有所回落

受棉花市场价格低迷影响，2019年棉花播种面积有所回落，为21.16万亩，比上年减少4.49万亩，减幅为17.5%，在农作物总播种面积中的占比为3.4%，比上年减少0.6个百分点。

（四）油料占比小幅减少

受种植效益影响，农民种植意愿下降，2019年天津市油料和其他农作物播种面积占比明显减少。其中，油料作物播种面积为1.66万亩，比上年减少1.48万亩，减幅为47.1%，在农作物总播种面积中的占比为0.3%，

比上年减少 0.2 个百分点。

二、有利气候条件助力部分作物单产增长

2019 年，全市气候条件总体较好，气象灾害发生少、影响轻，降水和光热条件适宜，导致多种农作物的单产均有不同程度增长。其中，2019 年小麦平均亩产为 399 公斤，同比增长 16%；玉米平均亩产为 425 公斤，同比增长 7.6%；水稻平均亩产为 628 公斤，同比增长 0.5%；油料平均亩产为 244 公斤，同比增加 7.1%；棉花平均亩产为 85 公斤，同比增长 20.3%。

三、天津市种植业生产存在的问题和对策建议

虽然天津市农作物种植结构已经实现一定程度的优化，但仍然存在一些不利于种植业提升效益、加速发展的因素：

（一）农业资源日趋紧张

农业资源是农业生产的重要基础，而随着城镇化、工业化的快速发展，耕地面积面临巨大危机。其次，水资源短缺、区域分布不均衡是限制全市农业发展的重要原因之一。地表水有限，而地下水资源的过度开发利用已导致全市整体地面沉降，随着对生态环境保护的重视，目前已有相关政策严禁地下水开采，农业生产用水越发紧张。要推进现代都市农业转型发展，必须进一步强化对耕地和水资源的保护和治理，严守耕地红线，大力开展高效节水灌溉技术，切实保障农业生产需要。

（二）土地集约化种植程度还需进一步提高

由于农作物种植效益较低，受自然条件影响大，部分农户种植意愿低，纷纷外出务工，出现耕地闲置或者疏于田间管理等现象，农作物产量低。土地集约化种植能够有效解决土地使用率低的问题，提高了农民抵御市场风险的能力，切实增加农民收入。建议从政策、种植技术、专业机械等方面给予生产经营规模户适当扶持。

（三）农业现代化水平仍需大力发展

近年来，天津市农业科技水平稳步提高，农业生产机械化水平不断提高，极大解放了农村生产力，促进农业生产高效发展。但总体来看，仍存在创新力度不足，科技创新人才、农技推广人员短缺，扶持力度不够等问题。要提高农业现代化水平仍需加大政策扶持力度，重视农业科技人才引进与培养，加强农业科技创新与应用服务建设。

二、人民生活

Chapter 2
PEOPLE'S LIVING CONDITIONS

2-1 全市居民家庭基本情况
Basic Conditions of Citywide Households (2015-2019)

项 目	Item	单位	Unit	2015	2016	2017	2018	2019
一、调查样本户数	**Number of Households Surveyed**	户	**household**	**3929**	**3958**	**3970**	**4000**	**4000**
1.城镇住户	Urban	户	household	2943	3014	3018	3200	3200
2.农村住户	Rural	户	household	986	944	952	800	800
二、调查样本户结构	**Structure of Household**							
1.城镇住户	Urban	%		74.9	76.1	76.0	80.0	80.0
2.农村住户	Rural	%		25.1	23.9	24.0	20.0	20.0
三、住户基本情况	**Basic Conditions of Households**							
户均常住成员	Average Number of Permanent Residents Per Household	人/户	person/household	2.90	2.93	2.92	2.89	2.89
户均就业成员	Average Number of Employees Per Household	人/户	person/household	1.55	1.56	1.51	1.44	1.40
平均每户就业人口比重	Average Employment Proportion Per Household	%		53.7	53.2	51.6	50.0	48.5
平均每一就业者负担人口	Average Number of Dependents Per Employee	人	person	1.86	1.88	1.94	2.01	2.06
四、住户常住成员户口登记地	**Registered Location of Permanent Residents**							
1.本村(居委会)	Home Village or Residents' Committee	%		80.3	79.8	80.7	73.5	74.6
2.村外乡(镇、街道)内	Outside Home Village	%		6.2	4.8	4.8	7.8	6.9
3.乡外县(区)内	Outside Home Township Residential District	%		4.2	4.8	3.4	5.7	5.7
4.县外市内	Outside Home County (District)	%		5.8	6.2	6.2	7.3	7.0
5.市外省内	Outside Home Municipality	%						
6.省外	Outside Home Province	%		3.5	5.6	4.9	5.7	5.7
7.其他(如户口待定)	Others	%						
五、住户6周岁及以上成员受教育程度	**Education Level of Residents Above 6-Year-Old**							
1.未上过学	Non-Educated	%		1.8	1.5	1.4	1.8	1.4
2.小学	Primary School	%		15.4	15.5	15.5	15.5	15.3
3.初中	Junior Middle School	%		37.2	36.6	36.7	31.3	31.5
4.高中	Senior Middle School	%		24.1	22.9	22.9	20.8	21.4
5.大学专科	Junior College	%		12.1	11.8	11.8	14.0	14.2
6.大学本科	Undergraduate College	%		8.7	10.6	10.6	15.0	14.5
7.研究生	Graduate	%		0.7	1.1	1.1	1.6	1.6
六、住户从业人员参加养老保险情况	**Pension Insurance**							
其中：1.新型农村社会养老保险	The New Rural Community Pension Insurance	%		1.2	1.0	0.8	0.9	
2.城镇职工基本养老保险	Urban Employee Pension Insurance	%		53.8	55.7	55.4	62.2	61.7
3.城乡居民基本养老保险	Urban-Rural Residents Basic Pension Insurance	%		21.6	24.4	25.2	22.0	23.0
4.商业养老保险	Business Pension Insurance	%		0.7	0.9	0.9	1.3	1.6
5.其他养老保险	Others	%						
6.没有参加任何养老保险	No Pension Insurance	%		22.7	18.0	17.7	13.6	14.5
七、住户从业人员参加医疗保险情况	**Medical Care Insurance**							
1.新型农村合作医疗	The New Rural Cooperative Medical Care Insurance	%		1.4	1.3	0.8	1.0	1.1
2.城镇职工基本医疗保险	Urban Employee Basic Medical Care Insurance	%		50.8	53.3	52.7	59.2	60.8
3.城乡居民基本医疗保险	Urban-Rural Residents Basic Medical Care Insurance	%		45.0	43.1	44.0	37.0	35.5
4.公费医疗	Socialized Medical Care	%						
5.商业医疗保险	Business Medical Care Insurance	%		0.8	0.7	0.9	1.4	2.5
6.其他医疗保险	Others	%						
7.没有参加任何医疗保险	No Medical Care Insurance	%		2.0	1.6	1.6	1.4	1.8

2–1 续表 1 continued

项目	Item	单位 Unit	2015	2016	2017	2018	2019
八、住户从业人员行业分布	**Industry Distribution**						
1.第一产业	Primary Industry	%	6.6	5.5	4.9	4.9	4.2
2.第二产业	Secondary Industry	%	37.0	34.6	34.8	29.8	29.1
3.第三产业	Tertiary Industry	%	56.4	59.9	60.3	65.3	66.7
九、住户从业人员职业分布	**Profession Distribution**						
1.国家机关、党群组织、企业、事业单位负责人	Directors of Government Agency, CPC or Mass Organizations, Enterprises and Institutions	%	1.7	1.4	1.3	1.0	1.2
2.专业技术人员	Professional Staff	%	17.3	19.0	18.9	19.3	17.9
3.办事人员和有关人员	Clerks	%	20.1	22.1	22.9	27.6	28.8
4.商业、服务业人员	Commercial and Service Personnel	%	24.1	24.8	24.5	25.7	27.4
5.农、林、牧、渔、水利业生产人员	Primary Industry and Irrigation Workers	%	7.1	5.6	5.1	5.1	4.3
6.生产、运输设备操作人员及有关人员	Equipment Operators	%	29.5	26.9	27.2	21.2	20.3
7.军人	Soldiers	%	0.2	0.2	0.1	0.1	0.1
8.不便分类的其他从业人员	Others	%					
十、住户从业人员就业分布	**Employment Distribution**						
1.雇主	Employers	%	0.2	0.4	0.3	0.3	0.3
2.公职人员	Public Servants	%	1.5	1.9	1.9	2.0	1.6
3.事业单位人员	Institutions Staff	%	4.5	5.4	5.0	7.9	7.3
4.国有企业雇员	State-Owned Enterprise Employees	%	13.5	13.0	12.3	11.5	10.7
5.其他雇员	Other Employees	%	65.0	64.5	66.7	66.0	68.3
6.农业自营	Agricultural Managers	%	6.1	4.9	4.3	4.1	3.3
7.非农自营	Secondary and Tertiary Industry Managers	%	9.2	9.9	9.5	8.2	8.4
十一、住户成员健康状况	**Health Condition**						
1.健康	Healthy	%	87.6	89.9	89.6	89.9	89.8
2.基本健康	General Healthy	%	9.8	8.0	8.4	7.7	7.5
3.不健康，但生活能自理	Unhealthy but Independent	%	2.2	1.8	1.8	2.0	2.1
4.生活不能自理	Dependent	%	0.4	0.3	0.2	0.4	0.6
十二、常住居民收入与支出	**Income and Expenditure**						
全体居民人均可支配收入	Per-Capita Disposable Income	元/人	31291	34074	37022	39506	42404
全体居民人均消费支出	Per-Capita Consumption Expenditure	元/人	24162	26129	27841	29903	31854
平均消费倾向	Average Propensity to Consume	%	77.2	76.7	75.2	75.7	75.1
十三、住户现住房居住空间样式	**Housing Style**						
1.单栋楼房	Single Building	%	0.6	0.7	0.5	0.9	0.8
2.单栋平房	Single Bungalow	%	26.0	23.9	24.3	22.7	21.5
3.四居室及以上单元房	Apartment with 4 Bedrooms or More	%	0.2	0.2	0.3	0.5	0.3
4.三居室单元房	Apartment with 3 Bedrooms	%	8.6	9.0	9.1	12.7	12.3
5.二居室单元房	Apartment with 2 Bedrooms	%	44.5	45.9	46.3	48.2	50.4
6.一居室单元房	Apartment with 1 Bedroom	%	13.9	14.2	13.5	12.9	12.6
7.筒子楼或连片平房	Tube-Shaped Apartment or Cottage	%	5.4	5.5	5.4	2.1	2.1
8.其他	Others	%	0.8	0.6	0.6		
十四、住户现住房房屋来源	**Source of House**						
1.租赁公房	Rent Public House	%	13.3	10.6	10.4	8.2	7.3
2.租赁私房	Rent Private House	%	2.7	2.9	2.3	4.4	4.4
3.自建住房	Self-Help House	%	27.2	25.7	25.6	23.2	22.6
4.购买商品房	Purchased Commercial House	%	30.0	30.2	31.0	41.5	43.1
5.购买房改住房	Purchased Public House	%	12.9	14.2	14.5	10.9	10.1
6.购买保障性住房	Purchased Social House	%	1.8	2.4	2.5	1.9	1.9
7.拆迁安置房	Resettlement House	%	8.0	10.0	10.1	8.2	8.6
8.其他	Others	%	4.1	4.0	3.6	1.7	2.1

2-1 续表 2 continued

项 目	Item	单位 Unit	2015	2016	2017	2018	2019
十五、住户主要饮用水来源情况	**Source of Drinking Water**						
1.经过净化处理的自来水	Tap Water	%	95.7	96.6	96.5	95.6	95.6
2.受保护的井水和泉水	Protected Wells and Springs	%	3.4	2.4	2.3	2.4	3.2
3.不受保护的井水和泉水	Unprotected Wells and Springs	%					
4.江河湖泊水	River and Lake Water	%					
5.收集雨水	Collected Rain Water	%					
6.桶装水	Bottled Water	%	0.9	1.0	1.2	2.0	1.3
7.其他水源	Others	%					
十六、住户主要取暖用能源状况	**Fuel for Heating**						
1.柴草	Firewood	%					
2.煤炭	Coal	%	28.3	26.2	20.8	13.5	5.5
3.罐装液化石油气	Canned Liquefied Petroleum Gas	%					
4.管道液化石油气	Pipeline Liquefied Petroleum Gas	%					
5.管道煤气	Pipeline Coal Gas	%					
6.管道天然气	Pipeline Natural Gas	%			2.9	11.0	7.3
7.电	Electricity	%	0.8	1.3	3.7	3.5	4.4
8.燃料用油	Fuel Oil	%					
9.沼气	Methane	%					
10.其他	Others	%					
11.集中供暖	Central Heating	%	70.9	72.5	72.6	72.0	82.8
十七、住户主要炊用能源状况	**Fuel for Cooking**						
1.柴草	Firewood	%	1.4	0.2	0.2	0.2	0.3
2.煤炭	Coal	%	2.4	2.1	1.7	1.0	0.1
3.罐装液化石油气	Canned Liquefied Petroleum Gas	%	25.3	24.8	23.2	20.8	17.5
4.管道液化石油气	Pipeline Liquefied Petroleum Gas	%					
5.管道煤气	Pipeline Coal Gas	%					
6.管道天然气	Pipeline Natural Gas	%	65.5	67.3	69.7	74.8	78.8
7.电	Electricity	%	2.1	2.3	2.2	2.2	2.5
8.燃料用油	Fuel Oil	%					
9.沼气	Methane	%					
10.其他	Others	%					
11.无炊用行为	No Cooking Behavior	%	3.3	3.3	3.0	1.0	0.8
十八、住户厕所类型	**Toilet Type**						
1.水冲式卫生厕所	Sanitary Water Flush Toilet	%	82.5	83.4	85.3	87.9	94.0
2.水冲式非卫生厕所	Non-Sanitary Water Flush Toilet	%					
3.卫生旱厕	Sanitary Dry Toilet	%	5.3	5.2	4.4	2.1	2.9
4.普通旱厕	Common Dry Toilet	%	7.8	7.1	6.1	4.9	2.8
5.无厕所	No Toilet	%	4.4	4.3	4.2	5.1	0.3
十九、住户洗澡设施情况	**Bath Facilities**						
1.统一供热水	Unified Supply of Hot Water	%	6.2	6.4	5.7	4.8	4.1
2.家庭自装热水器	Water Heater Installed by Household	%	87.9	88.2	88.4	91.6	92.4
3.其他	Others	%	1.9	0.6	1.4	0.5	1.0
4.无洗澡设施	No Bath Facilities	%	4.0	4.8	4.5	3.1	2.4

2–2 全市居民人均食品消费量
Per Capita Consumption of Foods of Citywide Households (2015-2019)

单位：公斤 (kg)

项　目	Item	2015	2016	2017	2018	2019
粮食	Grain	119.6	119.9	120.1	118.3	115.2
#谷物	Cereal	110.5	110.7	109.7	107.9	104.6
薯类	Tuber	2.7	2.8	3.1	3.2	3.2
豆类	Beans and the Products	6.4	6.4	7.3	7.2	7.3
食用油	Oil and Fats	12.1	12.0	11.9	9.9	8.7
蔬菜及菜制品	Vegetables and Edible Fungi	115.1	117.5	118.3	116.8	114.1
#鲜菜	Fresh Vegetables	111.9	113.9	114.8	113.2	110.6
肉及制品	Meat and Meat Products	25.2	26.3	26.5	26.9	24.7
#猪肉	Pork	15.8	16.1	15.8	16.8	15.0
牛羊肉	Beef and Mutton	5.6	6.1	6.2	5.6	5.4
家禽及制品	Poultry and Poultry Products	4.9	5.6	5.6	5.7	6.1
水产及制品	Aquatic Products	16.6	16.9	16.9	16.7	17.4
蛋类及蛋制品	Eggs and Related Products	16.8	17.8	18.3	17.7	18.5
#鲜蛋	Eggs	16.0	17.0	17.5	17.0	17.7
奶和奶制品	Milk and Dairy Products	18.0	18.3	18.4	18.6	17.0
干鲜瓜果类	Dried and Fresh Melons and Fruits	72.7	73.8	75.3	86.2	90.1
#鲜瓜果	Fresh Melons and Fruits	66.3	67.5	68.8	78.8	82.6
糖果糕点类	Confectionery	8.3	8.2	8.4	9.6	8.9
白酒	Wine	3.6	3.6	3.8	3.4	3.3

2–3 全市居民家庭年末每百户主要耐用消费品拥有量
Main Durable Goods Owned Per 100 Households Citywide (2015-2019)

项　目	Item	单位	unit	2015	2016	2017	2018	2019
摩托车	Motorcycle	辆	unit	12.6	10.1	6.4	4.4	4.0
助力车	Electric Bicycle	辆	unit	43.5	45.4	47.9	45.8	50.3
家用汽车	Automobile	辆	unit	36.5	39.7	41.2	44.8	47.8
洗衣机	Washing Machine	台	set	99.8	99.7	99.9	101.1	102.0
电冰箱(柜)	Refrigerator	台	set	101.6	101.5	101.0	103.3	104.4
彩色电视机	Color Television Set	台	set	117.4	118.1	118.8	111.5	112.0
家用电脑	Micro-Computer	台	set	68.1	69.3	70.2	70.6	68.6
摄像机	Vidicon	台	set	10.4	9.8	—	—	
照相机	Camera	架	set	31.1	28.5	29.6	20.7	19.3
微波炉	Microwave Oven	台	set	69.4	70.9	71.5	71.9	71.6
空调器	Air Conditioner	台	set	124.3	126.4	129.8	140.9	150.5
热水器	Water Heater	台	set	91.8	92.3	93.7	96.4	96.1
固定电话	Telephone	部	set	55.5	54.2	38.9	35.4	28.8
移动电话	Mobile Telephone	部	set	217.6	219.3	222.8	233.1	235.7

2–4 城乡居民家庭人均可支配收入和消费支出
Per Capita Disposable Income and Consumption Expenditure of Urban and Rural Households (1978-2019)

单位：元 (yuan)

年 度 Year	人均可支配收入 Per Capita Disposable Income			人均消费支出 Per Capita Consumption Expenditure		
	城镇居民 Urban Residents	农村居民 Rural Residents	城乡居民收入比 （农村居民收入＝100） Ratio of Urban-Rural Residents' Income (Rural Residents' Disposable Income=100)	城镇居民 Urban Residents	农村居民 Rural Residents	城乡居民消费支出比 （农村居民消费＝100） Ratio of Urban-Rural Residents' Consumption Expenditure (Rural Residents' Consumption Expenditure=100)
1978	388	153	253.6	345	132	261.4
1979	425	179	237.4	385	135	285.2
1980	527	278	189.6	475	208	228.0
1981	540	298	181.3	486	249	195.0
1982	577	326	176.9	497	267	186.4
1983	604	412	146.7	521	336	154.8
1984	728	505	144.3	600	371	161.7
1985	876	565	155.2	771	426	180.9
1986	1070	635	168.5	949	480	197.6
1987	1187	749	158.4	1071	539	198.8
1988	1330	891	149.2	1279	714	179.1
1989	1478	1020	144.9	1291	781	165.2
1990	1639	1069	153.3	1440	733	196.6
1991	1845	1169	157.9	1586	796	199.3
1992	2238	1309	171.0	1907	847	225.3
1993	2769	1473	188.0	2322	938	247.6
1994	3982	1836	216.9	3301	1161	284.4
1995	4930	2406	204.9	4064	1548	262.5
1996	5967	3000	198.9	4680	1957	239.1
1997	6609	3244	203.8	5204	1882	276.5
1998	7053	3388	208.2	5482	2008	273.1
1999	7527	3396	221.7	5875	1963	299.3
2000	7946	3598	220.9	6158	2088	294.9
2001	8672	3911	221.7	7045	2179	323.4
2002	8968	4229	212.1	7265	2334	311.2
2003	9823	4502	218.2	7964	2543	313.2
2004	10831	4938	219.4	8930	2945	303.2
2005	11839	5475	216.2	9813	3442	285.1
2006	13266	6096	217.6	10745	3850	279.1
2007	15062	6845	220.1	12280	4142	296.5
2008	17726	7705	230.0	13732	4550	301.8
2009	19371	8441	229.5	15174	5167	293.7
2010	21800	9764	223.3	17015	6072	280.2
2011	24158	11941	202.3	18928	8273	228.8
2012	26586	13593	195.6	20572	10254	200.6
2013	28980	15353	188.8	22306	12491	178.6
2014	31506	17014	185.2	24290	13739	176.8
2015	34101	18482	184.5	26230	14739	178.0
2016	37110	20076	184.8	28345	15912	178.1
2017	40278	21754	185.2	30284	16386	184.8
2018	42976	23065	186.3	32655	16863	193.6
2019	46119	24804	185.9	34811	17843	195.1

注：本表2013年及以后为一体化住户调查新口径数据，2012年及以前数据为按可比口径回溯获得。表2–5至2–6同。

Note: The data of the year 2013 and later in the table are integrated household survey data in new scope, the year 2012 and before are reckoned at comparable coverage. Same as table 2-5 to 2-6.

2–5 城乡居民人均可支配收入和消费支出实际指数

Real Indices of Per Capita Disposable Income and Consumption Expenditure of Urban and Rural Households (1978-2019)

年 度 Year	人均可支配收入指数 Real Index of Per Capita Disposable Income (1978=100)		人均消费支出指数 Real Index of Per Capita Consumption Expenditures(1978=100)	
	城镇居民 Urban Households	农村居民 Rural Households	城镇居民 Urban Households	农村居民 Rural Households
1978	100.0	100.0	100.0	100.0
1979	108.4	115.8	110.6	101.3
1980	127.8	171.2	129.6	148.7
1981	129.2	180.9	131.0	175.6
1982	137.5	197.2	133.3	187.0
1983	143.4	247.7	139.1	234.9
1984	169.8	298.2	157.4	254.4
1985	180.5	294.9	178.8	258.2
1986	206.5	310.8	206.3	272.4
1987	214.5	343.5	218.1	286.3
1988	205.5	349.7	222.6	324.4
1989	199.1	349.0	196.1	309.8
1990	214.5	354.9	212.4	282.2
1991	219.2	352.4	212.2	278.0
1992	238.7	354.2	229.2	265.5
1993	251.1	338.9	237.4	250.1
1994	291.3	340.6	272.3	249.6
1995	312.8	387.3	290.9	288.8
1996	347.6	443.1	307.2	335.0
1997	373.3	464.3	331.4	312.6
1998	400.1	487.1	350.6	335.1
1999	431.8	493.4	380.1	331.4
2000	457.7	524.5	399.9	353.9
2001	493.4	563.3	451.8	364.9
2002	512.1	611.2	467.7	392.6
2003	555.1	644.2	507.4	423.2
2004	598.4	690.6	556.1	479.1
2005	644.5	754.8	602.3	551.9
2006	711.5	828.0	649.9	608.2
2007	774.9	892.6	712.9	628.3
2008	865.5	953.3	756.4	655.3
2009	955.5	1055.3	844.1	751.6
2010	1038.7	1179.9	914.2	853.1
2011	1096.8	1375.7	969.0	1107.3
2012	1175.8	1524.3	1025.2	1336.5
2013	1242.8	1669.1	1077.5	1578.4
2014	1326.1	1814.3	1151.9	1703.1
2015	1411.0	1937.7	1223.3	1796.8
2016	1504.1	2061.7	1295.5	1901.0
2017	1598.9	2189.5	1355.0	1918.1
2018	1672.4	2274.9	1432.3	1935.4
2019	1747.5	2382.1	1486.7	1994.0

2–6 城乡居民平均消费率和恩格尔系数
The Average Consumption Rate & Engel's Coefficient of Urban and Rural Households (1978-2019)

单位：% (%)

年 度 Year	城镇居民 Urban Households		农村居民 Rural Households	
	平均消费率 Average Consumption Rate	恩格尔系数 Engel's Coefficient	平均消费率 Average Consumption Rate	恩格尔系数 Engel's Coefficient
1978	88.9	58.1	86.3	59.8
1979	90.6	57.0	75.4	64.4
1980	90.1	54.9	74.8	56.7
1981	90.0	55.8	83.8	50.6
1982	86.1	58.5	81.9	50.6
1983	86.2	61.2	81.7	48.7
1984	82.4	60.9	73.8	49.2
1985	88.0	54.4	75.5	47.4
1986	88.7	54.5	75.6	49.0
1987	90.2	54.0	72.0	49.9
1988	96.2	52.1	80.1	46.1
1989	87.4	58.6	76.6	47.8
1990	87.9	57.9	68.6	54.0
1991	85.9	58.6	68.1	52.4
1992	85.2	57.6	64.7	51.0
1993	83.9	54.6	63.7	50.6
1994	82.9	52.1	63.2	56.3
1995	82.4	52.1	64.3	57.0
1996	78.4	51.3	65.3	52.3
1997	78.7	46.7	58.0	51.1
1998	77.7	43.6	59.3	46.1
1999	78.1	41.8	57.8	47.6
2000	77.5	39.8	58.0	39.5
2001	81.2	36.3	55.7	42.0
2002	81.0	35.2	55.2	36.8
2003	81.1	36.0	56.5	36.8
2004	82.4	35.3	59.7	36.4
2005	82.9	34.5	62.9	36.0
2006	81.0	32.6	63.2	33.5
2007	81.5	32.9	60.5	35.4
2008	77.5	34.4	59.1	37.4
2009	78.3	33.7	61.2	39.5
2010	78.1	32.9	62.2	37.3
2011	78.4	32.9	69.3	30.6
2012	77.4	33.2	75.4	32.0
2013	77.0	32.6	81.4	30.9
2014	77.1	33.2	80.8	31.4
2015	76.9	32.2	79.8	29.5
2016	76.4	30.6	79.3	31.3
2017	75.2	31.2	75.3	29.6
2018	76.0	28.8	73.1	29.6
2019	75.5	27.9	71.9	30.8

2-7 全市居民人均可支配收入及构成
Per Capita Disposable Income and Component of Citywide Households (2015-2019)

项　目	Item	2015	2016	2017	2018	2019
人均可支配收入(元)	**Per Capita Disposable Income (yuan)**	**31291**	**34074**	**37022**	**39506**	**42404**
工资性收入	Income of Wages and Salaries	19256	21218	23165	25119	27002
经营净收入	Net Business Income	2906	3137	3262	3344	3095
财产净收入	Net Income from Property	2928	3217	3505	3587	3908
转移净收入	Net Income from Transfer	6201	6502	7090	7456	8398
#养老金或离退休金	Pensions and Retirement Pay	7083	7562	8349	8601	9675
人均可支配收入构成(%)	**Component of Per Capita Disposable Income (%)**	**100.0**	**100.0**	**100.0**	**100.0**	**100.0**
工资性收入	Income of Wages and Salaries	61.5	62.3	62.6	63.6	63.7
经营净收入	Net Business Income	9.3	9.2	8.8	8.4	7.3
财产净收入	Net Income from Property	9.4	9.4	9.5	9.1	9.2
转移净收入	Net Income from Transfer	19.8	19.1	19.1	18.9	19.8
#养老金或离退休金	Pensions and Retirement Pay	22.6	22.2	22.6	21.8	22.8

2-8 全市居民人均消费支出及构成
Per Capita Consumption Expenditure and Component of Citywide Households (2015-2019)

项　目	Item	2015	2016	2017	2018	2019
人均消费支出(元)	**Per Capita Consumption Expenditure (yuan)**	**24162**	**26129**	**27841**	**29903**	**31854**
食品烟酒	Food, Tobacco and Liquor	7900	8020	8647	8648	8984
衣　着	Clothing	1949	1931	1945	1990	2000
居　住	Residence	5138	5655	5922	6406	6946
生活用品及服务	Household Facilities, Articles and Services	1514	1562	1655	1818	1957
交通通信	Transport and Communications	3186	3752	3745	4281	4236
教育文化娱乐	Education, Cultural and Recreation	2005	2404	2691	3187	3584
医疗保健	Health Care and Medical Services	1757	2023	2390	2677	2992
其他用品及服务	Miscellaneous Goods and Services	713	782	846	896	1155
人均消费支出构成(%)	**Component of Per Capita Consumption Expenditure (%)**	**100.0**	**100.0**	**100.0**	**100.0**	**100.0**
食品烟酒	Food, Tobacco and Liquor	32.7	30.7	31.1	28.9	28.2
衣　着	Clothing	8.1	7.4	7.0	6.7	6.3
居　住	Residence	21.3	21.6	21.3	21.4	21.8
生活用品及服务	Household Facilities, Articles and Services	6.2	6.0	5.9	6.1	6.1
交通通信	Transport and Communications	13.2	14.4	13.4	14.3	13.3
教育文化娱乐	Education, Cultural and Recreation	8.3	9.2	9.7	10.7	11.3
医疗保健	Health Care and Medical Services	7.3	7.7	8.6	8.9	9.4
其他用品及服务	Miscellaneous Goods and Services	2.9	3.0	3.0	3.0	3.6

2-9 全市居民人均消费支出
Per Capita Consumption Expenditure of Citywide Households (2015-2019)

单位：元 (yuan)

项 目	Item	2015	2016	2017	2018	2019
人均消费支出	**Per Capita Consumption Expenditure**	**24162**	**26129**	**27841**	**29903**	**31854**
(一)食品烟酒	Food, Tobacco and Liquor	7900	8020	8647	8648	8984
1.食品	Food	5039	5230	5453	5338	5270
2.烟酒	Tobacco and Liquor	774	762	816	727	749
3.饮料	Drink	214	193	209	231	247
4.饮食服务	Catering Services	1873	1835	2169	2352	2717
(二)衣着	Clothing	1949	1931	1945	1990	2000
1.衣类	Clothes	1472	1450	1468	1546	1557
2.鞋类	Shoes	477	481	477	444	442
(三)居住	Residence	5138	5655	5922	6406	6946
1.租赁房房租	Rent of Rental Housing	183	195	220	330	323
2.住房维修及管理	Housing Maintenance and Management	471	593	639	700	750
3.水电燃料及其他	Water, Electricity, Fuel and Others	1240	1293	1223	1321	1430
4.自有住房折算租金	Imputed Rents of Owner-occupied Dwelling	3244	3574	3840	4055	4444
(四)生活用品及服务	Household Facilities, Articles and Services	1514	1562	1655	1818	1957
1.家具及室内装饰品	Furniture and Interior Decoration	242	221	244	275	332
2.家用器具	Household Appliances	473	435	439	417	411
3.家用纺织品	Home Textiles	108	121	116	107	117
4.家庭日用杂品	Family Daily Groceries	384	420	447	476	490
5.个人用品	Personal Products	266	317	363	414	486
6.家庭服务	Family Services	41	48	46	129	120
(五)交通通信	Transport and Communications	3186	3752	3745	4281	4236
1.交通	Transportations	2072	2563	2525	3173	3250
2.通信	Communications	1114	1189	1220	1108	986
(六)教育文化娱乐	Education, Cultural and Recreation	2005	2404	2691	3187	3584
1.教育	Education	935	1231	1354	1665	2005
2.文化娱乐	Cultural and Recreation	1070	1173	1337	1522	1579
(七)医疗保健	Health Care and Medical Services	1757	2023	2390	2677	2992
1.医疗器具及药品	Medical Equipment and Medicine	662	677	723	753	672
2.医疗服务	Medical Services	1095	1346	1667	1924	2319
(八)其他用品及服务	Miscellaneous Goods and Services	713	782	846	896	1155
1.其他用品	Other Goods	448	414	448	427	538
2.其他服务	Other Services	265	368	398	469	617

2-10 城镇居民家庭基本情况
Basic Conditions of Urban Households (2015-2019)

项目	Item	单位 Unit	2015	2016	2017	2018	2019
一、住户基本情况	**Basic Conditions of Households**						
户均常住成员	Average Number of Permanent Residents Per Household	人/户	2.78	2.82	2.81	2.85	2.85
户均就业成员	Average Number of Employees Per Household	人/户	1.43	1.46	1.41	1.38	1.35
平均每户就业人口比重	Average Employment Proportion Per Household	%	51.4	51.8	50.2	48.6	47.4
平均每一就业者负担人口	Average Number of Dependents Per Employee	人	1.94	1.93	1.99	2.06	2.11
二、住户常住成员户口登记地	**Registered Location of Permanent Residents**						
1.本村(居委会)	Home Village or Residents' Committee	%	76.9	76.3	77.4	68.3	69.8
2.村外乡(镇、街道)内	Outside Home Village	%	6.9	5.4	5.4	9.1	8.1
3.乡外县(区)内	Outside Home Township Residential District	%	4.9	4.2	4.0	6.8	6.8
4.县外市内	Outside Home County (District)	%	7.1	7.4	7.5	8.9	8.5
5.市外省内	Outside Home Municipality	%					
6.省外	Outside Home Province	%	4.2	6.7	5.7	6.9	6.8
7.其他(如户口待定)	Others	%					
三、住户6周岁及以上成员受教育程度	**Education Level of Residents Above 6-Year-Old**						
1.未上过学	Non-Educated	%	1.6	1.4	1.3	1.6	1.1
2.小学	Primary School	%	13.0	13.6	13.6	13.0	13.2
3.初中	Junior Middle School	%	33.6	32.8	33.0	26.8	26.9
4.高中	Senior Middle School	%	27.0	25.3	25.3	22.9	23.4
5.大学专科	Junior College	%	13.9	13.5	13.4	16.2	16.3
6.大学本科	Undergraduate College	%	10.0	12.1	12.1	17.6	17.1
7.研究生	Graduate	%	0.9	1.3	1.3	1.9	2.0
四、住户从业人员参加养老保险情况	**Pension Insurance**						
其中：1.新型农村社会养老保险	The New Rural Community Pension Insurance	%	1.4	1.2	1.0	1.0	
2.城镇职工基本养老保险	Urban Employee Basic Pension Insurance	%	62.5	64.7	64.3	72.6	73.1
3.城乡居民基本养老保险	Urban-Rural Residents Basic Pension Insurance	%	19.4	20.6	21.2	16.1	16.4
4.商业养老保险	Business Pension Insurance	%	0.7	0.8	0.8	1.1	1.6
5.其他养老保险	Others	%					
6.没有参加任何养老保险	No Pension Insurance	%	16.0	12.7	12.7	9.2	9.7
五、住户从业人员参加医疗保险情况	**Medical Care Insurance**						
1.新型农村合作医疗	The New Rural Cooperative Medical Care Insurance	%	1.6	1.5	1.1	1.2	1.4
2.城镇职工基本医疗保险	Urban Employee Basic Medical Care Insurance	%	60.0	62.4	61.5	69.7	72.4
3.城乡居民基本医疗保险	Urban-Rural Residents Basic Medical Care Insurance	%	35.2	33.2	34.5	26.1	23.4
4.公费医疗	Socialized Medical Care	%					
5.商业医疗保险	Business Medical Care Insurance	%	0.8	0.8	1.0	1.5	2.5
6.其他医疗保险	Others	%					
7.没有参加任何医疗保险	No Medical Care Insurance	%	2.4	2.1	1.9	1.5	1.9
六、住户从业人员行业分布	**Industry Distribution**						
1.第一产业	Primary Industry	%	1.9	1.6	1.3	1.3	1.1
2.第二产业	Secondary Industry	%	35.1	32.0	32.1	27.7	26.8
3.第三产业	Tertiary Industry	%	63.0	66.4	66.6	71.0	72.1
七、住户从业人员职业分布	**Profession Distribution**						
1.国家机关、党群组织、企业、事业单位负责人	Directors of Government Agency, CPC or Mass Organizations, Enterprises and Institutions	%	1.9	1.4	1.4	1.1	1.5
2.专业技术人员	Professional Staff	%	18.0	19.7	19.4	21.1	19.4

2-10 续表 1 continued

项 目	Item	单 位 Unit	2015	2016	2017	2018	2019
3.办事人员和有关人员	Clerks	%	23.1	24.7	25.4	32.2	33.4
4.商业、服务业人员	Commercial and Service Personnel	%	26.9	27.3	26.9	27.0	28.0
5.农、林、牧、渔、水利业生产人员	Primary Industry and Irrigation Workers	%	2.2	1.7	1.5	1.3	1.1
6.生产、运输设备操作人员及有关人员	Equipment Operators	%	27.7	25.0	25.3	17.2	16.4
7.军人	Soldiers	%	0.2	0.2	0.1	0.1	0.1
8.不便分类的其他从业人员	Others	%					
八、住户从业人员就业分布	**Employment Distribution**						
1.雇主	Employers	%	0.3	0.4	0.3	0.3	0.3
2.公职人员	Public Servants	%	1.8	2.3	2.3	2.5	1.9
3.事业单位人员	Institutions Staff	%	5.4	6.4	6.0	9.5	8.9
4.国有企业雇员	State-owned Enterprise Employees	%	16.9	16.0	15.1	14.0	13.2
5.其他雇员	Other Employees	%	65.1	64.2	66.1	65.1	67.0
6.农业自营	Agricultural Managers	%	1.6	1.3	1.0	1.0	0.8
7.非农自营	Secondary and Tertiary Industry Managers	%	8.9	9.4	9.2	7.6	7.9
九、住户成员健康状况	**Health Condition**						
1.健康	Healthy	%	86.6	89.2	88.9	90.2	89.9
2.基本健康	General Healthy	%	10.8	8.8	9.1	7.8	7.7
3.不健康，但生活能自理	Unhealthy but Independent	%	2.2	1.7	1.8	1.7	1.8
4.生活不能自理	Dependent	%	0.4	0.3	0.2	0.3	0.6
十、常住居民收入与支出	**Income and Expenditure of Urban Households**						
城镇居民人均可支配收入	Per-Capita Disposable Income of Urban Households	元/人	34101	37110	40278	42976	46119
城镇居民人均消费支出	Per-Capita Consumption Expenditure of Urban Households	元/人	26230	28345	30284	32655	34811
平均消费倾向	Average Propensity to Consume of Urban Households	%	76.9	76.4	75.2	76.0	75.5
十一、住户现住房居住空间样式	**Housing Style**						
1.单栋楼房	Single Building	%	0.6	0.6	0.5	0.9	0.9
2.单栋平房	Single Bungalow	%	15.6	13.8	14.0	8.5	7.5
3.四居室及以上单元房	Apartment with 4 Bedrooms or More	%	0.2	0.2	0.3	0.6	0.4
4.三居室单元房	Apartment with 3 Bedrooms	%	9.8	10.1	10.3	15.0	14.4
5.二居室单元房	Apartment with 2 Bedrooms	%	51.5	53.3	53.7	57.4	59.9
6.一居室单元房	Apartment with 1 Bedroom	%	16.3	16.7	15.8	15.4	14.9
7.筒子楼或连片平房	Tube-Shaped Apartment or Cottage	%	5.0	4.6	4.7	2.2	2.1
8.其他	Others	%	1.0	0.7	0.7		
十二、住户现住房房屋来源	**Source of House**						
1.租赁公房	Rent Public House	%	15.7	12.5	12.3	9.8	8.8
2.租赁私房	Rent Private House	%	3.2	3.4	2.7	5.1	4.8
3.自建住房	Self-Help House	%	15.5	13.8	13.9	8.8	8.3
4.购买商品房	Purchased Commercial House	%	34.9	35.3	35.7	49.5	51.6
5.购买房改住房	Purchased Public House	%	15.2	16.6	17.1	13.1	12.1
6.购买保障性住房	Purchased Social House	%	2.1	2.8	2.9	1.9	1.9
7.拆迁安置房	Resettlement House	%	8.5	10.9	11.2	9.8	10.2
8.其他	Others	%	4.9	4.7	4.2	2.0	2.4

2–10 续表 2 continued

项目	Item	单位 Unit	2015	2016	2017	2018	2019
十三、住户主要饮用水来源情况	**Source of Drinking Water**						
1.经过净化处理的自来水	Tap Water	%	96.3	97.1	96.8	95.7	96.3
2.受保护的井水和泉水	Protected Wells And Springs	%	2.7	1.8	1.8	2.3	2.3
3.不受保护的井水和泉水	Unprotected Wells And Springs	%					
4.江河湖泊水	River And Lake Water	%					
5.收集雨水	Collected Rain Water	%					
6.桶装水	Bottled Water	%	1.0	1.1	1.4	2.0	1.4
7.其他水源	Others	%					
十四、住户主要取暖用能源状况	**Fuel for Heating**						
1.柴草	Firewood	%					
2.煤炭	Coal	%	17.1	14.5	11.8	5.6	2.2
3.罐装液化石油气	Canned Liquefied Petroleum Gas	%					
4.管道液化石油气	Pipeline Liquefied Petroleum Gas	%					
5.管道煤气	Pipeline Coal Gas	%					
6.管道天然气	Pipeline Natural Gas	%			1.5	7.2	3.8
7.电	Electricity	%	0.8	1.2	2.7	1.6	1.7
8.燃料用油	Fuel Oil	%					
9.沼气	Methane	%					
10.其他	Others	%					
11.集中供暖	Central Heating	%	82.1	84.3	84.0	85.6	92.3
十五、住户主要炊用能源状况	**Fuel for Cooking**						
1.柴草	Firewood	%	0.3				0.3
2.煤炭	Coal	%	1.7	1.5	1.3	0.7	0.1
3.罐装液化石油气	Canned Liquefied Petroleum Gas	%	16.5	14.5	13.7	10.0	8.3
4.管道液化石油气	Pipeline Liquefied Petroleum Gas	%					
5.管道煤气	Pipeline Coal Gas	%					
6.管道天然气	Pipeline Natural Gas	%	76.2	78.4	80.0	87.5	89.4
7.电	Electricity	%	1.4	1.7	1.5	0.6	1.0
8.燃料用油	Fuel Oil	%					
9.沼气	Methane	%					
10.其他	Others	%					
11.无炊用行为	No Cooking Behavior	%	3.9	3.9	3.5	1.2	1.0
十六、住户厕所类型	**Toilet Type**						
1.水冲式卫生厕所	Sanitary Water Flush Toilet	%	87.1	89.7	90.2	94.5	97.8
2.水冲式非卫生厕所	Non-Sanitary Water Flush Toilet	%					
3.卫生旱厕	Sanitary Dry Toilet	%	3.8	3.4	3.2	1.1	0.8
4.普通旱厕	Common Dry Toilet	%	5.2	4.3	4.1	1.6	1.1
5.无厕所	No Toilet	%	3.9	2.6	2.5	2.8	0.3
十七、住户洗澡设施情况	**Bath Facilities**						
1.统一供热水	Unified Supply of Hot Water	%	7.2	7.4	6.5	5.1	4.4
2.家庭自装热水器	Water Heater Installed by Household	%	87.4	87.5	88.4	91.9	93.3
3.其他	Others	%	1.4	0.5	0.7	0.4	0.4
4.无洗澡设施	No Bath Facilities	%	4.0	4.6	4.4	2.6	1.9
十八、城镇居民住房建筑面积	**Floor Space of Urban Household**	**平方米/人 sq.m/person**	**31.10**	**30.67**	**30.49**	**30.13**	**29.47**

2-11 城镇居民人均食品消费量
Per Capita Consumption of Foods of Urban Households (2015-2019)

单位：公斤 (kg)

项 目	tem	2015	2016	2017	2018	2019
粮食	Grain	114.4	116.5	115.9	109.5	106.1
#谷物	Cereal	105.0	107.1	105.6	99.4	96.1
薯类	Tuber	2.7	2.8	3.1	3.1	3.1
豆类	Beans and the Products	6.7	6.6	7.2	7.0	6.9
食用油	Oil and Fats	12.5	12.4	12.1	9.4	8.1
蔬菜及菜制品	Vegetables and Edible Fungi	116.7	118.0	120.0	118.5	116.4
#鲜菜	Fresh Vegetables	113.2	114.5	116.3	114.8	112.7
肉及制品	Meat and Meat Products	26.1	27.4	27.5	27.1	25.0
#猪肉	Pork	16.0	16.5	16.2	16.5	14.8
牛羊肉	Beef and Mutton	6.1	6.7	6.8	6.1	5.9
家禽及制品	Poultry and Poultry Products	5.2	5.9	6.0	6.0	6.4
水产品及制品	Aquatic Products	17.6	17.9	17.8	17.3	18.0
蛋类及蛋制品	Eggs and Related Products	17.1	18.3	18.6	18.2	18.8
#鲜蛋	Eggs	16.3	17.4	17.7	17.5	18.0
奶和奶制品	Milk and Dairy Products	19.5	20.3	20.4	20.2	18.4
干鲜瓜果类	Dried and Fresh Melons and Fruits	74.0	76.5	78.1	88.1	90.8
#鲜瓜果	Fresh Melons and Fruits	67.6	69.2	71.6	80.8	83.5
糖果糕点类	Confectionery	8.7	9.0	9.1	9.9	9.0
白酒	Wine	3.3	3.5	3.6	3.1	3.1

2-12 城镇居民家庭年末每百户主要耐用消费品拥有量
Main Durable Goods Owned Per 100 Urban Households (2015-2019)

项 目	Item	单 位	Unit	2015	2016	2017	2018	2019
摩托车	Motorcycle	辆	unit	6.2	3.4	2.6	1.9	1.7
助力车	Electric Bicycle	辆	unit	34.8	36.5	38.3	32.7	36.2
家用汽车	Automobile	辆	unit	37.3	40.5	41.7	46.0	48.5
洗衣机	Washing Machine	台	unit	101.7	101.6	101.7	101.4	101.9
电冰箱(柜)	Refrigerator	台	unit	102.7	102.5	102.5	103.2	104.0
彩色电视机	Color Television Set	台	unit	114.8	116.9	116.1	109.6	110.4
家用电脑	Micro-Computer	台	unit	78.5	79.2	79.2	77.4	75.2
摄像机	Vidicon	架	unit	11.0	10.9	—	—	
照相机	Camera	架	unit	35.2	32.7	33.8	24.0	22.6
微波炉	Microwave Oven	台	unit	78.2	79.3	79.4	80.1	79.1
空调器	Air Conditioner	台	unit	131.3	133.6	135.3	146.6	156.9
热水器	Water Heater	台	unit	92.2	92.3	93.9	97.2	97.1
固定电话	Telephone	部	unit	52.4	51.9	35.6	33.6	27.3
移动电话	Mobile Telephone	部	unit	219.5	220.3	221.2	233.0	236.4

2-13 城镇居民人均可支配收入及构成
Per Capita Disposable Income and Component of Urban Households (2015-2019)

项 目	Item	2015	2016	2017	2018	2019
人均可支配收入(元)	**Per Capita Disposable Income (yuan)**	**34101**	**37110**	**40278**	**42976**	**46119**
工资性收入	Income of Wages and Salaries	21060	23207	25303	27557	29588
经营净收入	Net Business Income	2458	2666	2772	2924	2697
财产净收入	Net Income from Property	3400	3721	4037	4150	4515
转移净收入	Net Income from Transfer	7183	7516	8166	8345	9319
#养老金或离退休金	Pensions and Retirement Pay	8387	8864	9742	9974	11218
人均可支配收入构成(%)	**Component of Per Capita Disposable Income (%)**	**100.0**	**100.0**	**100.0**	**100.0**	**100.0**
工资性收入	Income of Wages and Salaries	61.8	62.5	62.8	64.1	64.2
经营净收入	Net Business Income	7.2	7.2	6.9	6.8	5.8
财产净收入	Net Income from Property	10.0	10.0	10.0	9.7	9.8
转移净收入	Net Income from Transfer	21.0	20.3	20.3	19.4	20.2
#养老金或离退休金	Pensions and Retirement Pay	24.6	23.9	24.2	23.2	24.3

2-14 城镇居民人均消费支出及构成
Per Capita Consumption Expenditure and Component of Urban Households (2015-2019)

项 目	Item	2015	2016	2017	2018	2019
人均消费支出(元)	**Per Capita Consumption Expenditure (yuan)**	**26230**	**28345**	**30284**	**32655**	**34811**
食品烟酒	Food, Tobacco and Liquor	8448	8680	9456	9421	9719
衣 着	Clothing	2144	2114	2119	2201	2195
居 住	Residence	5667	6187	6470	7037	7702
生活用品及服务	Household Facilities, Articles and Services	1594	1664	1774	1916	2051
交通通信	Transport and Communications	3403	3992	3924	4637	4596
教育文化娱乐	Education, Cultural and Recreation	2283	2644	2979	3598	4062
医疗保健	Health Care and Medical Services	1888	2172	2600	2825	3179
其他用品及服务	Miscellaneous Goods and Services	803	892	962	1020	1307
人均消费支出构成(%)	**Component of Per Capita Consumption Expenditure (%)**	**100.0**	**100.0**	**100.0**	**100.0**	**100.0**
食品烟酒	Food, Tobacco and Liquor	32.2	30.6	31.2	28.8	27.9
衣 着	Clothing	8.2	7.5	7.0	6.7	6.3
居 住	Residence	21.6	21.8	21.4	21.6	22.1
生活用品及服务	Household Facilities, Articles and Services	6.1	5.9	5.8	5.9	5.9
交通通信	Transport and Communications	13.0	14.1	13.0	14.2	13.2
教育文化娱乐	Education, Cultural and Recreation	8.7	9.3	9.8	11.0	11.7
医疗保健	Health Care and Medical Services	7.2	7.7	8.6	8.7	9.1
其他用品及服务	Miscellaneous Goods and Services	3.0	3.1	3.2	3.1	3.8

2-15 城镇居民人均消费支出
Per Capita Consumption Expenditure of Urban Households (2015-2019)

单位：元 (yuan)

项　目	Item	2015	2016	2017	2018	2019
人均消费支出	**Per Capita Consumption Expenditure**	**26230**	**28345**	**30284**	**32655**	**34811**
(一)食品烟酒	Food, Tobacco and Liquor	8448	8680	9456	9421	9719
1.食品	Food	5409	5594	5892	5735	5634
2.烟酒	Tobacco and Liquor	744	794	859	743	760
3.饮料	Drink	189	205	223	254	269
4.饮食服务	Catering Services	2106	2087	2482	2689	3056
(二)衣着	Clothing	2144	2114	2119	2201	2195
1.衣类	Clothes	1631	1595	1607	1719	1717
2.鞋类	Shoes	513	519	512	482	477
(三)居住	Residence	5667	6187	6470	7037	7702
1.租赁房房租	Rent of Rental Housing	214	230	258	382	359
2.住房维修及管理	Housing Maintenance and Management	468	616	683	713	795
3.水电燃料及其他	Water, Electricity, Fuel and Others	1336	1378	1291	1355	1482
4.自有住房折算租金	Imputed Rents of Owner-occupied Dwelling	3649	3963	4238	4587	5065
(四)生活用品及服务	Household Facilities, Articles and Services	1594	1664	1774	1916	2051
1.家具及室内装饰品	Furniture and Interior Decoration	265	245	274	302	380
2.家用器具	Household Appliances	474	455	457	416	444
3.家用纺织品	Home Textiles	115	127	124	117	126
4.家庭日用杂品	Family Daily Groceries	399	437	475	468	421
5.个人用品	Personal Products	295	347	392	465	542
6.家庭服务	Family Services	46	53	52	148	139
(五)交通通信	Transport and Communications	3403	3992	3924	4637	4596
1.交通	Transportations	2221	2714	2626	3453	3553
2.通信	Communications	1182	1278	1298	1184	1043
(六)教育文化娱乐	Education, Cultural and Recreation	2283	2644	2979	3598	4062
1.教育	Education	1005	1292	1439	1832	2228
2.文化娱乐	Cultural and Recreation	1278	1352	1540	1766	1834
(七)医疗保健	Health Care and Medical Services	1888	2172	2600	2825	3179
1.医疗器具及药品	Medical Equipment and Medicine	688	716	762	766	694
2.医疗服务	Medical Services	1200	1456	1838	2059	2485
(八)其他用品及服务	Miscellaneous Goods and Services	803	892	962	1020	1307
1.其他用品	Other Goods	503	468	506	482	605
2.其他服务	Other Services	300	424	456	538	702

2–16 农村居民家庭基本情况
Basic Conditions of Rural Households (2015-2019)

项目	Item	单位 Unit	2015	2016	2017	2018	2019
一、住户基本情况	**Basic Conditions of Households**						
户均常住成员	Average Number of Permanent Residents Per Household	人/户	3.25	3.29	3.28	3.08	3.05
户均就业成员	Average Number of Employees Per Household	人/户	1.92	1.87	1.82	1.66	1.60
平均每户就业人口比重	Average Employment Proportion Per Household	%	59.1	56.8	55.5	53.8	52.6
平均每一就业者负担人口	Average Number of Dependents Per Employee	人	1.69	1.76	1.80	1.86	1.90
二、住户常住成员户口登记地	**Registered Location Of Permanent Residents**						
1.本村(居委会)	Home Village or Residents' Committee	%	95.8	96.0	96.1	97.6	97.9
2.村外乡(镇、街道)内	Outside Home Village	%	2.7	2.1	2.2	1.5	1.2
3.乡外县(区)内	Outside Home Township Residential District	%	0.7	0.7	0.7	0.5	0.4
4.县外市内	Outside Home County (District)	%	0.3	0.4	0.4	0.1	0.1
5.市外省内	Outside Home Municipality	%					
6.省外	Outside Home Province	%	0.5	0.8	0.6	0.3	0.3
7.其他(如户口待定)	Others	%					
三、住户6周岁及以上成员受教育程度	**Education Level of Residents Above 6-Year-Old**						
1.未上过学	Non-Educated	%	2.4	2.0	2.0	2.6	2.8
2.小学	Primary School	%	26.7	24.6	24.6	26.9	25.4
3.初中	Junior Middle School	%	53.6	54.4	54.4	52.4	53.2
4.高中	Senior Middle School	%	10.5	11.8	11.6	11.1	11.8
5.大学专科	Junior College	%	3.7	3.8	4.0	4.1	4.2
6.大学本科	Undergraduate College	%	3.0	3.3	3.3	2.8	2.6
7.研究生	Graduate	%	0.1	0.1	0.1	0.1	0.1
四、住户从业人员参加养老保险情况	**Pension Insurance**						
其中：1.新型农村社会养老保险	The New Rural Community Pension Insurance	%					
2.城镇职工基本养老保险	Urban Employee Basic Pension Insurance	%	7.2	10.2	10.2	11.2	12.7
3.城乡居民基本养老保险	Urban-Rural Residents Basic Pension Insurance	%	35.7	43.5	46.3	51.7	51.5
4.商业养老保险	Business Pension Insurance	%	0.9	1.4	1.5	2.0	1.5
5.其他养老保险	Others	%					
6.没有参加任何养老保险	No Pension Insurance	%	56.2	44.9	42.0	35.1	34.9
五、住户从业人员参加医疗保险情况	**Medical Care Insurance**						
1.新型农村合作医疗	The New Rural Cooperative Medical Care Insurance	%					
2.城镇职工基本医疗保险	Urban Employee Basic Medical Care Insurance	%	5.6	6.2	7.2	8.1	11.0
3.城乡居民基本医疗保险	Urban-Rural Residents Basic Medical Care Insurance	%	94.0	93.2	92.1	90.1	87.4
4.公费医疗	Socialized Medical Care	%					
5.商业医疗保险	Business Medical Care Insurance	%	0.4	0.6	0.7	1.0	2.4
6.其他医疗保险	Others	%					
7.没有参加任何医疗保险	No Medical Care Insurance	%				0.8	1.3
六、住户从业人员行业分布	**Industry Distribution**						
1.第一产业	Primary Industry	%	24.9	21.8	20.0	20.6	17.5
2.第二产业	Secondary Industry	%	44.8	45.6	46.3	39.0	39.2
3.第三产业	Tertiary Industry	%	30.3	32.6	33.7	40.4	43.3
七、住户从业人员职业分布	**Profession Distribution**						
1.国家机关、党群组织、企业、事业单位负责人	Directors of Government Agency, CPC or Mass Organizations, Enterprises And Institutions	%	1.0	1.2	0.8	0.3	0.3
2.专业技术人员	Professional Staff	%	14.5	16.2	16.9	11.4	11.2

2–16 续表 1 continued

项 目	Item	单 位 Unit	2015	2016	2017	2018	2019
3.办事人员和有关人员	Clerks	%	8.3	11.4	12.2	8.0	9.3
4.商业、服务业人员	Commercial and Service Personnel	%	13.5	13.9	14.2	20.5	24.4
5.农、林、牧、渔、水利业生产人员	Primary Industry and Irrigation Workers	%	26.2	22.3	20.5	21.4	17.9
6.生产、运输设备操作人员及有关人员	Equipment Operators	%	36.5	35.0	35.3	38.4	36.9
7.军人	Soldiers	%			0.1		
8.不便分类的其他从业人员	Others	%					
八、住户从业人员就业分布	**Employment Distribution**						
1.雇主	Employers	%	0.2	0.4	0.4	0.4	0.3
2.公职人员	Public Servants	%	0.2	0.2	0.1		
3.事业单位人员	Institutions Staff	%	1.0	1.2	0.7	1.0	0.5
4.国有企业雇员	State-Owned Enterprise Employees	%	0.1	0.5	0.3	0.8	0.4
5.其他雇员	Other Employees	%	64.4	65.9	69.4	69.7	74.0
6.农业自营	Agricultural Managers	%	23.6	20.1	18.2	17.4	14.1
7.非农自营	Secondary and Tertiary Industry Managers	%	10.5	11.7	10.9	10.7	10.6
九、住户成员健康状况	**Health Condition**						
1.健康	Healthy	%	92.1	93.2	93.1	88.7	89.3
2.基本健康	General Healthy	%	5.3	4.8	4.9	7.3	6.6
3.不健康，但生活能自理	Unhealthy but Independent	%	2.2	1.9	1.8	3.6	3.6
4.生活不能自理	Dependent	%	0.4	0.1	0.2	0.4	0.4
十、常住居民收入与支出	**Income and Expenditure of Rural Households**						
农村居民人均可支配收入	Per-Capita Disposable Income of Rural Households	元/人	18482	20076	21754	23065	24804
农村居民人均消费支出	Per-Capita Consumption Expenditure of Rural Households	元/人	14739	15912	16386	16863	17843
平均消费倾向	Average Propensity to Consume of Rural Households	%	79.8	79.3	75.3	73.1	71.9
十一、住户现住房居住空间样式	**Housing Style**						
1.单栋楼房	Single Building	%	0.7	1.3	1.1	0.7	0.7
2.单栋平房	Single Bungalow	%	83.4	79.8	81.8	95.6	93.0
3.四居室及以上单元房	Apartment with 4 Bedrooms or More	%					0.1
4.三居室单元房	Apartment with 3 Bedrooms	%	1.9	2.7	2.8	1.3	1.6
5.二居室单元房	Apartment with 2 Bedrooms	%	5.5	5.1	5.1	0.9	2.1
6.一居室单元房	Apartment with 1 Bedroom	%	0.6	0.4	0.3	0.2	0.6
7.筒子楼或连片平房	Tube-Shaped Apartment or Cottage	%	7.9	10.7	8.9	1.3	2.0
8.其他	Others	%					
十二、住户现住房房屋来源	**Source of House**						
1.租赁公房	Rent Public House	%					
2.租赁私房	Rent Private House	%		0.3	0.2	0.6	2.5
3.自建住房	Self-Help House	%	91.6	91.5	91.8	97.0	95.2
4.购买商品房	Purchased Commercial House	%	2.8	2.2	4.2	0.5	0.1
5.购买房改住房	Purchased Public House	%	0.2	0.8			
6.购买保障性住房	Purchased Social House	%				1.5	1.6
7.拆迁安置房	Resettlement House	%	5.4	5.2	3.8	0.4	0.3
8.其他	Others	%					0.3

2–16 续表 2 continued

项　目	Item	单位 Unit	2015	2016	2017	2018	2019
十三、住户主要饮用水来源情况	**Source of Drinking Water**						
1.经过净化处理的自来水	Tap Water	%	92.6	94.0	94.1	93.6	92.2
2.受保护的井水和泉水	Protected Wells and Springs	%	7.4	6.0	5.8	5.3	7.2
3.不受保护的井水和泉水	Unprotected Wells and Springs	%					
4.江河湖泊水	River and Lake Water	%					
5.收集雨水	Collected Rain Water	%					
6.桶装水	Bottled Water	%			0.1	1.1	0.6
7.其他水源	Others	%					
十四、住户主要取暖用能源状况	**Fuel for Heating**						
1.柴草	Firewood	%					
2.煤炭	Coal	%	90.4	90.8	70.8	53.9	22.3
3.罐装液化石油气	Canned Liquefied Petroleum Gas	%					
4.管道液化石油气	Pipeline Liquefied Petroleum Gas	%					
5.管道煤气	Pipeline Coal Gas	%					
6.管道天然气	Pipeline Natural Gas	%			11.2	30.6	25.0
7.电	Electricity	%	0.6	1.5	9.4	13.0	18.2
8.燃料用油	Fuel Oil	%					
9.沼气	Methane	%					
10.其他	Others	%					
11.集中供暖	Central Heating	%	9.0	7.7	8.6	2.5	34.5
十五、住户主要炊用能源状况	**Fuel for Cooking**						
1.柴草	Firewood	%	7.4	0.9	0.9	0.8	0.8
2.煤炭	Coal	%	6.0	5.3	4.3	2.9	0.1
3.罐装液化石油气	Canned Liquefied Petroleum Gas	%	74.6	81.8	76.1	76.6	64.0
4.管道液化石油气	Pipeline Liquefied Petroleum Gas	%					
5.管道煤气	Pipeline Coal Gas	%					
6.管道天然气	Pipeline Natural Gas	%	6.0	6.2	12.2	9.7	25.1
7.电	Electricity	%	6.0	5.8	6.5	10.0	10.0
8.燃料用油	Fuel Oil	%					
9.沼气	Methane	%					
10.其他	Others	%					
11.无炊用行为	No Cooking Behavior	%					
十六、住户厕所类型	**Toilet Type**						
1.水冲式卫生厕所	Sanitary Water Flush Toilet	%	57.3	57.4	58.7	57.1	74.3
2.水冲式非卫生厕所	Non-Sanitary Water Flush Toilet	%					
3.卫生旱厕	Sanitary Dry Toilet	%	13.6	13.7	13.6	8.6	13.7
4.普通旱厕	Common Dry Toilet	%	21.6	21.6	20.6	17.4	12.1
5.无厕所	No Toilet	%	7.5	7.3	7.1	16.9	
十七、住户洗澡设施情况	**Bath Facilities**						
1.统一供热水	Unified Supply of Hot Water	%	0.6	0.6	0.9	3.5	2.7
2.家庭自装热水器	Water Heater Installed by Household	%	90.6	92.1	88.3	90.2	87.9
3.其他	Others	%	4.6	1.4	5.1	1.0	4.4
4.无洗澡设施	No Bath Facilities	%	4.2	5.9	5.7	5.3	4.9
十八、农村居民住房建筑面积	**Floor Space of Rural Households**	**平方米/人 sq.m/person**	**32.14**	**32.35**	**33.46**	**34.42**	**34.65**

2–17 农村居民人均食品消费量
Per Capita Consumption of Foods of Rural Households (2015-2019)

单位：公斤 (kg)

项 目	Item	2015	2016	2017	2018	2019
粮食	Grain	143.2	142.9	142.4	159.7	158.2
#谷物	Cereal	135.7	135.1	134.3	148.4	145.2
薯类	Tuber	2.7	2.8	2.9	3.4	3.8
豆类	Beans and the Products	4.8	5.0	5.2	7.9	9.2
食用油	Oil and Fats	10.5	10.1	10.1	12.2	11.6
蔬菜及菜制品	Vegetables and Edible Fungi	95.8	97.2	99.0	108.7	103.5
#鲜菜	Fresh Vegetables	90.7	94.2	96.1	105.9	100.2
肉及制品	Meat and Meat Products	20.9	21.6	22.0	25.8	23.2
#猪肉	Pork	14.7	14.0	14.4	18.2	16.1
牛羊肉	Beef and Mutton	2.9	3.3	3.2	3.2	2.9
家禽及制品	Poultry and Poultry Products	3.4	4.3	4.1	4.7	5.1
水产品及制品	Aquatic Products	12.3	12.6	12.6	13.9	15.0
蛋类及蛋制品	Eggs and Related Products	15.1	15.5	16.7	15.3	17.1
#鲜蛋	Eggs	14.7	15.0	16.2	14.9	16.5
奶和奶制品	Milk and Dairy Products	11.0	10.9	11.5	11.0	10.2
干鲜瓜果类	Dried and Fresh Melons and Fruits	66.7	68.0	71.3	77.3	86.8
#鲜瓜果	Fresh Melons and Fruits	60.4	62.1	63.8	69.2	78.1
糖果糕点类	Confectionery	6.3	6.1	6.3	8.0	8.1
白酒	Wine	4.8	4.4	4.3	4.9	4.3

2–18 农村居民家庭年末每百户主要耐用消费品拥有量
Main Durable Goods Owned Per 100 Rural Households (2015-2019)

项 目	Item	单 位	Unit	2015	2016	2017	2018	2019
摩托车	Motorcycle	辆	unit	41.5	36.7	29.8	17.7	16.0
助力车	Electric Bicycle	辆	unit	77.7	79.7	84.3	112.9	121.8
家用汽车	Automobile	辆	unit	32.6	36.4	38.6	42.5	44.5
洗衣机	Washing Machine	台	unit	99.2	99.3	99.5	100.8	102.3
电冰箱(柜)	Refrigerator	台	unit	100.1	100.2	100.3	104.2	106.5
彩色电视机	Color Television Set	台	unit	121.6	119.6	120.8	121.1	120.4
家用电脑	Micro-Computer	台	unit	44.2	45.3	45.3	35.9	35.2
摄像机	Vidicon	架	unit	7.0	4.5	—	—	
照相机	Camera	架	unit	10.2	8.9	6.2	3.7	2.6
微波炉	Microwave Oven	台	unit	37.6	37.3	37.3	37.9	36.7
空调器	Air Conditioner	台	unit	75.4	76.9	81.9	111.6	121.2
热水器	Water Heater	台	unit	90.2	92.4	93.0	92.4	91.0
固定电话	Telephone	部	unit	72.7	63.0	57.8	44.9	36.8
移动电话	Mobile Telephone	部	unit	209.6	210.1	214.5	233.4	232.4

2–19 农村居民人均可支配收入及构成
Per Capita Disposable Income and Component of Rural Households (2015-2019)

项　目	Item	2015	2016	2017	2018	2019
人均可支配收入(元)	**Per Capita Disposable Income (yuan)**	**18482**	**20076**	**21754**	**23065**	**24804**
工资性收入	Income of Wages and Salaries	11032	12048	13139	13568	14750
经营净收入	Net Business Income	4949	5310	5562	5335	4985
财产净收入	Net Income from Property	775	894	1008	921	1034
转移净收入	Net Income from Transfer	1726	1824	2045	3241	4035
#养老金或离退休金	Pensions and Retirement Pay	1142	1558	1814	2094	2365
人均可支配收入构成(%)	**Component of Per Capita Disposable Income (%)**	**100.0**	**100.0**	**100.0**	**100.0**	**100.0**
工资性收入	Income of Wages and Salaries	59.7	60.0	60.4	58.8	59.5
经营净收入	Net Business Income	26.8	26.4	25.6	23.1	20.1
财产净收入	Net Income from Property	4.2	4.5	4.6	4.0	4.2
转移净收入	Net Income from Transfer	9.3	9.1	9.4	14.1	16.3
#养老金或离退休金	Pensions and Retirement Pay	6.2	7.8	8.3	9.1	9.5

2–20 农村居民人均消费支出及构成
Per Capita Consumption Expenditure and Component of Rural Households (2015-2019)

项　目	Item	2015	2016	2017	2018	2019
人均消费支出(元)	**Per Capita Consumption Expenditure (yuan)**	**14739**	**15912**	**16386**	**16863**	**17843**
食品烟酒	Food, Tobacco and Liquor	4878	4981	4852	4984	5499
衣　着	Clothing	1060	1088	1128	992	1074
居　住	Residence	3247	3198	3354	3415	3367
生活用品及服务	Household Facilities, Articles and Services	954	1091	1101	1357	1510
交通通信	Transport and Communications	2096	2647	2902	2595	2532
教育文化娱乐	Education, Cultural and Recreation	1145	1299	1343	1237	1322
医疗保健	Health Care and Medical Services	1060	1334	1407	1975	2104
其他用品及服务	Miscellaneous Goods and Services	299	274	299	308	435
人均消费支出构成(%)	**Component of Per Capita Consumption Expenditure (%)**	**100.0**	**100.0**	**100.0**	**100.0**	**100.0**
食品烟酒	Food, Tobacco and Liquor	33.1	31.3	29.6	29.6	30.8
衣　着	Clothing	7.2	6.8	6.9	5.9	6.0
居　住	Residence	22.0	20.1	20.5	20.3	18.9
生活用品及服务	Household Facilities, Articles and Services	6.5	6.9	6.7	8.0	8.5
交通通信	Transport and Communications	14.2	16.6	17.7	15.4	14.2
教育文化娱乐	Education, Cultural and Recreation	7.8	8.2	8.2	7.3	7.4
医疗保健	Health Care and Medical Services	7.2	8.4	8.6	11.7	11.8
其他用品及服务	Miscellaneous Goods and Services	2.0	1.7	1.8	1.8	2.4

2-21 农村居民人均消费支出
Per Capita Consumption Expenditure of Rural Households (2015-2019)

单位：元 (yuan)

项 目	Item	2015	2016	2017	2018	2019
人均消费支出	**Per Capita Consumption Expenditure**	**14739**	**15912**	**16386**	**16863**	**17843**
(一)食品烟酒	Food, Tobacco and Liquor	4878	4981	4852	4984	5499
1.食品	Food	3370	3554	3391	3453	3547
2.烟酒	Tobacco and Liquor	627	613	616	653	696
3.饮料	Drink	159	143	141	123	142
4.饮食服务	Catering Services	722	671	704	755	1114
(二)衣着	Clothing	1060	1088	1128	992	1074
1.衣类	Clothes	749	784	814	725	797
2.鞋类	Shoes	311	304	314	267	277
(三)居住	Residence	3247	3198	3354	3415	3367
1.租赁房房租	Rent of Rental Housing	38	32	41	84	148
2.住房维修及管理	Housing Maintenance and Management	484	487	436	637	535
3.水电燃料及其他	Water, Electricity, Fuel and Others	1050	900	906	1161	1185
4.自有住房折算租金	Imputed Rents of Owner-occupied Dwelling	1675	1779	1971	1533	1499
(四)生活用品及服务	Household Facilities, Articles and Services	954	1091	1101	1357	1510
1.家具及室内装饰品	Furniture and Interior Decoration	135	111	102	149	106
2.家用器具	Household Appliances	308	347	352	425	258
3.家用纺织品	Home Textiles	79	93	78	64	76
4.家庭日用杂品	Family Daily Groceries	294	341	319	510	818
5.个人用品	Personal Products	117	177	229	173	224
6.家庭服务	Family Services	21	22	21	36	28
(五)交通通信	Transport and Communications	2096	2647	2902	2595	2532
1.交通	Transportations	1292	1869	2048	1847	1817
2.通信	Communications	804	778	854	748	716
(六)教育文化娱乐	Education, Cultural and Recreation	1145	1299	1343	1237	1322
1.教育	Education	767	952	956	872	952
2.文化娱乐	Cultural and Recreation	378	347	387	365	369
(七)医疗保健	Health Care and Medical Services	1060	1334	1407	1975	2104
1.医疗器具及药品	Medical Equipment and Medicine	543	499	544	689	568
2.医疗服务	Medical Services	517	835	863	1286	1536
(八)其他用品及服务	Miscellaneous Goods and Services	299	274	299	308	435
1.其他用品	Other Goods	196	163	173	164	223
2.其他服务	Other Services	103	111	126	144	212

2-22 全国31省(自治区、直辖市)城乡居民人均可支配收入和增速
Per Capita Disposable Income and Growth of Urban and Rural Households by 31 Regions (2019)

地区名称	Name of Regions	全体居民(元) Urban and Rural Households (yuan)	增速 Growth (%)	城镇居民(元) Urban Households (yuan)	增速 Growth (%)	农村居民(元) Rural Households (yuan)	增速 Growth (%)
全　国	**National Average**	**30733**	**8.9**	**42359**	**7.9**	**16021**	**9.6**
北　京	Beijing	67756	8.7	73849	8.6	28928	9.2
天　津	Tianjin	42404	7.3	46119	7.3	24804	7.5
河　北	Hebei	25665	9.5	35738	8.4	15373	9.6
山　西	Shanxi	23828	8.4	33262	7.2	12902	9.8
内蒙古	Inner Mongolia	30555	7.7	40782	6.5	15283	10.7
辽　宁	Liaoning	31820	7.1	39777	6.5	16108	9.9
吉　林	Jilin	24563	7.7	32299	7.1	14936	8.6
黑龙江	Heilongjiang	24254	6.7	30945	6.0	14982	8.5
上　海	Shanghai	69442	8.2	73615	8.2	33195	9.3
江　苏	Jiangsu	41400	8.7	51056	8.2	22675	8.8
浙　江	Zhejiang	49899	8.9	60182	8.3	29876	9.4
安　徽	Anhui	26415	10.1	37540	9.1	15416	10.1
福　建	Fujian	35616	9.1	45620	8.3	19568	9.8
江　西	Jiangxi	26262	9.1	36546	8.1	15796	9.2
山　东	Shandong	31597	8.2	42329	7.0	17775	9.1
河　南	Henan	23903	8.8	34201	7.3	15164	9.6
湖　北	Hubei	28319	9.7	37601	9.1	16391	9.4
湖　南	Hunan	27680	9.7	39842	8.6	15395	9.2
广　东	Guangdong	39014	8.9	48118	8.5	18818	9.6
广　西	Guangxi	23328	8.6	34745	7.1	13676	10.0
海　南	Hainan	26679	8.5	36017	8.0	15113	8.0
重　庆	Chongqing	28920	9.6	37939	8.7	15133	9.8
四　川	Sichuan	24703	10.0	36154	8.8	14670	10.0
贵　州	Guizhou	20397	10.7	34404	8.9	10756	10.7
云　南	Yunnan	22082	9.9	36238	8.2	11902	10.5
西　藏	Tibet	19501	12.8	37410	10.7	12951	13.1
陕　西	Shaanxi	24666	9.5	36098	8.3	12326	9.9
甘　肃	Gansu	19139	9.4	32323	7.9	9629	9.4
青　海	Qinghai	22618	9.0	33830	7.3	11499	10.6
宁　夏	Ningxia	24412	9.0	34328	7.6	12858	9.8
新　疆	Xinjiang	23103	7.5	34664	5.8	13122	9.6

2–23 全国31省(自治区、直辖市)城乡居民人均消费支出和增速
Per Capita Consumption Expenditure and Growth of Urban and Rural Households by 31 Regions (2019)

地区名称	Name of Regions	全体居民(元) Urban and Rural Households (yuan)	增速 Growth (%)	城镇居民(元) Urban Households (yuan)	增速 Growth (%)	农村居民(元) Rural Households (yuan)	增速 Growth (%)
全 国	**National Average**	**21559**	**8.6**	**28063**	**7.5**	**13328**	**9.9**
北 京	Beijing	43038	8.0	46358	8.0	21881	8.3
天 津	Tianjin	31854	6.5	34811	6.6	17843	5.8
河 北	Hebei	17987	7.6	23483	6.1	12372	8.7
山 西	Shanxi	15863	7.1	21159	6.9	9728	6.1
内蒙古	Inner Mongolia	20743	5.5	25383	3.9	13816	9.1
辽 宁	Liaoning	22203	3.8	27355	3.4	12030	5.0
吉 林	Jilin	18075	5.1	23394	4.5	11457	5.8
黑龙江	Heilongjiang	18111	6.6	22165	5.4	12495	9.4
上 海	Shanghai	45605	5.2	48272	4.9	22449	12.4
江 苏	Jiangsu	26697	6.8	31329	6.3	17716	6.9
浙 江	Zhejiang	32026	8.7	37508	8.4	21352	8.3
安 徽	Anhui	19137	12.3	23782	10.5	14546	14.1
福 建	Fujian	25314	10.1	30946	9.9	16281	9.0
江 西	Jiangxi	17650	11.8	22714	9.4	12497	14.8
山 东	Shandong	20427	8.8	26731	7.8	12309	9.2
河 南	Henan	16332	7.7	21972	4.7	11546	11.1
湖 北	Hubei	21567	10.4	26422	10.1	15328	9.9
湖 南	Hunan	20479	8.9	26924	7.4	13969	9.8
广 东	Guangdong	28995	11.3	34424	11.3	16949	10.0
广 西	Guangxi	16418	9.9	21591	7.1	12045	13.5
海 南	Hainan	19555	11.6	25317	10.2	12418	13.3
重 庆	Chongqing	20774	7.9	25785	6.8	13112	9.5
四 川	Sichuan	19338	9.5	25367	8.0	14056	10.5
贵 州	Guizhou	14780	7.1	21402	3.0	10222	11.5
云 南	Yunnan	15780	10.7	23455	8.5	10260	12.5
西 藏	Tibet	13029	13.1	25637	11.3	8418	13.0
陕 西	Shaanxi	17465	8.1	23514	7.0	10935	8.6
甘 肃	Gansu	15879	8.6	24454	8.2	9694	6.9
青 海	Qinghai	17545	6.0	23799	3.5	11343	9.6
宁 夏	Ningxia	18297	9.5	24161	9.9	11465	6.3
新 疆	Xinjiang	17397	7.5	25594	5.8	10318	9.5

2-24 全国31省(自治区、直辖市)城乡居民人均可支配收入(分季度)
Per Capita Disposable Income of Urban and Rural Households by 31 Regions (by Quarters) (2019)

单位：元 (yuan)

地区名称	Name of Regions	一季度 The First Quarter			上半年 The First Half		
		全体居民 Urban and Rural Households	城镇居民 Urban Households	农村居民 Rural Households	全体居民 Urban and Rural Households	城镇居民 Urban Households	农村居民 Rural Households
全　国	**National Average**	**8493**	**11633**	**4600**	**15294**	**21342**	**7778**
北　京	Beijing	17069	18454	8241	33860	36759	15389
天　津	Tianjin	11855	12890	7014	22461	24516	12817
河　北	Hebei	6636	9127	4201	12510	17174	7912
山　西	Shanxi	5950	8274	3332	10978	15712	5624
内蒙古	Inner Mongolia	8309	10736	4731	14548	20297	6069
辽　宁	Liaoning	8614	10303	5337	16421	20089	9243
吉　林	Jilin	6813	8296	4983	12245	16147	7432
黑龙江	Heilongjiang	6708	7963	4980	11209	14845	6198
上　海	Shanghai	18704	19685	10273	35294	37174	19007
江　苏	Jiangsu	13391	15771	8869	21624	26595	12156
浙　江	Zhejiang	15505	18391	10010	26356	31209	17031
安　徽	Anhui	7479	10321	4726	13360	18655	8228
福　建	Fujian	10242	13473	5132	18591	24460	9308
江　西	Jiangxi	6705	9486	3931	11926	17401	6462
山　东	Shandong	8818	11633	5290	16159	21149	9905
河　南	Henan	6144	9015	3778	11145	16798	6487
湖　北	Hubei	7965	10669	4548	13719	19038	6971
湖　南	Hunan	7552	10825	4327	12949	18842	7142
广　东	Guangdong	10814	13266	5415	20322	25161	9645
广　西	Guangxi	6421	9455	3891	11636	17118	7065
海　南	Hainan	7105	9621	4057	13796	18224	8433
重　庆	Chongqing	8368	11068	4335	14990	19963	7528
四　川	Sichuan	6752	9782	4156	12547	18250	7660
贵　州	Guizhou	5144	9131	2481	9684	17299	4574
云　南	Yunnan	5651	9610	2890	10380	18000	5045
西　藏	Tibet	3510	8798	1655	7792	18520	4009
陕　西	Shaanxi	6535	9317	3556	12272	17960	6184
甘　肃	Gansu	5046	8453	2648	8785	15334	4177
青　海	Qinghai	5822	8698	3035	10220	15879	4735
宁　夏	Ningxia	5936	8425	3076	10749	15988	4733
新　疆	Xinjiang	4922	8755	1663	8803	16899	1918

2–24 续表 continued

单位：元 (yuan)

地区名称	Name of Regions	前三季度 The First Three Quarters			全年 All Year		
		全体居民 Urban and Rural Households	城镇居民 Urban Households	农村居民 Rural Households	全体居民 Urban and Rural Households	城镇居民 Urban Households	农村居民 Rural Households
全　国	**National Average**	**22882**	**31939**	**11622**	**30733**	**42359**	**16021**
北　京	Beijing	50541	54865	22983	67756	73849	28928
天　津	Tianjin	33642	36803	18808	42404	46119	24804
河　北	Hebei	18870	26201	11644	25665	35738	15373
山　西	Shanxi	17247	24519	9023	23828	33262	12902
内蒙古	Inner Mongolia	22463	30808	10153	30555	40782	15283
辽　宁	Liaoning	24133	29913	12821	31820	39777	16108
吉　林	Jilin	17653	24011	9813	24563	32299	14936
黑龙江	Heilongjiang	17099	22745	9318	24254	30945	14982
上　海	Shanghai	52292	55155	27498	69442	73615	33195
江　苏	Jiangsu	31420	38899	17174	41400	51056	22675
浙　江	Zhejiang	38546	46030	24102	49899	60182	29876
安　徽	Anhui	19747	28025	11725	26415	37540	15416
福　建	Fujian	27801	36113	14487	35616	45620	19568
江　西	Jiangxi	18592	26577	10625	26262	36546	15796
山　东	Shandong	24154	31879	14472	31597	42329	17775
河　南	Henan	17050	25122	10398	23903	34201	15164
湖　北	Hubei	20590	28117	11040	28319	37601	16391
湖　南	Hunan	19532	28403	10791	27680	39842	15395
广　东	Guangdong	30755	37945	14888	39014	48118	18818
广　西	Guangxi	17169	25912	9878	23328	34745	13676
海　南	Hainan	19968	26883	11592	26679	36017	15113
重　庆	Chongqing	22099	29252	11366	28920	37939	15133
四　川	Sichuan	18246	26886	10845	24703	36154	14670
贵　州	Guizhou	14657	25714	7237	20397	34404	10756
云　南	Yunnan	15607	26797	7773	22082	36238	11902
西　藏	Tibet	13344	28329	8059	19501	37410	12951
陕　西	Shaanxi	18631	27360	9286	24666	36098	12326
甘　肃	Gansu	13714	24045	6444	19139	32323	9629
青　海	Qinghai	15917	24263	7825	22618	33830	11499
宁　夏	Ningxia	16919	24564	8138	24412	34328	12858
新　疆	Xinjiang	13894	25383	4123	23103	34664	13122

2–25 全国31省(自治区、直辖市)城乡居民人均可支配收入增速(分季度)
Per Capita Disposable Income Growth of Urban and Rural Households by 31 Regions (by Quarters) (2019)

单位：%　　(%)

地区名称	Name of Regions	一季度 The First Quarter			上半年 The First Half		
		全体居民 Urban and Rural Households	城镇居民 Urban Households	农村居民 Rural Households	全体居民 Urban and Rural Households	城镇居民 Urban Households	农村居民 Rural Households
全　国	**National Average**	**8.7**	**7.9**	**8.8**	**8.8**	**8.0**	**8.9**
北　京	Beijing	8.3	8.2	8.4	8.9	8.9	9.1
天　津	Tianjin	7.1	7.2	5.6	7.0	7.1	6.6
河　北	Hebei	8.9	7.9	8.9	9.4	8.4	9.3
山　西	Shanxi	8.0	6.8	9.2	8.2	7.0	9.7
内蒙古	Inner Mongolia	7.7	7.0	8.6	7.5	6.7	8.9
辽　宁	Liaoning	7.2	7.5	6.1	7.1	7.1	6.6
吉　林	Jilin	7.2	7.0	7.0	7.5	7.3	7.1
黑龙江	Heilongjiang	7.1	6.0	9.4	6.0	5.9	6.0
上　海	Shanghai	8.3	8.3	9.0	8.2	8.2	9.3
江　苏	Jiangsu	8.5	8.1	8.6	8.7	8.3	8.6
浙　江	Zhejiang	9.2	8.7	9.5	9.1	8.6	9.8
安　徽	Anhui	10.1	9.2	9.9	10.3	9.4	10.1
福　建	Fujian	9.1	8.4	9.2	9.3	8.5	9.6
江　西	Jiangxi	8.9	8.0	8.7	9.0	7.9	9.0
山　东	Shandong	8.1	7.3	7.8	8.0	7.1	8.0
河　南	Henan	8.6	7.5	8.5	8.6	7.2	8.9
湖　北	Hubei	9.1	8.4	8.9	9.4	8.7	9.1
湖　南	Hunan	9.5	8.5	8.9	9.7	8.7	9.2
广　东	Guangdong	8.5	8.2	8.7	8.6	8.3	8.7
广　西	Guangxi	8.4	7.0	9.8	8.6	7.2	9.7
海　南	Hainan	8.8	8.4	8.0	8.7	8.6	7.2
重　庆	Chongqing	9.3	8.5	8.9	9.5	8.7	9.1
四　川	Sichuan	9.5	8.4	9.3	9.8	8.7	9.6
贵　州	Guizhou	10.6	9.0	9.8	10.7	9.0	10.3
云　南	Yunnan	9.5	8.0	9.4	9.8	8.2	9.9
西　藏	Tibet	11.9	9.8	11.5	12.7	10.5	12.5
陕　西	Shaanxi	9.4	8.4	9.4	9.6	8.5	9.7
甘　肃	Gansu	9.4	8.1	8.9	9.4	8.0	9.0
青　海	Qinghai	9.3	8.0	9.9	11.8	11.0	10.4
宁　夏	Ningxia	9.1	8.0	9.0	9.4	8.2	9.2
新　疆	Xinjiang	7.2	5.9	8.4	6.9	5.6	9.0

2–25 续表 continued

单位：% (%)

地区名称	Name of Regions	前三季度 The First Three Quarters			全年 All Year		
		全体居民 Urban and Rural Households	城镇居民 Urban Households	农村居民 Rural Households	全体居民 Urban and Rural Households	城镇居民 Urban Households	农村居民 Rural Households
全 国	**National Average**	**8.8**	**7.9**	**9.2**	**8.9**	**7.9**	**9.6**
北 京	Beijing	8.9	8.8	9.1	8.7	8.6	9.2
天 津	Tianjin	7.1	7.1	6.9	7.3	7.3	7.5
河 北	Hebei	9.5	8.5	9.4	9.5	8.4	9.6
山 西	Shanxi	8.4	7.2	9.7	8.4	7.2	9.8
内蒙古	Inner Mongolia	7.5	6.6	9.3	7.7	6.5	10.7
辽 宁	Liaoning	7.0	6.6	8.2	7.1	6.5	9.9
吉 林	Jilin	7.6	7.3	7.2	7.7	7.1	8.6
黑龙江	Heilongjiang	6.2	5.8	7.0	6.7	6.0	8.5
上 海	Shanghai	8.2	8.2	9.4	8.2	8.2	9.3
江 苏	Jiangsu	8.7	8.2	8.7	8.7	8.2	8.8
浙 江	Zhejiang	9.0	8.5	9.5	8.9	8.3	9.4
安 徽	Anhui	10.2	9.2	10.1	10.1	9.1	10.1
福 建	Fujian	9.2	8.4	9.7	9.1	8.3	9.8
江 西	Jiangxi	9.1	8.2	9.1	9.1	8.1	9.2
山 东	Shandong	8.2	7.1	8.8	8.2	7.0	9.1
河 南	Henan	8.9	7.4	9.6	8.8	7.3	9.6
湖 北	Hubei	9.3	8.7	9.0	9.7	9.1	9.4
湖 南	Hunan	9.7	8.6	9.1	9.7	8.6	9.2
广 东	Guangdong	8.7	8.3	8.7	8.9	8.5	9.6
广 西	Guangxi	8.6	7.1	9.8	8.6	7.1	10.0
海 南	Hainan	8.7	8.2	7.8	8.5	8.0	8.0
重 庆	Chongqing	9.5	8.6	9.6	9.6	8.7	9.8
四 川	Sichuan	9.8	8.6	9.9	10.0	8.8	10.0
贵 州	Guizhou	10.9	9.1	10.6	10.7	8.9	10.7
云 南	Yunnan	10.0	8.3	10.3	9.9	8.2	10.5
西 藏	Tibet	12.8	10.6	12.9	12.8	10.7	13.1
陕 西	Shaanxi	9.6	8.4	9.9	9.5	8.3	9.9
甘 肃	Gansu	9.4	7.9	9.0	9.4	7.9	9.4
青 海	Qinghai	8.6	7.1	10.1	9.0	7.3	10.6
宁 夏	Ningxia	9.0	7.9	9.0	9.0	7.6	9.8
新 疆	Xinjiang	7.1	5.6	9.5	7.5	5.8	9.6

2–26 全国31省(自治区、直辖市)城乡居民人均消费支出(分季度)
Per Capita Consumption Expenditure of Urban and Rural Households by 31 Regions (by Quarters) (2019)

单位：元 (yuan)

地区名称	Name of Regions	一季度 The First Quarter			上半年 The First Half		
		全体居民 Urban and Rural Households	城镇居民 Urban Households	农村居民 Rural Households	全体居民 Urban and Rural Households	城镇居民 Urban Households	农村居民 Rural Households
全　国	**National Average**	**5538**	**7160**	**3525**	**10330**	**13565**	**6310**
北　京	Beijing	10637	11440	5515	21134	22789	10592
天　津	Tianjin	8172	8901	4764	15967	17497	8791
河　北	Hebei	4500	5674	3352	8647	11360	5973
山　西	Shanxi	3981	5125	2692	7396	9751	4732
内蒙古	Inner Mongolia	5414	6604	3660	10091	12497	6542
辽　宁	Liaoning	5534	6853	2977	10709	13334	5572
吉　林	Jilin	4313	5545	2794	8463	11132	5171
黑龙江	Heilongjiang	4628	5560	3344	8666	10702	5859
上　海	Shanghai	11677	12299	6336	22513	23780	11540
江　苏	Jiangsu	7150	8245	5068	13025	15264	8760
浙　江	Zhejiang	8661	9947	6214	15732	18138	11111
安　徽	Anhui	5243	6307	4213	9364	11621	7178
福　建	Fujian	6833	8344	4444	12521	15548	7733
江　西	Jiangxi	4447	5619	3277	8108	10576	5644
山　东	Shandong	5254	6803	3313	9525	12388	5935
河　南	Henan	4142	5406	3101	7840	10473	5671
湖　北	Hubei	5642	6753	4238	10416	12711	7505
湖　南	Hunan	5409	7007	3835	9820	13042	6645
广　东	Guangdong	7291	8655	4286	13884	16492	8128
广　西	Guangxi	4154	5554	2986	7680	10433	5384
海　南	Hainan	4936	6383	3182	9296	12164	5821
重　庆	Chongqing	5638	7204	3299	10263	13156	5924
四　川	Sichuan	4657	6456	3116	8743	12192	5788
贵　州	Guizhou	3765	5526	2588	6872	10419	4491
云　南	Yunnan	3865	5789	2524	7353	11204	4657
西　藏	Tibet	3061	6915	1709	5770	13027	3210
陕　西	Shaanxi	4600	6050	3048	8598	11571	5416
甘　肃	Gansu	4034	5880	2734	7381	11145	4732
青　海	Qinghai	4670	6396	2998	8300	11577	5123
宁　夏	Ningxia	4714	6229	2975	8866	11929	5347
新　疆	Xinjiang	4199	6300	2412	8138	12365	4542

2-26 续表 continued

单位：元 (yuan)

地区名称	Name of Regions	前三季度 The First Three Quarters			全年 All Year		
		全体居民 Urban and Rural Households	城镇居民 Urban Households	农村居民 Rural Households	全体居民 Urban and Rural Households	城镇居民 Urban Households	农村居民 Rural Households
全 国	**National Average**	**15464**	**20379**	**9353**	**21559**	**28063**	**13328**
北 京	Beijing	31542	34004	15850	43038	46358	21881
天 津	Tianjin	23751	26063	12901	31854	34811	17843
河 北	Hebei	12875	17004	8804	17987	23483	12372
山 西	Shanxi	11327	15043	7124	15863	21159	9728
内蒙古	Inner Mongolia	15150	18750	9840	20743	25383	13816
辽 宁	Liaoning	15886	19777	8272	22203	27355	12030
吉 林	Jilin	12822	16865	7835	18075	23394	11457
黑龙江	Heilongjiang	13037	16107	8806	18111	22165	12495
上 海	Shanghai	33557	35484	16858	45605	48272	22449
江 苏	Jiangsu	19393	22806	12892	26697	31329	17716
浙 江	Zhejiang	23365	27250	15868	32026	37508	21352
安 徽	Anhui	13905	17466	10455	19137	23782	14546
福 建	Fujian	18498	22822	11571	25314	30946	16281
江 西	Jiangxi	12288	16097	8487	17650	22714	12497
山 东	Shandong	14212	18552	8773	20427	26731	12309
河 南	Henan	11706	15694	8420	16332	21972	11546
湖 北	Hubei	15626	19258	11018	21567	26422	15328
湖 南	Hunan	14555	19466	9716	20479	26924	13969
广 东	Guangdong	20997	25042	12071	28995	34424	16949
广 西	Guangxi	11592	15819	8068	16418	21591	12045
海 南	Hainan	13994	18324	8749	19555	25317	12418
重 庆	Chongqing	14903	19005	8748	20774	25785	13112
四 川	Sichuan	13266	18266	8982	19338	25367	14056
贵 州	Guizhou	10386	15759	6780	14780	21402	10222
云 南	Yunnan	11035	17125	6772	15780	23455	10260
西 藏	Tibet	8863	19186	5223	13029	25637	8418
陕 西	Shaanxi	12866	17420	7990	17465	23514	10935
甘 肃	Gansu	11395	17752	6922	15879	24454	9694
青 海	Qinghai	12397	17322	7622	17545	23799	11343
宁 夏	Ningxia	12944	17413	7812	18297	24161	11465
新 疆	Xinjiang	12384	18947	6802	17397	25594	10318

2–27 全国31省(自治区、直辖市)城乡居民人均消费支出增速(分季度)
Per Capita Consumption Expenditure Growth of Urban and Rural Households by 31 Regions (by Quarters) (2019)

单位：% (%)

地区名称	Name of Regions	一季度 The First Quarter			上半年 The First Half		
		全体居民 Urban and Rural Households	城镇居民 Urban Households	农村居民 Rural Households	全体居民 Urban and Rural Households	城镇居民 Urban Households	农村居民 Rural Households
全　国	**National Average**	**7.3**	**6.1**	**8.7**	**7.5**	**6.4**	**8.7**
北　京	Beijing	7.4	7.4	7.6	7.4	7.4	7.9
天　津	Tianjin	5.8	5.5	8.0	8.6	8.7	7.2
河　北	Hebei	5.8	3.5	8.5	7.4	6.2	8.0
山　西	Shanxi	4.0	3.1	4.9	4.8	3.7	6.0
内蒙古	Inner Mongolia	3.4	2.7	4.1	4.7	4.3	5.1
辽　宁	Liaoning	2.9	3.3	0.8	2.4	2.1	3.5
吉　林	Jilin	5.2	5.9	2.9	5.7	5.3	5.8
黑龙江	Heilongjiang	6.0	6.4	4.9	6.0	6.0	5.7
上　海	Shanghai	5.2	4.8	13.1	5.6	5.3	12.8
江　苏	Jiangsu	5.2	4.0	8.0	5.1	4.0	7.8
浙　江	Zhejiang	8.7	8.5	8.3	8.9	8.6	8.9
安　徽	Anhui	10.9	10.8	10.3	10.4	9.1	11.4
福　建	Fujian	5.6	3.5	10.7	5.4	3.7	9.3
江　西	Jiangxi	7.8	5.1	11.3	11.0	9.5	12.2
山　东	Shandong	6.1	4.6	8.0	7.7	6.7	8.3
河　南	Henan	6.1	4.0	7.8	5.9	4.1	7.2
湖　北	Hubei	6.7	4.6	10.2	6.6	5.7	7.6
湖　南	Hunan	9.9	8.3	11.2	7.8	6.6	8.2
广　东	Guangdong	10.5	10.4	10.0	9.8	9.9	8.2
广　西	Guangxi	13.0	14.5	10.0	7.1	5.7	8.4
海　南	Hainan	7.5	6.1	9.5	6.8	5.8	7.5
重　庆	Chongqing	7.1	5.3	10.7	9.1	7.9	10.8
四　川	Sichuan	8.6	6.6	10.4	9.4	7.5	11.2
贵　州	Guizhou	10.0	7.4	11.6	9.0	5.6	12.1
云　南	Yunnan	8.5	6.1	10.4	11.3	8.1	14.5
西　藏	Tibet	15.0	12.4	15.5	20.2	16.5	22.3
陕　西	Shaanxi	8.3	7.9	7.5	9.1	8.5	8.7
甘　肃	Gansu	-1.1	-5.5	4.3	3.5	3.3	1.9
青　海	Qinghai	7.9	7.7	6.6	7.4	7.1	5.9
宁　夏	Ningxia	6.9	4.9	9.5	9.2	8.0	9.9
新　疆	Xinjiang	6.7	5.4	7.8	6.7	4.8	9.5

2-27 续表 continued

单位：% (%)

地区名称	Name of Regions	前三季度 The First Three Quarters			全年 All Year		
		全体居民 Urban and Rural Households	城镇居民 Urban Households	农村居民 Rural Households	全体居民 Urban and Rural Households	城镇居民 Urban Households	农村居民 Rural Households
全　国	**National Average**	**8.3**	**7.2**	**9.5**	**8.6**	**7.5**	**9.9**
北　京	Beijing	7.7	7.6	8.0	8.0	8.0	8.3
天　津	Tianjin	7.9	8.2	4.7	6.5	6.6	5.8
河　北	Hebei	7.9	6.8	8.3	7.6	6.1	8.7
山　西	Shanxi	6.2	4.6	8.8	7.1	6.9	6.1
内蒙古	Inner Mongolia	7.2	6.2	8.9	5.5	3.9	9.1
辽　宁	Liaoning	4.2	4.5	2.2	3.8	3.4	5.0
吉　林	Jilin	5.4	5.1	5.4	5.1	4.5	5.8
黑龙江	Heilongjiang	7.9	7.1	9.6	6.6	5.4	9.4
上　海	Shanghai	5.2	4.8	12.9	5.2	4.9	12.4
江　苏	Jiangsu	6.0	5.4	6.7	6.8	6.3	6.9
浙　江	Zhejiang	8.5	8.1	8.6	8.7	8.4	8.3
安　徽	Anhui	10.8	10.4	10.3	12.3	10.5	14.1
福　建	Fujian	6.5	5.1	9.5	10.1	9.9	9.0
江　西	Jiangxi	11.7	9.4	14.6	11.8	9.4	14.8
山　东	Shandong	7.8	6.6	8.9	8.8	7.8	9.2
河　南	Henan	6.9	3.6	10.6	7.7	4.7	11.1
湖　北	Hubei	11.0	11.3	9.2	10.4	10.1	9.9
湖　南	Hunan	8.6	6.9	9.9	8.9	7.4	9.8
广　东	Guangdong	10.2	10.4	8.2	11.3	11.3	10.0
广　西	Guangxi	10.2	8.4	12.1	9.9	7.1	13.5
海　南	Hainan	10.3	9.1	11.5	11.6	10.2	13.3
重　庆	Chongqing	8.4	6.7	11.9	7.9	6.8	9.5
四　川	Sichuan	10.0	8.1	11.5	9.5	8.0	10.5
贵　州	Guizhou	8.6	4.0	13.8	7.1	3.0	11.5
云　南	Yunnan	10.6	8.8	11.4	10.7	8.5	12.5
西　藏	Tibet	15.9	14.2	15.2	13.1	11.3	13.0
陕　西	Shaanxi	8.2	7.1	9.0	8.1	7.0	8.6
甘　肃	Gansu	7.9	6.9	7.3	8.6	8.2	6.9
青　海	Qinghai	8.0	6.2	10.0	6.0	3.5	9.6
宁　夏	Ningxia	10.3	9.5	9.7	9.5	9.9	6.3
新　疆	Xinjiang	7.5	6.1	8.9	7.5	5.8	9.5

2–28 全市各区城乡居民人均可支配收入
Per Capita Disposable Income of Urban and Rural Households by Districts (2018–2019)

地区名称	Name of Districts	全体居民 Urban and Rural Households			城镇居民 Urban Households			农村居民 Rural Households		
		绝对数(元) Number(yuan)		增速 Growth (%)	绝对数(元) Number(yuan)		增速 Growth (%)	绝对数(元) Number(yuan)		增速 Growth (%)
		2018	2019		2018	2019		2018	2019	
全　市	**City Average**	**39506**	**42404**	**7.3**	**42976**	**46119**	**7.3**	**23065**	**24804**	**7.5**
和平区	Heping	53778	57683	7.3	53778	57683	7.3	—	—	—
河东区	Hedong	44111	47425	7.5	44111	47425	7.5	—	—	—
河西区	Hexi	50933	54562	7.1	50933	54562	7.1	—	—	—
南开区	Nankai	48788	52352	7.3	48788	52352	7.3	—	—	—
河北区	Hebei	45708	49053	7.3	45708	49053	7.3	—	—	—
红桥区	Hongqiao	42891	46079	7.4	42891	46079	7.4	—	—	—
东丽区	Dongli	37572	40350	7.4	38579	41427	7.4	—	—	—
西青区	Xiqing	38293	41121	7.4	39643	42543	7.3	—	—	—
津南区	Jinnan	36687	39369	7.3	37693	40449	7.3	—	—	—
北辰区	Beichen	36980	39698	7.4	38158	40944	7.3	—	—	—
武清区	Wuqing	29867	32012	7.2	36400	38976	7.1	23591	25294	7.2
宝坻区	Baodi	27469	29507	7.4	33942	36363	7.1	22043	23713	7.6
滨海新区	Binhai	49328	52929	7.3	49611	53218	7.3	—	—	—
宁河区	Ninghe	26558	28578	7.6	33317	35783	7.4	22236	23952	7.7
静海区	Jinghai	28261	30313	7.3	34112	36532	7.1	22756	24409	7.3
蓟州区	Jizhou	26568	28568	7.5	33256	35623	7.1	21920	23563	7.5

2–29 全市各区城乡居民人均可支配收入(2019年一季度)
Per Capita Disposable Income of Urban and Rural Households by Districts (the First Quarter of 2019)

地区名称	Name of Districts	全体居民 Urban and Rural Households			城镇居民 Urban Households			农村居民 Rural Households		
		绝对数(元) Number(yuan)		增速 Growth (%)	绝对数(元) Number(yuan)		增速 Growth (%)	绝对数(元) Number(yuan)		增速 Growth (%)
		2018	2019		2018	2019		2018	2019	
全　市	**City Average**	**11073**	**11855**	**7.1**	**12020**	**12890**	**7.2**	**6642**	**7014**	**5.6**
和平区	Heping	13906	14863	6.9	13906	14863	6.9	—	—	—
河东区	Hedong	12396	13281	7.1	12396	13281	7.1	—	—	—
河西区	Hexi	13638	14611	7.1	13638	14611	7.1	—	—	—
南开区	Nankai	13303	14295	7.5	13303	14295	7.5	—	—	—
河北区	Hebei	12609	13493	7.0	12609	13493	7.0	—	—	—
红桥区	Hongqiao	12150	13059	7.5	12150	13059	7.5	—	—	—
东丽区	Dongli	10357	11059	6.8	10622	11401	7.3	—	—	—
西青区	Xiqing	11258	12058	7.1	11622	12490	7.5	—	—	—
津南区	Jinnan	10549	11271	6.8	10861	11620	7.0	—	—	—
北辰区	Beichen	10242	10957	7.0	10382	11143	7.3	—	—	—
武清区	Wuqing	8845	9434	6.7	10600	11392	7.5	6923	7291	5.3
宝坻区	Baodi	7940	8467	6.6	10067	10767	7.0	6202	6530	5.3
滨海新区	Binhai	12909	13808	7.0	12950	13852	7.0	—	—	—
宁河区	Ninghe	7381	7872	6.7	8810	9434	7.1	6472	6848	5.8
静海区	Jinghai	7978	8517	6.8	9395	10024	6.7	6739	7098	5.3
蓟州区	Jizhou	7395	7881	6.6	8822	9419	6.8	6350	6726	5.9

2–30 全市各区城乡居民人均可支配收入(2019年上半年)
Per Capita Disposable Income of Urban and Rural Households by Districts (the First Half of 2019)

地区名称	Name of Districts	全体居民 Urban and Rural Households 绝对数(元) Number(yuan) 2018	2019	增速 Growth (%)	城镇居民 Urban Households 绝对数(元) Number(yuan) 2018	2019	增速 Growth (%)	农村居民 Rural Households 绝对数(元) Number(yuan) 2018	2019	增速 Growth (%)
全　市	**City Average**	**20986**	**22461**	**7.0**	**22896**	**24516**	**7.1**	**12027**	**12817**	**6.6**
和平区	Heping	28141	30066	6.8	28141	30066	6.8	—	—	—
河东区	Hedong	24031	25747	7.1	24031	25747	7.1	—	—	—
河西区	Hexi	27190	29112	7.1	27190	29112	7.1	—	—	—
南开区	Nankai	26251	28127	7.1	26251	28127	7.1	—	—	—
河北区	Hebei	24695	26406	6.9	24695	26406	6.9	—	—	—
红桥区	Hongqiao	23341	25056	7.3	23341	25056	7.3	—	—	—
东丽区	Dongli	20273	21679	6.9	20868	22350	7.1	—	—	—
西青区	Xiqing	21215	22678	6.9	22007	23525	6.9	—	—	—
津南区	Jinnan	20462	21858	6.8	21073	22511	6.8	—	—	—
北辰区	Beichen	19348	20724	7.1	19914	21365	7.3	—	—	—
武清区	Wuqing	16148	17267	6.9	19644	21045	7.1	12796	13608	6.3
宝坻区	Baodi	14425	15418	6.9	18100	19355	6.9	11179	11941	6.8
滨海新区	Binhai	25341	27142	7.1	25499	27305	7.1	—	—	—
宁河区	Ninghe	13516	14451	6.9	16434	17638	7.3	11499	12254	6.6
静海区	Jinghai	15047	16071	6.8	18194	19488	7.1	12040	12807	6.4
蓟州区	Jizhou	13802	14739	6.8	17027	18202	6.9	11438	12178	6.5

2–31 全市各区城乡居民人均可支配收入(2019年前三季度)
Per Capita Disposable Income of Urban and Rural Households by Districts (the First Three Quarters of 2019)

地区名称	Name of Districts	全体居民 Urban and Rural Households			城镇居民 Urban Households			农村居民 Rural Households		
		绝对数(元) Number(yuan)		增速 Growth (%)	绝对数(元) Number(yuan)		增速 Growth (%)	绝对数(元) Number(yuan)		增速 Growth (%)
		2018	2019		2018	2019		2018	2019	
全　市	**City Average**	**31407**	**33642**	**7.1**	**34352**	**36803**	**7.1**	**17594**	**18808**	**6.9**
和平区	Heping	42804	45836	7.1	42804	45836	7.1	—	—	—
河东区	Hedong	35124	37700	7.3	35124	37700	7.3	—	—	—
河西区	Hexi	40753	43634	7.1	40753	43634	7.1	—	—	—
南开区	Nankai	39443	42214	7.0	39443	42214	7.0	—	—	—
河北区	Hebei	35821	38258	6.8	35821	38258	6.8	—	—	—
红桥区	Hongqiao	34374	36837	7.2	34374	36837	7.2	—	—	—
东丽区	Dongli	30768	32946	7.1	31740	33979	7.1	—	—	—
西青区	Xiqing	31453	33649	7.0	32660	34914	6.9	—	—	—
津南区	Jinnan	30381	32461	6.8	31311	33446	6.8	—	—	—
北辰区	Beichen	29760	31941	7.3	30693	32934	7.3	—	—	—
武清区	Wuqing	23982	25659	7.0	29667	31750	7.0	18530	19760	6.6
宝坻区	Baodi	21641	23155	7.0	27579	29469	6.9	16396	17556	7.1
滨海新区	Binhai	36532	39153	7.2	36742	39375	7.2	—	—	—
宁河区	Ninghe	20031	21460	7.1	25051	26864	7.2	16562	17720	7.0
静海区	Jinghai	22220	23694	6.6	27031	28832	6.7	17624	18778	6.5
蓟州区	Jizhou	20613	22086	7.1	26152	27972	7.0	16549	17735	7.2

主要统计指标解释

一体化住户调查 从2012年四季度起，国家统计局对分别进行的城乡住户调查实施了一体化改革，改革后的农村住户调查，样本地域范围由涉农区县城乡结合区、镇中心区、乡村缩小到只包括乡村，城乡结合区和镇中心区均纳入城镇。同时，统一了城乡居民收入指标名称、分类和统计标准，建立了城乡统一的一体化住户调查《住户收支与生活状况调查》，并据此获得居民有关数据。自2013年起发布一体化住户调查新口径收支数据。目前，天津市住户调查样本涉及全市16个区县的400个调查小区的4000个调查户，其中城镇3200户、农村800户。另外，城镇住户调查地域由2013年前的市内6区、滨海新区扩大到全市所有区县。

常住成员 指住户成员中，经常在家居住、或者调查期内居住时间超过一半的人员，以及本住户供养的学生。常住成员为住户收支的调查对象。

居民可支配收入 指调查户在调查期内获得的、可用于最终消费支出和储蓄的总和，及调查户可以用来支配的收入。即包括现金收入，也包括实物收入。按照收入的来源分四项：工资性收入、经营净收入、财产净收入和转移净收入。计算公式：

可支配收入=工资性收入+经营净收入+财产净收入+转移净收入

其中：经营净收入=经营收入−经营费用−生产性固定资产折旧−生产税

财产净收入=财产性收入−财产性支出

转移净收入=转移性收入−转移性支出

工资性收入 指就业人员通过各种途径得到的全部劳动报酬和各种福利，包括受雇于单位或个人、从事各种自由职业、兼职和零星劳动得到的全部劳动报酬和福利。

实物福利 指单位或雇主免费或低价提供给员工的各种实物产品和服务折价。由个人先行付款消费，后由单位或雇主给予报销的款额也视为实物福利。实物福利还包括单位或雇主自身生产过程所生产的货物与服务，如铁路或航空公司提供给员工的免费旅程，采矿企业提供给员工的免费煤炭等。

经营净收入 指住户或住户成员从事生产经营活动所获得的净收入，是全部经营收入中扣除经营费用、生产性固定资产折旧和生产税之后得到的净收入，包括第一、二、三产经营净收入。

财产净收入 指住户或住户成员将其所拥有的金融资产、住房等非金融资产和自然资源交由其他机构单位、住户或个人支配而获得的回报并扣除相关的费用之后得到的净收入。财产净收入包括利息净收入、红利净收入、储蓄性保险净收益、转让承包土地经营权租金净收入、出租房屋净收入、出租其他资产净收入和自有住房折算净租金等。

自有住房折算净租金（城镇） 指城镇居民现住房产权为自有住房（含自建住房、自购商品房、自购房改住房、自购保障性住房、拆迁安置房、继承或获赠住房）的住户为自身消费提供住房服务的折算价值扣除折旧后得到的净租金。它是一种财产性实物收入。

自有住房年度折算净租金=自有住房年度折算租金−购建房年度分摊成本

转移性收入 指国家、单位、社会团体对住户的各种经常性转移支付和住户之间的经常性收入转移。包括政府、非行政事业单位、社会团体对居民专一的养老金或退休金、社会救济和补助、惠农补贴、政策性生活补贴、救灾款、经常性捐赠和赔偿以及报销医疗费等；住户之间的赡养收入、经常性捐赠和赔偿以及农村地区（村委会）在外（含国外）工作的本住户非常住成员寄回带回的收入等。

居民消费支出 指住户用于满足日常生活消费需要的全部支出，包括用于消费品的支出和用于服务性消费的支出。根据用途不同，消费支出可划分为食品烟酒、衣着、居住、生活用品及服务、交通通信、教育文化娱乐、医疗保健、其他用品及服务八类。根据来源不同，消费支出可划分为现金消费支出、实物消费支出（含自产自用、来自单位、来自政府和其他社会组织）。

食品烟酒 指用于各种食品和烟草、酒类的支出，包括食品、烟酒消费、饮料和饮食服务。

衣着 指与居民穿着有关的支出，包括服装、服装材料、鞋类、其他衣类及配件、衣着相关加工服务费。

居住 指与居住有关的支出，包括房租、水、电、燃料、取暖费；住房装潢、住房维修、物业管理等方面的支出，也包括自有住房折算租金。

自有住房折算租金（消费） 指现住房为自有住房（含自建住房、自购商品房、自购房改住房、自购保障性住房、拆迁安置房、继承或获赠住房）的住户为自身消费提供住房服务的折算价值。目前自有住房折算租金采用折旧法计算。具体方法：

自有住房折算租金=自有住房市场现价估值×年折旧率（城乡不同）。

生活用品及服务 指用于家庭及个人的各类生活品及家庭服务的支出。包括家具及室内装饰品、家用器具、家用纺织品、家庭日用杂品、个人用品和家庭服务费。

交通通信 指用于交通和通信工具及相关的各种服务费、维修费和车辆保险费等。

教育文化娱乐 指用于教育和文化娱乐方面的支出。

教育 指按一定的目的要求，对受教育者的德育、智育、体育、爱好、技能等诸方面施以影响的一种有计划的活动，与这一活动直接相关的支出即为教育支出。包括学前教育、小学教育、初中教育、高中教育、中专职高教育、大专及以上教育、其他教育和培训的各项费用。如学杂费、培训费、赞助费、一揽子教育服务、教育用品等。

文化娱乐 指用于文娱耐用消费品、其他文娱用品和文化娱乐服务的费用。

医疗保健 指用于医疗和保健的药品、用品和服务的总费用。包括医疗器具及药品，以及医疗服务。

医疗器具及药品 包括购买药品、滋补保健品、医疗卫生器具及用品和保健器具费用。

医疗服务 包括门诊和住院的医疗总费用。其中包括从各种医疗保险或其他医疗救助计划中获得的医药费和医疗费的报销款额。报销医疗费应按收付实现制记录。

其他用品及服务 指无法直接归入各类支出的其他用品与服务支出。

其他用品 包括首饰、手表和其他杂项用品等支出。

其他服务 指用于个人消费中的服务费，包括旅馆住宿费、美容美发洗浴、其他杂项服务；以及丧葬费、请律师的诉讼费、公证费、房地产中介服务费等。

Explanatory Notes on Main Statistical Indicators

Integrated Household Survey means from the fourth quarter of 2012, the National Bureau of Statistics implemented the integrated reform for the independent urban and rural household survey. After the reform, the geographic area of the rural household survey has shrunk from urban-rural fringe zone and town center and villages of all the districts and counties to only villages. Urban-rural fringe zone and town center have been brought into urban area. Meanwhile, the reform has unified the indicators, classifies and statistical standards of urban and rural household income. Also it has established a unified and integrated household survey "the household budget and living conditions survey", and thus to obtain the data. Integrated household survey data in new scope has been published since 2013. There are 4000 samples involved in the Tianjin's 16 districts and counties, including 3200 urban households and 800 rural households. In addition, the survey area of urban households has expanded from the city's 6 Districts and Binhai New District by 2013 to all the districts and counties.

Permanent Member means household members who stay at home regularly or for over the half of the survey period. Also including the students supported by family. Permanent members are the respondents of the household survey.

Disposable Income means the total income of households earned in the survey period, which can be used for consumption and savings, including cash income and physical income. According to the source of income, it can be classified as income of wages and salaries, net business income, net income from property and net income from transfer. Calculation formula:

Disposable income = income of wages and salaries + net business income + net income from property + net income from transfer

Where:

Net business income=business income-business expenses-depreciation of productive fixed assets - production taxes

Net income from property=property income-property expenses

Net income from transfer=transfer income-transfer expenses

Income of Wages and Salaries means the total remuneration and benefits earned by employees who are employed by units or individuals, freelances and part-time workers.

Physical Benefit means physical products and services provided by the employer for free or at low prices. Consumption paid by personal, and then recouped by employers should be considered physical benefits. It also includes the products and services produced during the production process, such as free journey provided by railway or airline companies, free coal provided by mining companies, to their employees.

Net Business Income means net income earned by business activities, which are operated by households and their members. Business expenses, depreciation of productive fixed assets and production taxes should be deducted from income. It includes net income of primary, secondary and tertiary industries.

Net Income from Property means the net income obtained by authorizing other institutional units, households or individuals to dominate the financial assets, housing, other non-financial assets and natural resources owned by households and their members. Expenses should be deducted. Net income from property includes net interest income, bonus income, net income of savings insurance, net rent income from the transfer of land management right, net rent housing income, net rent other assets income and net conversion rental of private housing.

Net Imputed Rent of Owner-occupied Dwelling (urban area) means net rent income refers to the value of housing services provided residents' owner-occupied dwelling (including self-help housing, purchased commercial housing and social housing, resettlement housing and inherited or given housing). Depreciation should be deducted. It is a kind of property income.

Annual net imputed rent of owner-occupied dwelling = annual imputed rent of owner-occupied dwelling-annual purchasing or building cost.

Income from Transfer means recurrent income transfers from the state, units, social groups and other households. Including the pension, government, social benefits and subsidies, agricultural subsidies, policy living subsidies relief funds, regular donation and compensation and reimbursement of medical expenses from institutions, social groups ; alimony , regular donation and compensation from other households, and the income sent back by non-permanent members working nonlocal.

Consumption Expenditure of Households has a provincial coverage comparable between urban and rural households, and refers to the all the expenditures of households for consumption in daily life. It includes expenditures in cash and in kinds on eight categories: food; clothing; housing; household appliances and services; transport and communications; education; culture and recreational activities; and medical care. (Includes self-made and consumed products from units, government and other social organizations.)

Food, Tobacco and Liquor means the expenditure on Food, Tobacco and Liquor. It includes the expenditure on Food, Tobacco, Liquor, Dink and Catering Services.

Clothing means the expenditure on clothing. It includes the expenditure of Clothes, Shoes, accessories and Clothes processing fee.

Residence means the expenditure on residence. It includes the expenditure of rents, water, electricity, fuels, heating fees, housing maintenance and management , property management fees, and imputed rents of owner-occupied dwelling.

Imputed Rents of Owner-occupied Dwelling (Expenditure) means the commuted value of owner-occupied housing. Imputed rents of owner-occupied dwelling using depreciation method to calculate.

Formula :

Imputed Rent of Owner-occupied Dwelling=the current prices of owner-occupied housing × annual depreciation (different between rural and urban)

Household Facilities, Articles and Services means the expenditure on household facilities, articles and services. It includes the expenditure on furniture and interior decoration, household appliances, home textiles, family daily groceries, personal products and family services.

Transport and Communications means the expenditure on transport and communications. It includes the expenditure on tools, service charges, allowances for repairs and maintenance, vehicle insurance premium and so on.

Education, Cultural and Recreation means the expenditure on education, cultural and recreation.

Education means according to the certain requirements and purpose, training the educates in moral, knowledge, sports, hobbies, skills and all aspects. The education expenditure is directly related to activities for education. It includes the expenditure on the Pre-school education, primary education, secondary education, high school education, secondary vocational education, junior college or above education, other education and training. Such as tuition and miscellaneous fees, training expenses, sponsorship, packages of education services, education supplies.

Cultural and Recreation means the expenditure on recreational durable goods, other recreational goods and cultural & entertainment services.

Health Care and Medical Service means the expenditure on medical equipment , medicine and medical services.

Medical Equipment and Medicine means the expenditure on medicine, nourishing health products, medical & health care instruments.

Medical Services includes the expenditure in outpatient clinic and hospitalization. It includes the reimbursement amount from medical insurance or medical financial assistance. The reimbursement signed in cash basis.

Miscellaneous Goods and Services means the expenditure of miscellaneous goods and services which is hard to classify.

Other Goods includes the expenditure on jewelry, watch and so on.

Other Services means the expenditure on service charge. It includes hotel bills, grooming, salon fee, miscellaneous services, funeral expenses, court costs, notary fees, inter-mediation services and so on.

三、价格及价格指数

Chapter 3
PRICE AND PRICE INDICES

3-1a 居民消费价格分类指数
Consumer Price Indices by Category
(2011-2015)

(上年=100) (preceding year=100)

项　目	Item	2011	2012	2013	2014	2015
居民消费价格指数	**Consumer Price Index**	**104.9**	**102.7**	**103.1**	**101.9**	**101.7**
#服务项目价格指数	Services	103.0	100.3	103.8	102.2	103.4
#消费品价格指数	Consumer Goods	105.8	103.9	102.8	101.7	100.8
一、食品	Food	111.4	106.4	105.8	103.0	101.7
1.粮食	Grain	108.5	102.4	108.7	103.4	101.8
2.淀粉及制品	Starches	123.3	103.1	102.1	100.4	100.8
3.干豆类及豆制品	Bean and Its Products	100.1	103.2	108.0	106.3	102.6
4.油脂	Oil or Fat	115.3	103.7	98.7	93.6	98.1
5.肉禽及其制品	Meat, Poultry and Processed Products	122.6	105.7	108.0	99.6	104.8
6.蛋	Eggs	114.4	101.7	102.2	111.1	90.8
7.水产品	Aquatic Products	120.7	106.7	100.9	106.8	98.1
8.菜	Vegetables	96.7	119.6	110.0	95.4	106.8
9.调味品	Flavoring	106.4	103.6	101.9	101.7	102.7
10.糖	Carbohydrate	109.1	105.1	99.7	99.7	100.0
11.茶及饮料	Tea and Beverages	104.7	106.4	104.6	101.6	102.2
12.干鲜瓜果	Dried and Fresh Melons and Fruits	108.8	91.3	112.6	117.3	100.2
13.糕点饼干面包	Cake, Biscuit and Bread	113.3	105.4	101.9	100.6	102.4
14.液体乳及乳制品	Milk and Its Products	104.6	101.9	103.5	108.3	99.0
15.在外用膳食品	Outward Dinner	109.6	110.5	104.6	102.2	101.4
16.其他食品	Other Foods	114.0	102.9	105.1	104.4	100.5
二、烟酒及用品	Tobacco, Liquor and Articles	104.8	104.9	100.9	98.7	101.9
1.烟草	Tobacco	100.6	98.1	100.2	99.6	103.5
2.酒	Liquor	109.5	111.9	101.6	97.9	100.4
三、衣着	Clothing	102.1	107.0	101.1	101.8	103.0
1.服装	Garments	101.7	105.4	100.9	102.2	103.1
2.衣着材料	Clothing Material	119.3	103.8	99.8	100.9	102.6
3.鞋袜帽	Footgear and Hats	101.9	110.9	101.6	101.0	102.9
4.衣着加工服务	Clothing Manufacturing Services	116.8	120.9	104.4	101.7	102.2
四、家庭设备用品及维修服务	Household Facilities, Articles and Maintenance Services	106.1	101.6	102.0	103.3	101.0
1.耐用消费品	Durable Consumer Goods	102.9	99.4	100.7	102.8	99.4
2.室内装饰品	Interior Decorations	100.2	100.1	99.1	99.6	100.3
3.床上用品	Bed Articles	127.0	103.6	104.8	103.2	108.9
4.家庭日用杂品	Daily Use Household Articles	103.0	102.7	101.6	103.7	100.6
5.家庭服务及加工维修服务	Household Services and Manufacturing Upkeep	126.0	112.2	109.2	106.8	102.8
五、医疗保健和个人用品	Health Care and Personal Articles	101.8	102.2	100.6	100.4	99.8
1.医疗保健	Health Care	100.7	102.3	101.2	100.9	101.2
2.个人用品及服务	Personal Articles and Services	104.0	102.0	99.3	99.5	97.1
六、交通通信	Transport and Communications	99.9	97.6	98.6	99.7	97.4
1.交通	Transport	104.8	99.4	98.3	99.7	96.1
2.通信	Communications	92.9	94.8	98.9	99.6	99.7
七、娱乐教育文化用品及服务	Recreation, Education and Culture Articles	99.5	99.3	102.5	101.7	104.2
1.文娱用耐用消费品及服务	Durable Consumer Goods for Cultural and Recreational Use and Services	86.7	92.8	94.2	90.5	94.5
2.教育	Education	100.2	100.2	100.2	104.3	108.2
3.文化娱乐	Cultural and Recreational Articles	100.6	102.0	101.1	100.4	102.4
4.旅游	Touring and Outing	106.8	99.3	113.7	102.5	100.7
八、居住	Residence	104.7	100.9	104.4	102.0	102.6
1.建房及装修材料	Building and Building Decoration Materials	109.0	101.6	103.4	101.6	99.7
2.住房租金	Rent	101.2	101.0	99.9	103.7	107.2
3.自有住房	Private Housing	104.9	100.0	106.0	102.2	103.7
4.水电燃料	Water, Electricity and Fuels	102.2	103.1	101.7	101.3	99.9

注：2016年居民消费价格指数目录进行了调整。
Note: Consumer price index catalogue was adjusted in 2016.

3-1b 居民消费价格分类指数
Consumer Price Index by Category (2016-2019)

(上年=100) (preceding year=100)

项　　目	Item	2016	2017	2018	2019
居民消费价格指数	**Consumer Price Index**	**102.1**	**102.1**	**102.0**	**102.7**
#服务项目价格指数	Services	103.7	104.1	101.6	102.6
#消费品价格指数	Consumer Goods	100.9	100.7	102.3	102.7
一、食品烟酒	Food, Tobacco and Liquor	102.1	100.3	103.1	104.6
1.食品	Food	102.8	99.9	103.4	106.0
(1)粮食	Grain	100.6	103.2	99.2	101.8
(2)薯类	Tubers	106.1	92.1	110.9	91.6
(3)豆类	Beans	101.0	100.7	100.4	102.2
(4)食用油	Edible Oil and Fats	99.7	101.8	100.7	100.4
(5)菜	Vegetables	107.0	92.5	109.3	100.5
(6)畜肉类	Meat of Livestock	107.3	99.3	99.5	124.1
(7)禽肉类	Meat of Poultry	101.0	99.0	104.1	108.8
(8)水产品	Aquatic Products	106.6	102.9	104.5	96.4
(9)蛋类	Eggs	95.4	96.5	114.3	105.1
(10)奶类	Milk	98.8	99.5	99.9	101.6
(11)干鲜瓜果类	Dried and Fresh Melons and Fruits	97.6	102.6	105.6	107.5
(12)糖果糕点类	Candy and Cake	101.3	101.8	103.2	101.3
(13)调味品	Flavoring	103.4	103.3	102.6	101.4
(14)其他食品类	Other Foods	101.0	101.6	102.1	100.3
2.茶及饮料	Tea and Beverages	100.2	100.6	102.6	101.5
3.烟酒	Tobacco and Liquor	101.3	101.0	101.1	101.5
(1)烟草	Tobacco	102.2	100.4	101.0	101.7
(2)酒类	Liquor	100.3	101.7	101.1	101.2
4.在外餐饮	Dining out	100.8	101.2	102.9	102.4
二、衣着	Clothing	100.1	100.2	101.1	102.1
1.服装	Garments	99.9	100.0	101.0	102.0
2.服装材料	Clothing Material	101.7	100.8	104.6	102.2
3.其他衣着及配件	Other Clothing and Parts	101.6	100.7	101.1	98.4
4.衣着加工服务费	Clothing Manufacturing Services	103.7	103.4	101.1	110.8
5.鞋类	Footware	99.7	100.1	101.2	102.2
三、居住	Residence	103.6	101.4	101.3	102.4
1.租赁房房租	Rent of Rental Housing	103.9	100.4	101.2	103.0
2.住房保养维修及管理	Housing Maintenance and Management	101.4	104.9	104.3	103.3
3.水电燃料	Water, Electricity and Fuels	99.8	100.0	100.8	100.4
4.自有住房	Private Housing	104.9	101.5	101.1	102.7
四、生活用品及服务	Household Facilities, Articles and Services	99.4	100.8	101.1	100.9
1.家具及室内装饰品	Furniture and Interior Decoration	98.0	101.8	100.8	99.4
2.家用器具	Home Appliances	97.9	99.4	99.8	99.5
3.家用纺织品	Home Textiles	100.7	100.9	101.4	100.3
4.家庭日用杂品	Daily Use Household Articles	99.7	99.9	100.9	101.0
5.个人护理用品	Personal-care Supplies	100.5	101.0	100.4	100.5
6.家庭服务	Household Services	101.6	103.1	105.1	106.1
五、交通通信	Transport and Communications	98.3	100.1	101.3	99.3
1.交通	Transport	98.2	101.6	103.3	98.7
2.通信	Communications	98.6	97.6	97.8	100.3
六、教育文化娱乐	Education, Culture and Recreation	100.6	103.2	102.4	104.2
1.教育	Education	100.8	102.5	102.0	104.5
2.文化娱乐	Culture and Recreation	100.4	104.0	102.8	104.0
七、医疗保健	Health Care and Medical Services	108.8	115.4	102.6	100.9
1.药品及医疗器具	Medicine and Medical Instrument	101.3	103.5	104.3	101.8
2.医疗服务	Medical Services	117.7	127.5	101.1	100.1
八、其他用品及服务	Miscellaneous Goods and Services	103.8	101.5	101.1	105.0
1.其他用品类	Other Articles	107.7	102.6	98.7	107.8
2.其他服务类	Other Services	100.9	100.6	103.1	102.8

注：2016年居民消费价格指数目录进行了调整。
Note: Consumer price index catalogue was adjusted in 2016.

3-2a 商品零售价格分类指数
Retail Price Indices by Category
(2011-2015)

(上年=100) (preceding year=100)

项 目	Item	2011	2012	2013	2014	2015
商品零售价格指数	**Retail Price Index**	**104.7**	**103.0**	**101.7**	**100.9**	**100.3**
一、食品类	Food	111.6	106.5	105.8	103.0	101.7
1.粮食	Grain	108.5	102.4	108.7	103.4	101.8
2.淀粉及制品	Starches	123.3	103.1	102.1	100.4	100.8
3.干豆类及豆制品	Bean and Its Products	100.1	103.2	108.0	106.3	102.6
4.油脂	Oil or Fat	115.3	103.7	98.7	93.6	98.1
5.肉禽及其制品	Meat, Poultry and Processed Products	122.6	105.7	108.0	99.6	104.9
6.蛋	Eggs	114.4	101.7	102.2	111.1	90.8
7.水产品	Aquatic Products	120.7	106.7	100.9	106.8	98.1
8.菜	Vegetables	96.7	119.6	110.0	95.4	106.8
9.调味品	Flavoring	106.4	103.6	101.9	101.7	102.7
10.糖	Carbohydrate	109.1	105.1	99.7	99.7	100.0
11.干鲜瓜果	Dried and Fresh Melons and Fruits	108.8	91.3	112.6	117.3	100.2
12.糕点饼干面包	Cake, Biscuit and Bread	113.3	105.4	101.9	100.6	102.4
13.液体乳及乳制品	Milk and Its Products	104.6	101.9	103.5	108.3	99.0
14.在外用膳食品	Outward Dinner	109.6	110.5	104.6	102.2	101.4
15.其他食品	Other Foods	114.0	102.9	105.1	104.4	100.5
二、饮料、烟酒	Beverages, Tobacco and Liquor	104.7	105.2	101.8	99.4	102.0
1.茶及饮料	Tea and Beverages	104.7	106.4	104.6	101.6	102.2
2.烟草	Tobacco	100.6	98.1	100.2	99.6	103.5
3.酒	Liquor	109.5	111.9	101.6	97.9	100.4
三、服装、鞋帽	Garments, Shoes and Hats	101.8	106.9	101.0	101.9	103.0
1.服装	Garments	101.7	105.4	100.9	102.2	103.1
2.鞋袜帽	Footgear and Hats	101.9	110.9	101.6	101.0	102.9
3.其他	Other	107.0	106.2	90.7	101.9	97.0
四、纺织品	Textiles	112.4	102.3	103.5	100.4	104.5
1.衣着材料	Clothing Material	119.3	103.8	99.8	100.9	102.6
2.床上用品	Bed Articles	110.9	101.9	104.4	100.3	105.0
五、家用电器及音像器材	Household Appliances, Music and Video Equipment	95.4	96.9	96.6	94.6	96.5
1.家庭设备	Household Facilities	102.3	99.9	99.3	99.1	98.0
2.文娱用耐用消费品	Durable Consumer Goods for Cultural and Recreational Use	84.8	92.1	91.7	85.8	92.3
3.专业音像器材	Music and Video Equipment	100.4	96.5	97.3	95.3	98.9
六、文化办公用品	Cultural and Office Appliances	90.5	94.6	97.7	96.4	97.2
七、日用品	Articles for Daily Use	103.8	104.1	101.0	99.4	99.9
1.日用百货	General Merchandise for Daily Use	106.2	103.3	98.8	99.8	99.8
2.日用杂品	Grocery for Daily Use	95.2	100.1	100.7	102.0	100.5
3.洗涤用品	Wash	102.9	109.3	104.3	100.9	99.0
4.其他日用品	Other Articles for Daily Use	103.5	101.5	100.9	97.0	100.7
八、体育娱乐用品	Sports and Recreation Articles	100.1	100.4	107.6	99.9	102.7
1.体育用品	Sports Articles	105.6	104.5	108.8	100.2	101.9
2.娱乐用品	Recreation Articles	97.8	98.5	107.1	99.8	103.1
九、交通、通信用品	Transportation and Communication Appliances	100.1	96.6	96.8	101.1	97.7
1.交通运输机械	Transportation Machine	102.9	98.3	97.1	101.2	97.7
2.通信器材	Communication Facilities	65.0	63.1	88.8	95.5	97.8
十、家具	Furniture	103.7	98.7	102.6	107.6	101.1
十一、化妆品	Cosmetics	99.6	104.4	102.2	97.6	99.7
十二、金银珠宝	Gold, Silver and Jewelry	113.3	95.8	91.0	91.8	87.6
十三、中西药品及医疗保健用品	Traditional Chinese and Western Medicines and Health Care Articles	101.1	103.6	101.9	101.4	101.9
1.医疗器具及用品	Medical Apparatus and Article	111.1	103.4	99.9	99.8	100.7
2.中药材及中成药	Traditional Chinese Medicinal Materials and Medicines	102.7	102.5	104.3	103.2	102.6
3.西药	Western Medicines	100.5	104.7	100.8	100.6	101.8
4.保健器具及用品	Healthcare Equipment	99.0	102.2	100.1	99.5	100.4
十四、书报杂志及电子出版物类	Books, Newspapers, Magazines and Electronic Publications	100.3	101.2	100.3	100.4	101.9
1.教材及参考书	Teaching Materials and Reference Books	100.5	101.0	100.6	100.5	100.2
2.书报杂志	Books, Newspapers, Magazines	100.0	100.9	101.4	100.3	107.5
3.电子音像制品	Electronic Publications	100.0	102.5	99.6	100.0	100.0
十五、燃料	Fuels	108.2	102.2	99.8	102.8	90.0
1.煤炭及制品	Coal and Its Products	109.2	100.7	96.1	97.9	97.9
2.石油及制品	Petroleum and Its Products	108.2	102.2	99.9	102.9	89.8
十六、建筑材料及五金电料	Building Materials and Hardware	107.7	101.1	102.4	101.0	99.4
1.建筑装潢材料	Building Decoration Materials	107.6	101.1	102.9	101.2	99.2
2.五金电料	Hardware	108.8	101.0	99.3	100.0	100.6

3-2b 商品零售价格分类指数
Retail Price Indices by Category (2016-2019)

(上年=100) (preceding year=100)

项目	Item	2016	2017	2018	2019
商品零售价格指数	**Retail Price Index**	**100.5**	**100.8**	**101.6**	**101.7**
一、食品	Food	102.3	100.3	103.2	105.1
1.粮食	Grain	100.8	103.2	99.7	102.1
2.薯类	Tuber	106.1	92.1	110.9	91.6
3.豆类	Beans	101.0	100.7	100.4	102.2
4.食用油	Edible Oil	99.7	101.8	100.7	100.4
5.菜	Vegetables	107.0	92.4	109.3	100.5
6.畜肉类	Meat	107.3	99.3	99.5	124.1
7.禽肉类	Poultry	101.0	99.0	104.1	108.8
8.水产品	Aquatic Products	106.7	102.8	104.6	96.3
9.蛋类	Eggs	95.4	96.5	114.3	105.1
10.奶类	Milk	98.8	99.4	99.9	101.6
11.干鲜瓜果类	Dried and Fresh Melons and Fruits	97.6	102.6	105.6	107.5
12.糖果糕点类	Confectionery	101.3	101.8	103.2	101.3
13.调味品	Flavoring	103.4	103.3	102.6	101.4
14.其他食品类	Other Foods	101.0	101.6	102.1	100.3
15.在外餐饮	Dining Out	100.8	101.2	102.9	102.4
二、饮料、烟酒	Beverages, Tobacco and Liquor	101.1	100.9	101.4	101.5
1.茶及饮料	Tea and Beverages	100.2	100.6	102.6	101.5
2.烟草	Tobacco	102.2	100.4	101.0	101.7
3.酒类	Liquor	100.3	101.7	101.1	101.2
三、服装、鞋帽	Garments, Shoes and Hats	100.0	100.1	101.0	101.8
1.服装	Garments	100.0	100.0	100.9	101.9
2.鞋袜帽	Footgear and Hats	100.0	100.2	101.2	101.4
3.其他衣着配件	Other Clothing Accessories	100.4	100.8	97.7	101.5
四、纺织品	Textiles	101.2	101.2	102.2	100.7
1.服装材料	Clothing	101.7	100.8	104.6	102.2
2.床上用品	Bedding	101.1	101.2	101.8	100.4
五、家用电器及音像器材	Household Appliances, Music and Video Equipment	98.5	99.2	97.8	99.4
1.家庭设备	Household Facilities	97.9	99.4	99.8	99.5
2.文娱用耐用消费品	Durable Consumer Goods for Cultural and Recreational Use	99.1	98.8	95.1	99.6
3.专业音像器材	Music and Video Equipment	99.4	99.3	96.8	98.4
六、文化办公用品	Cultural and Office Appliances	100.3	99.5	98.9	100.8
七、日用品	Articles for Daily Use	99.6	100.2	100.8	100.9
1.日用百货	General Merchandise for Daily Use	100.1	101.1	101.2	101.4
2.厨具餐具茶具	Kitchenware, Tableware and Tea Set	99.6	99.2	101.5	99.8
3.清洗用品	Cleaning Products	98.1	101.9	101.6	103.0
4.其他日用品	Other Articles for Daily Use	100.0	99.2	99.9	99.8
八、体育娱乐用品	Sports and Recreation Articles	102.1	102.8	100.2	102.8
1.体育户外用品	Sports and Outdoor Articles	99.8	97.1	98.4	100.2
2.娱乐用品	Recreation Articles	102.3	103.2	100.3	103.0
九、交通、通信用品	Transportation and Communication Appliances	99.5	98.0	98.4	100.2
1.交通运输机械	Transportation Appliances	99.5	97.9	98.5	99.6
2.通信器材	Communication Appliances	99.7	99.4	97.5	107.1
十、家具	Furniture	98.2	102.3	100.8	99.3
十一、化妆品	Cosmetics	100.7	101.4	100.6	100.6
十二、金银饰品	Gold, Silver and Jewelry	112.8	104.2	97.5	112.6
十三、中西药品及医疗保健用品	Traditional Chinese and Western Medicines and Health Care Articles	101.3	103.9	104.7	102.0
1.医疗卫生器具	Medical Apparatus	100.2	99.5	100.2	99.9
2.中药	Traditional Chinese Medicines	102.7	107.5	107.5	103.2
3.西药	Western Medicines	100.6	103.4	105.2	101.9
4.保健器具及用品	Healthcare Equipment and Articles	101.9	102.3	101.4	101.0
十四、书报杂志及电子出版物	Books, Newspapers, Magazines and Electronic Publications	102.3	101.5	101.9	102.4
1.教材及参考书	Teaching Materials and Reference Books	102.4	102.5	100.1	101.6
2.书报杂志	Books, Newspapers, Magazines	102.6	101.2	108.1	105.0
3.计算机办公软件	Computer Office Software	99.8	87.5	96.8	99.7
十五、燃料	Fuels	96.9	107.3	110.3	96.3
1.煤炭及制品	Coal and Its Products	101.0	108.7	102.5	100.1
2.石油及制品	Petroleum and Its Products	96.3	107.0	111.6	95.7
十六、建筑材料及五金电料	Building Materials and Hardware	99.8	101.7	102.5	101.5
1.建筑装潢材料	Building Decoration Materials	99.6	101.8	103.3	101.9
2.五金水暖	Hardware	100.1	101.4	101.3	100.8

3-3 主要商品和服务价格指数
Major Commodity and Services Price Indices (2015-2019)

(上年=100) (preceding year=100)

项 目	Item	2015	2016	2017	2018	2019
大米	Rice	101.4	100.5	104.1	97.4	100.5
面粉	Flour	102.2	99.7	101.4	99.0	102.5
食用植物油	Edible Vegetable Oil	100.5	99.6	101.8	100.7	100.4
鲜菜	Fresh Vegetables	107.6	107.6	91.7	110.1	100.3
猪肉	Pork	110.0	114.9	95.2	93.5	138.0
牛肉	Beef	99.1	99.2	100.0	105.6	113.9
羊肉	Mutton	97.1	96.7	105.6	112.0	111.8
淡水鱼	Freshwater Fish	102.8	101.6	108.4	100.9	97.8
海水鱼	Seawater Fish	101.7	105.7	101.4	100.2	100.7
鸡蛋	Eggs	89.8	95.1	95.7	115.0	104.8
鲜奶	Milk	98.5	98.2	98.8	99.4	100.4
鲜瓜果	Fresh Fruits	98.1	96.8	102.6	107.1	109.0
食糖	Sugar	97.0	101.0	105.2	107.8	100.7
食用盐	Salt	100.0	109.2	99.6	98.7	100.4
白酒	Wine	100.7	100.3	102.4	101.9	101.3
啤酒	Beer	99.2	98.8	101.7	98.8	101.2
男式西服	Men's Suits	100.8	101.7	100.2	101.3	103.5
男式衬衫T恤	Men's Shirt and T-shirt		103.1	103.3	98.0	100.2
女式外套	Women's Coat		99.5	98.3	101.7	105.4
女式冬衣	Women's Winter Clothes		98.2	98.3	101.9	104.3
女式毛线衣	Women's Sweater	111.2	98.1	100.8	103.1	98.0
公房房租	Rent for Public Rental	109.0	100.0	100.0	100.0	100.0
水	Water	100.0	100.0	100.0	100.0	100.0
电	Electricity	100.0	100.0	100.0	100.0	100.0
管道燃气	Pipeline Gas	100.0	100.0	100.0	101.5	107.4
柜	Cabinet	101.3	98.2	102.7	99.9	98.6
桌	Desk	100.9	98.6	102.8	101.4	98.8
沙发	Sofa	98.7	95.6	102.0	103.3	103.3
洗衣机	Washing Machine	99.6	100.0	99.9	93.3	99.2
电冰箱(柜)	Refrigerator	96.2	95.1	101.1	101.2	98.9
空调器	Air-conditioner	96.5	97.4	99.3	100.8	96.6
热水器	Water Heater	99.4	97.0	101.0	99.8	102.6
清洗用品	Cleaning Supplies	99.7	98.1	101.9	101.6	103.0
小型汽车	Car		97.8	96.0	97.0	98.7
自行车	Bicycle	101.2	100.6	100.7	103.2	104.8
汽油	Gasoline	82.7	95.7	108.8	113.1	94.1
市内公共交通	Urban Public Transport	100.0	100.0	100.0	100.0	100.0
飞机票	Air Ticket	93.8	101.4	111.0	107.7	96.4
火车票	Railway Ticket	103.3	101.2	100.0	99.8	99.3
教材	Teaching Materials	100.0	100.0	100.0	98.3	99.4
电视机	TV Set	89.1	97.9	98.8	94.4	98.7
照相机	Camera	95.9	101.7	101.7	93.9	107.1
台式计算机	Desktop Computer		99.2	99.5	98.3	103.8
笔记本平板	Laptop and Tablet PC		101.7	100.5	98.3	101.1
音响	Hi-Fi Stereo Component System	101.5	99.6	100.6	102.3	100.7
书报杂志	Books, Newspapers and Magazines		102.6	101.2	108.1	105.0
景点门票	Park Ticket	105.0	101.8	104.5	102.6	97.1
有线电视	Cable Television	100.0	100.0	100.0	101.8	112.4
健身活动	Sport Activity	104.2	100.4	104.0	101.7	98.7
中药材	Traditional Chinese Medicinal Materials	101.3	102.3	109.1	104.7	105.8
中成药	Ready-made Traditional Chinese Medicine	104.8	102.8	107.3	108.0	102.8
消化系统用药	Digestive Medicine	102.6	99.3	102.1	110.5	100.2
呼吸系统用药	Respiratory Medicine	102.6	98.6	103.5	102.0	101.7
滋补保健用品	Medical Products	100.5	101.9	102.5	101.4	101.1
金饰品	Gold Ornaments		114.0	104.5	97.9	113.4

注：因统计调查目录调整，部分商品和服务价格指数无2016年以前年份数据。
Note: As a result of the statistical survey catalogue adjustment, some commodity and service price indices were not available before 2016.

3-4 居民货币购买力指数
Indices of Monetary Purchasing Power of Residents (1991–2019)

年 度 Year	上年=100 Preceding Year=100	年 度 Year	1990=100 Year of 1990=100
1991	90.7	1991	90.7
1992	89.8	1992	81.4
1993	85.0	1993	69.3
1994	80.6	1994	55.9
1995	86.7	1995	48.4
1996	91.7	1996	44.4
1997	97.0	1997	43.1
1998	100.5	1998	43.3
1999	101.1	1999	43.8
2000	100.4	2000	44.0
2001	98.8	2001	43.5
2002	100.4	2002	43.6
2003	99.0	2003	43.2
2004	97.8	2004	42.2
2005	98.5	2005	41.6
2006	98.5	2006	41.0
2007	96.0	2007	39.3
2008	94.9	2008	37.3
2009	101.0	2009	37.7
2010	96.6	2010	36.4
2011	95.3	2011	34.7
2012	97.4	2012	33.8
2013	97.0	2013	32.8
2014	98.1	2014	32.2
2015	98.3	2015	31.7
2016	98.0	2016	32.4
2017	98.0	2017	31.7
2018	98.0	2018	31.1
2019	97.4	2019	30.3

3-5 工业生产者出厂价格指数
Producer Price Indices for Industrial Products (2015-2019)

(上年=100) (preceding year=100)

项　　目	Item	2015	2016	2017	2018	2019
工业生产者出厂价格指数	**Producer Price Indices for Industrial Products**	**90.3**	**97.9**	**108.4**	**105.4**	**99.3**
#轻工业	Light Industry	97.7	101.2	101.2	100.2	102.6
以农产品为原料	Using Farm Products as Raw Materials	97.8	102.2	101.0	100.2	103.7
以非农产品为原料	Using Non-farm Products as Raw Materials	97.5	99.5	101.6	100.2	100.9
重工业	Heavy Industry	88.9	97.1	110.2	106.6	98.5
采　掘	Mining and Quarrying Industry	63.6	85.9	127.7	120.5	97.9
原材料	Raw Materials Industry	84.9	98.2	116.2	111.6	97.2
加　工	Processing Industry	94.2	98.5	105.9	102.5	99.2
#生产资料	Means of Production	88.3	97.9	112.0	107.4	98.8
采　掘	Mining & Quarrying Industry	63.6	85.9	127.7	120.5	97.9
原材料	Raw Materials Industry	84.7	97.9	116.3	112.0	97.5
加　工	Processing Industry	93.8	100.0	108.4	103.4	99.6
生活资料	Consumer Goods	97.9	98.0	97.9	99.0	100.8
食　品	Food	97.5	102.9	100.2	100.1	105.6
衣　着	Clothing	101.5	100.2	100.3	100.8	100.8
一般日用品	Articles for Daily Use	100.6	99.2	98.5	102.4	99.9
耐用消费品	Durable Consumer Goods	96.6	92.7	94.9	96.2	96.5
按行业分	**By Sector**					
煤炭开采和洗选业	Mining and Washing of Coal	81.3	83.4	121.2	101.8	100.0
石油和天然气开采业	Extraction of Petroleum and Natural Gas	53.9	86.7	134.6	131.8	96.0
黑色金属矿采选业	Mining and Processing of Ferrous Metal Ores	74.8	90.7	108.3	128.3	119.7
非金属矿采选业	Mining and Processing of Nonmetal Ores	91.4	76.6	102.1	103.4	108.2
开采专业及辅助性活动	Mining Specialty and Support Activities	93.2	95.5	99.7	99.5	98.4
农副食品加工业	Processing of Food from Agricultural Products	92.2	106.1	98.2	95.9	108.9
食品制造业	Processing of Foodstuff	100.2	101.4	101.2	102.4	103.9
酒、饮料和精制茶制造业	Manufacture of Wine, Beverages and refined tea	101.4	100.6	101.7	100.7	105.1
烟草制品业	Manufacture of Tobacco	100.0	100.0	100.0	100.6	102.3
纺织业	Manufacture of Textile	98.1	98.0	100.7	103.4	100.7
纺织服装、服饰业	Manufacture of Textile Wearing Apparel	100.9	100.2	100.3	99.4	99.7
皮革、毛皮、羽毛及其制品和制鞋业	Manufacture of Leather, Fur, Feather and Related Products, Footwear	106.0	100.8	100.8	104.5	106.2
木材加工及木、竹、藤、棕、草制品业	Processing of Timber, Manufacture of Wood, Bamboo, Rattan, Palm and Straw Products	99.7	98.8	99.5	100.3	99.4
家具制造业	Manufacture of Furniture	99.2	100.4	103.1	100.2	101.6
造纸及纸制品业	Manufacture of Paper and Paper Products	98.8	101.1	110.5	101.8	90.1
印刷和记录媒介复制业	Printing, Reproduction of Recording Media	102.4	100.1	102.9	102.2	103.7
文教、工美、体育和娱乐用品制造业	Manufacture of Articles for Culture, Education, Artwork, Sport Activities and Entertainment Goods	100.8	101.0	99.1	99.4	103.0
石油、煤炭及其他燃料加工业	Processing of Petroleum, Coal and other Fuels	75.3	93.1	114.1	119.9	99.2
化学原料及化学制品制造业	Manufacture of Raw Chemical Materials and Chemical Products	89.2	101.5	115.6	108.0	93.3
医药制造业	Manufacture of Medicines	101.2	98.0	98.2	105.3	96.6
化学纤维制造业	Manufacture of Chemical Fibers	95.8	85.9	93.0	100.9	99.2
橡胶和塑料制品业	Manufacture of Rubber and Plastics	98.5	99.1	104.9	101.5	99.4
非金属矿物制品业	Manufacture of Non-metallic Mineral Products	98.9	98.4	101.3	109.7	107.0
黑色金属冶炼和压延加工业	Smelting and Pressing of Ferrous Metals	83.4	101.9	126.3	109.9	100.0
有色金属冶炼和压延加工业	Smelting and Pressing of Non-ferrous Metals	89.0	97.9	116.5	103.2	96.5
金属制品业	Manufacture of Metal Products	92.2	99.2	113.6	106.2	97.1
通用设备制造业	Manufacture of General Purpose Machinery	96.6	99.7	100.4	99.5	100.1
专用设备制造业	Manufacture of Special Purpose Machinery	98.9	96.9	97.7	97.6	98.4
汽车制造业	Manufacture of Automobile	98.0	98.7	97.8	98.1	94.7
铁路、船舶、航空航天和其他运输设备制造业	Manufacture of Railway, Shipbuilding, Aerospace and Other Transportation Equipment	97.0	102.7	102.2	102.0	100.3
电气机械及器材制造业	Manufacture of Electrical Machinery and Equipment	98.0	98.4	101.6	100.5	99.8
计算机、通信和其他电子设备制造业	Manufacture of Computers, Communication Equipment and Other Electronic Equipment	96.6	92.6	95.4	96.2	101.2
仪器仪表制造业	Manufacture of Measuring Instruments	97.2	101.4	100.1	99.8	103.1
其他制造业	Other Manufacturing	93.6	96.9	100.0	100.0	99.6
废弃资源综合利用业	Recycling and Disposal of Waste	77.8	96.0	104.3	124.2	107.1
金属制品、机械和设备修理业	Metal Products, Machinery and Equipment Repair Industry	95.5	100.9	100.3	102.7	107.8
电力、热力的生产和供应业	Production and Supply of Electric Power and Heat Energy	99.5	100.7	95.4	100.3	99.1
燃气生产和供应业	Production and Supply of Gas	101.3	86.3	100.9	101.2	105.1
水的生产和供应业	Production and Supply of Tap Water	100.0	100.0	104.5	123.0	101.6

3-6 按工业部门分工业生产者出厂价格指数
Producer Price Indices for Industrial Products by Industrial Sector (2015-2019)

(上年=100) (preceding year=100)

项 目	Item	2015	2016	2017	2018	2019
按工业部门分	**By Industrial Sector**					
冶金工业	Metallurgical Industry	84.8	100.5	122.1	108.9	99.5
电力工业	Power Industry	99.5	100.5	95.4	100.3	99.0
煤炭及炼焦工业	Coal Industry	81.3	85.3	122.8	103.9	101.3
石油工业	Petroleum Industry	68.2	89.4	121.6	124.3	97.3
化学工业	Chemical Industry	94.1	100.1	109.4	106.1	95.6
机械工业	Mechanical Industry	97.9	97.4	98.5	98.6	99.0
建筑材料工业	Building Materials Industry	98.9	98.6	100.9	109.4	108.0
森林工业	Timber Industry	100.2	100.4	99.8	100.2	101.7
食品工业	Food Industry	96.6	102.9	100.2	99.9	105.8
纺织工业	Textile Industry	97.6	97.4	100.9	101.1	99.6
缝纫工业	Tailoring Industry	100.7	100.1	100.3	100.6	100.2
皮革工业	Leather Industry	107.9	101.3	101.1	101.6	101.2
造纸工业	Paper Industry	98.8	101.1	110.5	101.8	90.1
文教艺术用品工业	Cultural, Educational & Handicrafts Articles	86.9	99.8	101.3	101.2	102.1
其他工业	Other Industry	99.3	100.1	100.2	101.9	102.0

3-7 工业生产者出厂价格月度指数
Monthly Producer Price Indices for Industrial Products
(2019年1月)

项 目	Item	环比	同比	1-1月平均
工业生产者出厂价格指数	**Producer Price Indices for Industrial Products**	**99.5**	**98.8**	**98.8**
#轻工业	Light Industry	99.9	102.0	102.0
以农产品为原料	Using Farm Products as Raw Materials	99.6	101.9	101.9
以非农产品为原料	Using Non-farm Products as Raw Materials	100.4	102.3	102.3
重工业	Heavy Industry	99.4	98.0	98.0
采 掘	Mining and Quarrying Industry	97.3	95.4	95.4
原材料	Raw Materials Industry	98.7	96.3	96.3
加 工	Processing Industry	99.9	99.0	99.0
#生产资料	Means of Production	99.3	98.3	98.3
采 掘	Mining and Quarrying Industry	97.3	95.4	95.4
原材料	Raw Materials Industry	98.9	96.6	96.6
加 工	Processing Industry	99.7	99.3	99.3
生活资料	Consumer Goods	100.2	100.4	100.4
食 品	Food	99.5	103.2	103.2
衣 着	Clothing	100.0	100.8	100.8
一般日用品	Articles for Daily Use	99.7	101.7	101.7
耐用消费品	Durable Consumer Goods	101.1	97.1	97.1
按工业部门分	**By Industrial Sector**			
冶金工业	Metallurgical Industry	99.1	98.8	98.8
电力工业	Power Industry	100.0	99.5	99.5
煤炭及炼焦工业	Coal Industry	99.9	102.7	102.7
石油工业	Petroleum Industry	96.3	92.3	92.3
化学工业	Chemical Industry	99.9	96.9	96.9
机械工业	Machine Building Industry	100.2	98.8	98.8
建筑材料工业	Building Materials Industry	100.9	114.2	114.2
森林工业	Timber Industry	99.6	99.7	99.7
食品工业	Food Industry	99.5	103.0	103.0
纺织工业	Textile Industry	99.8	100.0	100.0
缝纫工业	Tailoring Industry	100.0	99.9	99.9
皮革工业	Leather Industry	100.3	100.6	100.6
造纸工业	Paper Industry	100.2	95.3	95.3
文教艺术用品工业	Cultural, Educational & Handicrafts Articles	99.7	102.5	102.5
其他工业	Other Industry	102.5	104.7	104.7

3-8 工业生产者出厂价格月度指数
Monthly Producer Price Indices for Industrial Products
(2019年2月)

项 目	Item	环比	同比	1-2月平均
工业生产者出厂价格指数	**Producer Price Indices for Industrial Products**	**100.4**	**100.2**	**99.5**
#轻工业	Light Industry	100.4	102.5	102.3
以农产品为原料	Using Farm Products as Raw Materials	100.7	102.9	102.4
以非农产品为原料	Using Non-farm Products as Raw Materials	100.0	102.0	102.1
重工业	Heavy Industry	100.4	99.6	98.8
采 掘	Mining and Quarrying Industry	104.8	103.5	99.4
原材料	Raw Materials Industry	100.6	98.4	97.4
加 工	Processing Industry	99.7	99.3	99.2
#生产资料	Means of Production	100.5	100.0	99.1
采 掘	Mining and Quarrying Industry	104.8	103.5	99.4
原材料	Raw Materials Industry	100.6	98.6	97.6
加 工	Processing Industry	99.8	99.8	99.6
生活资料	Consumer Goods	100.1	100.7	100.6
食 品	Food	100.9	104.3	103.7
衣 着	Clothing	100.0	100.6	100.7
一般日用品	Articles for Daily Use	99.7	101.3	101.5
耐用消费品	Durable Consumer Goods	99.4	97.2	97.1
按工业部门分	**By Industrial Sector**			
冶金工业	Metallurgical Industry	99.3	99.7	99.2
电力工业	Power Industry	100.0	99.5	99.5
煤炭及炼焦工业	Coal Industry	99.9	103.2	102.9
石油工业	Petroleum Industry	106.5	100.9	96.5
化学工业	Chemical Industry	99.8	98.1	97.5
机械工业	Machine Building Industry	99.7	99.0	98.9
建筑材料工业	Building Materials Industry	100.7	113.8	114.0
森林工业	Timber Industry	101.1	100.7	100.2
食品工业	Food Industry	100.9	104.5	103.7
纺织工业	Textile Industry	99.9	99.8	99.9
缝纫工业	Tailoring Industry	100.0	99.7	99.8
皮革工业	Leather Industry	100.2	100.4	100.5
造纸工业	Paper Industry	99.2	94.4	94.9
文教艺术用品工业	Cultural, Educational & Handicrafts Articles	99.7	101.3	101.9
其他工业	Other Industry	99.4	102.1	103.4

3–9 工业生产者出厂价格月度指数
Monthly Producer Price Indices for Industrial Products
(2019年3月)

项目	Item	环比	同比	1–3月平均
工业生产者出厂价格指数	**Producer Price Indices for Industrial Products**	**100.8**	**101.1**	**100.0**
#轻工业	Light Industry	100.0	102.6	102.4
以农产品为原料	Using Farm Products as Raw Materials	100.2	103.2	102.6
以非农产品为原料	Using Non-farm Products as Raw Materials	99.6	101.9	102.0
重工业	Heavy Industry	101.0	100.7	99.4
采　掘	Mining and Quarrying Industry	101.4	106.6	101.7
原材料	Raw Materials Industry	100.7	99.1	97.9
加　工	Processing Industry	101.0	100.3	99.6
#生产资料	Means of Production	100.9	101.1	99.8
采　掘	Mining and Quarrying Industry	101.4	106.6	101.7
原材料	Raw Materials Industry	100.6	99.3	98.2
加　工	Processing Industry	100.9	100.7	100.0
生活资料	Consumer Goods	100.5	101.1	100.8
食　品	Food	100.4	105.0	104.2
衣　着	Clothing	100.2	100.9	100.8
一般日用品	Articles for Daily Use	100.1	101.4	101.5
耐用消费品	Durable Consumer Goods	100.7	97.4	97.2
按工业部门分	**By Industrial Sector**			
冶金工业	Metallurgical Industry	102.2	101.3	99.9
电力工业	Power Industry	100.0	99.4	99.5
煤炭及炼焦工业	Coal Industry	100.3	103.0	103.0
石油工业	Petroleum Industry	102.5	105.8	99.5
化学工业	Chemical Industry	98.9	97.1	97.4
机械工业	Machine Building Industry	100.2	99.7	99.2
建筑材料工业	Building Materials Industry	100.5	106.8	111.5
森林工业	Timber Industry	100.2	100.9	100.4
食品工业	Food Industry	100.4	105.2	104.2
纺织工业	Textile Industry	99.8	99.4	99.7
缝纫工业	Tailoring Industry	100.3	100.0	99.9
皮革工业	Leather Industry	100.0	100.7	100.5
造纸工业	Paper Industry	97.7	90.9	93.5
文教艺术用品工业	Cultural, Educational & Handicrafts Articles	100.3	101.0	101.6
其他工业	Other Industry	100.3	102.4	103.0

3–10 工业生产者出厂价格月度指数
Monthly Producer Price Indices for Industrial Products
（2019年4月）

项　　目	Item	环比	同比	1–4月平均
工业生产者出厂价格指数	**Producer Price Indices for Industrial Products**	**100.2**	**101.1**	**100.3**
#轻工业	Light Industry	99.9	102.0	102.3
以农产品为原料	Using Farm Products as Raw Materials	99.9	102.3	102.6
以非农产品为原料	Using Non-farm Products as Raw Materials	99.8	101.4	101.9
重工业	Heavy Industry	100.3	100.9	99.8
采　掘	Mining and Quarrying Industry	104.6	108.4	103.4
原材料	Raw Materials Industry	100.2	99.8	98.4
加　工	Processing Industry	99.6	100.1	99.7
#生产资料	Means of Production	100.7	101.7	100.2
采　掘	Mining and Quarrying Industry	104.6	108.4	103.4
原材料	Raw Materials Industry	100.0	99.9	98.6
加　工	Processing Industry	100.2	101.1	100.3
生活资料	Consumer Goods	98.9	99.6	100.5
食　品	Food	100.2	104.3	104.2
衣　着	Clothing	100.0	100.9	100.8
一般日用品	Articles for Daily Use	99.3	100.4	101.2
耐用消费品	Durable Consumer Goods	97.2	94.5	96.5
按工业部门分	**By Industrial Sector**			
冶金工业	Metallurgical Industry	100.0	101.9	100.4
电力工业	Power Industry	99.5	99.0	99.4
煤炭及炼焦工业	Coal Industry	99.4	103.1	103.0
石油工业	Petroleum Industry	104.7	107.7	101.6
化学工业	Chemical Industry	99.5	97.0	97.3
机械工业	Machine Building Industry	99.5	99.3	99.2
建筑材料工业	Building Materials Industry	101.1	107.1	110.3
森林工业	Timber Industry	98.6	99.9	100.3
食品工业	Food Industry	100.1	104.3	104.2
纺织工业	Textile Industry	99.9	99.5	99.7
缝纫工业	Tailoring Industry	100.0	100.1	99.9
皮革工业	Leather Industry	99.8	100.5	100.5
造纸工业	Paper Industry	98.2	88.8	92.3
文教艺术用品工业	Cultural, Educational & Handicrafts Articles	100.4	102.2	101.8
其他工业	Other Industry	98.8	101.0	102.5

3-11 工业生产者出厂价格月度指数
Monthly Producer Price Indices for Industrial Products
(2019年5月)

项 目	Item	环比	同比	1-5月平均
工业生产者出厂价格指数	**Producer Price Indices for Industrial Products**	**100.4**	**100.5**	**100.3**
#轻工业	Light Industry	100.3	102.3	102.3
以农产品为原料	Using Farm Products as Raw Materials	100.4	102.5	102.5
以非农产品为原料	Using Non-farm Products as Raw Materials	100.1	101.9	101.9
重工业	Heavy Industry	100.4	100.1	99.9
采 掘	Mining and Quarrying Industry	101.4	102.7	103.3
原材料	Raw Materials Industry	101.5	100.2	98.8
加 工	Processing Industry	99.8	99.8	99.7
#生产资料	Means of Production	100.4	100.8	100.4
采 掘	Mining and Quarrying Industry	101.4	102.7	103.3
原材料	Raw Materials Industry	101.6	100.3	98.9
加 工	Processing Industry	99.8	100.8	100.4
生活资料	Consumer Goods	100.3	99.7	100.3
食 品	Food	100.3	104.5	104.3
衣 着	Clothing	100.4	101.4	100.9
一般日用品	Articles for Daily Use	100.3	100.5	101.1
耐用消费品	Durable Consumer Goods	100.2	94.5	96.1
按工业部门分	**By Industrial Sector**			
冶金工业	Metallurgical Industry	101.1	102.5	100.8
电力工业	Power Industry	100.1	99.4	99.4
煤炭及炼焦工业	Coal Industry	100.2	102.8	103.0
石油工业	Petroleum Industry	102.3	102.9	101.9
化学工业	Chemical Industry	100.1	97.0	97.2
机械工业	Machine Building Industry	99.4	98.7	99.1
建筑材料工业	Building Materials Industry	100.9	108.2	109.9
森林工业	Timber Industry	102.2	101.2	100.5
食品工业	Food Industry	100.3	104.5	104.3
纺织工业	Textile Industry	99.8	99.3	99.6
缝纫工业	Tailoring Industry	100.3	100.5	100.0
皮革工业	Leather Industry	100.9	101.5	100.7
造纸工业	Paper Industry	100.0	87.9	91.4
文教艺术用品工业	Cultural, Educational & Handicrafts Articles	99.8	102.0	101.8
其他工业	Other Industry	100.1	101.0	102.2

3–12 工业生产者出厂价格月度指数
Monthly Producer Price Indices for Industrial Products
(2019年6月)

项　　目	Item	环比	同比	1–6月平均
工业生产者出厂价格指数	**Producer Price Indices for Industrial Products**	**99.3**	**99.2**	**100.1**
#轻工业	Light Industry	100.7	102.1	102.2
以农产品为原料	Using Farm Products as Raw Materials	100.8	102.4	102.5
以非农产品为原料	Using Non-farm Products as Raw Materials	100.6	101.5	101.8
重工业	Heavy Industry	99.0	98.4	99.6
采　掘	Mining and Quarrying Industry	96.4	98.4	102.4
原材料	Raw Materials Industry	98.1	97.1	98.5
加　工	Processing Industry	99.7	99.0	99.6
#生产资料	Means of Production	99.0	99.0	100.1
采　掘	Mining and Quarrying Industry	96.4	98.4	102.4
原材料	Raw Materials Industry	98.3	97.6	98.7
加　工	Processing Industry	99.7	99.8	100.3
生活资料	Consumer Goods	100.2	99.5	100.2
食　品	Food	100.9	104.2	104.3
衣　着	Clothing	99.9	101.4	101.0
一般日用品	Articles for Daily Use	100.2	100.4	100.9
耐用消费品	Durable Consumer Goods	99.7	94.4	95.8
按工业部门分	**By Industrial Sector**			
冶金工业	Metallurgical Industry	98.6	99.9	100.7
电力工业	Power Industry	99.8	99.1	99.3
煤炭及炼焦工业	Coal Industry	100.3	101.7	102.7
石油工业	Petroleum Industry	95.2	96.8	101.0
化学工业	Chemical Industry	99.5	96.2	97.0
机械工业	Machine Building Industry	100.3	98.7	99.0
建筑材料工业	Building Materials Industry	100.1	108.3	109.6
森林工业	Timber Industry	100.9	102.2	100.8
食品工业	Food Industry	101.0	104.3	104.3
纺织工业	Textile Industry	99.8	98.9	99.5
缝纫工业	Tailoring Industry	99.9	100.6	100.1
皮革工业	Leather Industry	99.9	102.7	101.0
造纸工业	Paper Industry	99.6	88.1	90.9
文教艺术用品工业	Cultural, Educational & Handicrafts Articles	100.3	101.7	101.8
其他工业	Other Industry	99.5	100.6	102.0

3-13 工业生产者出厂价格月度指数
Monthly Producer Price Indices for Industrial Products
(2019年7月)

项 目	Item	环比	同比	1-7月平均
工业生产者出厂价格指数	**Producer Price Indices for Industrial Products**	**100.2**	**99.0**	**100.0**
#轻工业	Light Industry	100.1	101.6	102.1
以农产品为原料	Using Farm Products as Raw Materials	100.5	102.0	102.4
以非农产品为原料	Using Non-farm Products as Raw Materials	99.6	101.0	101.7
重工业	Heavy Industry	100.3	98.3	99.4
采 掘	Mining and Quarrying Industry	97.6	93.1	101.0
原材料	Raw Materials Industry	101.0	98.0	98.4
加 工	Processing Industry	100.5	99.6	99.6
#生产资料	Means of Production	100.2	98.8	99.9
采 掘	Mining and Quarrying Industry	97.6	93.1	101.0
原材料	Raw Materials Industry	100.9	98.4	98.6
加 工	Processing Industry	100.4	100.2	100.3
生活资料	Consumer Goods	100.4	99.7	100.1
食 品	Food	100.7	103.5	104.1
衣 着	Clothing	100.1	101.7	101.1
一般日用品	Articles for Daily Use	100.1	100.2	100.8
耐用消费品	Durable Consumer Goods	100.4	95.4	95.8
按工业部门分	**By Industrial Sector**			
冶金工业	Metallurgical Industry	101.5	101.5	100.8
电力工业	Power Industry	100.0	99.1	99.3
煤炭及炼焦工业	Coal Industry	99.3	100.8	102.5
石油工业	Petroleum Industry	99.7	93.8	99.9
化学工业	Chemical Industry	99.2	95.5	96.8
机械工业	Machine Building Industry	99.8	98.7	99.0
建筑材料工业	Building Materials Industry	100.2	106.5	109.2
森林工业	Timber Industry	99.1	102.0	100.9
食品工业	Food Industry	100.7	103.6	104.2
纺织工业	Textile Industry	99.6	98.8	99.4
缝纫工业	Tailoring Industry	100.1	100.9	100.2
皮革工业	Leather Industry	100.2	102.7	101.3
造纸工业	Paper Industry	99.1	88.3	90.5
文教艺术用品工业	Cultural, Educational & Handicrafts Articles	100.2	102.0	101.8
其他工业	Other Industry	100.4	101.0	101.8

3-14 工业生产者出厂价格月度指数
Monthly Producer Price Indices for Industrial Products
(2019年8月)

项　　目	Item	环比	同比	1-8月平均
工业生产者出厂价格指数	**Producer Price Indices for Industrial Products**	**99.6**	**98.3**	**99.8**
#轻工业	Light Industry	101.0	102.1	102.1
以农产品为原料	Using Farm Products as Raw Materials	102.0	103.2	102.5
以非农产品为原料	Using Non-farm Products as Raw Materials	99.4	100.6	101.6
重工业	Heavy Industry	99.2	97.3	99.2
采　掘	Mining and Quarrying Industry	98.0	92.5	99.9
原材料	Raw Materials Industry	99.9	97.1	98.2
加　工	Processing Industry	99.2	98.4	99.5
#生产资料	Means of Production	99.4	97.8	99.7
采　掘	Mining and Quarrying Industry	98.0	92.5	99.9
原材料	Raw Materials Industry	100.3	97.7	98.5
加　工	Processing Industry	99.3	99.0	100.1
生活资料	Consumer Goods	100.2	99.9	100.1
食　品	Food	102.6	105.3	104.3
衣　着	Clothing	99.9	101.0	101.1
一般日用品	Articles for Daily Use	98.9	99.5	100.7
耐用消费品	Durable Consumer Goods	98.5	94.7	95.6
按工业部门分	**By Industrial Sector**			
冶金工业	Metallurgical Industry	99.2	99.5	100.6
电力工业	Power Industry	100.0	99.1	99.3
煤炭及炼焦工业	Coal Industry	100.5	100.8	102.3
石油工业	Petroleum Industry	98.1	92.6	98.9
化学工业	Chemical Industry	99.1	93.8	96.4
机械工业	Machine Building Industry	99.2	98.3	98.9
建筑材料工业	Building Materials Industry	100.6	107.3	108.9
森林工业	Timber Industry	100.2	101.5	101.0
食品工业	Food Industry	102.7	105.4	104.3
纺织工业	Textile Industry	99.8	98.2	99.3
缝纫工业	Tailoring Industry	99.9	100.3	100.2
皮革工业	Leather Industry	99.5	101.8	101.3
造纸工业	Paper Industry	99.2	87.1	90.1
文教艺术用品工业	Cultural, Educational & Handicrafts Articles	100.7	101.8	101.8
其他工业	Other Industry	101.5	104.3	102.1

3-15 工业生产者出厂价格月度指数
Monthly Producer Price Indices for Industrial Products
(2019年9月)

项 目	Item	环比	同比	1-9月平均
工业生产者出厂价格指数	**Producer Price Indices for Industrial Products**	**100.3**	**97.6**	**99.5**
#轻工业	Light Industry	100.8	103.2	102.3
以农产品为原料	Using Farm Products as Raw Materials	101.5	104.9	102.8
以非农产品为原料	Using Non-farm Products as Raw Materials	99.6	100.5	101.4
重工业	Heavy Industry	100.2	96.2	98.8
采 掘	Mining and Quarrying Industry	102.6	90.6	98.7
原材料	Raw Materials Industry	99.1	94.1	97.8
加 工	Processing Industry	100.2	98.2	99.3
#生产资料	Means of Production	100.0	96.3	99.3
采 掘	Mining and Quarrying Industry	102.6	90.6	98.7
原材料	Raw Materials Industry	99.2	94.7	98.1
加 工	Processing Industry	99.8	98.2	99.9
生活资料	Consumer Goods	101.3	101.5	100.2
食 品	Food	101.7	107.2	104.6
衣 着	Clothing	99.8	100.5	101.0
一般日用品	Articles for Daily Use	99.6	98.9	100.5
耐用消费品	Durable Consumer Goods	101.9	97.2	95.8
按工业部门分	**By Industrial Sector**			
冶金工业	Metallurgical Industry	98.8	96.9	100.2
电力工业	Power Industry	100.0	99.4	99.3
煤炭及炼焦工业	Coal Industry	100.2	99.8	102.0
石油工业	Petroleum Industry	101.6	89.2	97.7
化学工业	Chemical Industry	100.1	93.6	96.1
机械工业	Machine Building Industry	100.7	99.0	98.9
建筑材料工业	Building Materials Industry	101.0	107.0	108.7
森林工业	Timber Industry	100.7	102.5	101.2
食品工业	Food Industry	102.0	107.7	104.7
纺织工业	Textile Industry	100.5	98.5	99.2
缝纫工业	Tailoring Industry	99.8	100.1	100.2
皮革工业	Leather Industry	99.8	100.8	101.3
造纸工业	Paper Industry	99.7	88.0	89.8
文教艺术用品工业	Cultural, Educational & Handicrafts Articles	102.2	103.8	102.0
其他工业	Other Industry	98.0	103.3	102.2

3–16 工业生产者出厂价格月度指数
Monthly Producer Price Indices for Industrial Products
(2019年10月)

项目	Item	环比	同比	1–10月平均
工业生产者出厂价格指数	**Producer Price Indices for Industrial Products**	**99.9**	**96.7**	**99.2**
#轻工业	Light Industry	99.9	102.9	102.3
以农产品为原料	Using Farm Products as Raw Materials	100.1	105.0	103.0
以非农产品为原料	Using Non-farm Products as Raw Materials	99.4	99.7	101.3
重工业	Heavy Industry	99.9	95.2	98.5
采　掘	Mining and Quarrying Industry	99.1	84.7	97.1
原材料	Raw Materials Industry	99.9	92.7	97.2
加　工	Processing Industry	100.0	98.4	99.2
#生产资料	Means of Production	99.9	95.0	98.8
采　掘	Mining and Quarrying Industry	99.1	84.7	97.1
原材料	Raw Materials Industry	99.8	93.0	97.6
加　工	Processing Industry	100.0	98.1	99.7
生活资料	Consumer Goods	99.9	102.0	100.4
食　品	Food	100.1	107.2	104.9
衣　着	Clothing	99.8	100.3	101.0
一般日用品	Articles for Daily Use	99.0	98.3	100.2
耐用消费品	Durable Consumer Goods	100.1	98.8	96.1
按工业部门分	**By Industrial Sector**			
冶金工业	Metallurgical Industry	99.6	96.5	99.8
电力工业	Power Industry	100.0	99.4	99.3
煤炭及炼焦工业	Coal Industry	99.5	99.4	101.7
石油工业	Petroleum Industry	99.9	83.8	96.1
化学工业	Chemical Industry	100.2	93.3	95.8
机械工业	Machine Building Industry	100.0	99.2	98.9
建筑材料工业	Building Materials Industry	100.0	107.0	108.5
森林工业	Timber Industry	100.2	102.8	101.3
食品工业	Food Industry	100.2	107.6	105.0
纺织工业	Textile Industry	101.6	100.0	99.3
缝纫工业	Tailoring Industry	99.8	100.0	100.2
皮革工业	Leather Industry	100.1	100.9	101.2
造纸工业	Paper Industry	99.1	88.3	89.7
文教艺术用品工业	Cultural, Educational & Handicrafts Articles	99.1	102.5	102.1
其他工业	Other Industry	98.1	101.5	102.2

3-17 工业生产者出厂价格月度指数
Monthly Producer Price Indices for Industrial Products
(2019年11月)

项 目	Item	环比	同比	1-11月平均
工业生产者出厂价格指数	**Producer Price Indices for Industrial Products**	**100.3**	**98.2**	**99.1**
#轻工业	Light Industry	100.9	103.5	102.4
以农产品为原料	Using Farm Products as Raw Materials	101.5	106.2	103.3
以非农产品为原料	Using Non-farm Products as Raw Materials	100.0	99.3	101.1
重工业	Heavy Industry	100.1	96.9	98.3
采 掘	Mining and Quarrying Industry	101.7	95.1	97.0
原材料	Raw Materials Industry	100.0	93.9	96.9
加 工	Processing Industry	99.9	98.5	99.2
#生产资料	Means of Production	100.1	96.9	98.7
采 掘	Mining and Quarrying Industry	101.7	95.1	97.0
原材料	Raw Materials Industry	100.2	94.5	97.3
加 工	Processing Industry	99.8	98.2	99.6
生活资料	Consumer Goods	100.8	102.2	100.6
食 品	Food	101.6	108.3	105.2
衣 着	Clothing	100.2	100.3	100.9
一般日用品	Articles for Daily Use	100.4	97.6	100.0
耐用消费品	Durable Consumer Goods	100.1	98.8	96.3
按工业部门分	**By Industrial Sector**			
冶金工业	Metallurgical Industry	100.0	96.5	99.5
电力工业	Power Industry	98.3	97.7	99.1
煤炭及炼焦工业	Coal Industry	100.1	98.7	101.4
石油工业	Petroleum Industry	101.7	94.7	96.0
化学工业	Chemical Industry	99.7	94.1	95.7
机械工业	Machine Building Industry	99.9	99.0	98.9
建筑材料工业	Building Materials Industry	99.6	105.7	108.2
森林工业	Timber Industry	101.0	103.8	101.6
食品工业	Food Industry	101.8	108.7	105.4
纺织工业	Textile Industry	101.2	101.4	99.5
缝纫工业	Tailoring Industry	100.2	100.3	100.2
皮革工业	Leather Industry	100.1	101.1	101.2
造纸工业	Paper Industry	100.8	92.1	89.9
文教艺术用品工业	Cultural, Educational & Handicrafts Articles	99.6	102.0	102.1
其他工业	Other Industry	101.1	100.9	102.1

3-18 工业生产者出厂价格月度指数
Monthly Producer Price Indices for Industrial Products
(2019年12月)

项　　目	Item	环比	同比	1-12月平均
工业生产者出厂价格指数	**Producer Price Indices for Industrial Products**	**100.4**	**101.3**	**99.3**
#轻工业	Light Industry	100.5	104.4	102.6
以农产品为原料	Using Farm Products as Raw Materials	100.5	107.8	103.7
以非农产品为原料	Using Non-farm Products as Raw Materials	100.6	99.3	100.9
重工业	Heavy Industry	100.4	100.5	98.5
采　掘	Mining and Quarrying Industry	103.8	108.5	97.9
原材料	Raw Materials Industry	100.3	99.9	97.2
加　工	Processing Industry	99.8	99.4	99.2
#生产资料	Means of Production	100.5	100.7	98.8
采　掘	Mining and Quarrying Industry	103.8	108.5	97.9
原材料	Raw Materials Industry	100.3	100.7	97.5
加　工	Processing Industry	100.0	99.4	99.6
生活资料	Consumer Goods	100.2	102.9	100.8
食　品	Food	100.7	110.2	105.6
衣　着	Clothing	100.0	100.2	100.8
一般日用品	Articles for Daily Use	101.0	98.3	99.9
耐用消费品	Durable Consumer Goods	99.3	98.5	96.5
按工业部门分	**By Industrial Sector**			
冶金工业	Metallurgical Industry	99.5	98.9	99.5
电力工业	Power Industry	99.9	97.6	99.0
煤炭及炼焦工业	Coal Industry	100.3	99.9	101.3
石油工业	Petroleum Industry	104.4	112.9	97.3
化学工业	Chemical Industry	99.3	95.3	95.6
机械工业	Machine Building Industry	100.0	99.2	99.0
建筑材料工业	Building Materials Industry	100.2	105.9	108.0
森林工业	Timber Industry	99.9	103.9	101.7
食品工业	Food Industry	100.7	110.7	105.8
纺织工业	Textile Industry	99.6	101.3	99.6
缝纫工业	Tailoring Industry	100.0	100.4	100.2
皮革工业	Leather Industry	100.0	100.8	101.2
造纸工业	Paper Industry	99.6	92.6	90.1
文教艺术用品工业	Cultural, Educational & Handicrafts Articles	99.8	101.8	102.1
其他工业	Other Industry	102.4	101.7	102.0

3-19 工业生产者购进价格指数
Purchasing Price Indices for Industrial Producers (2015-2019)

(上年=100) (preceding year=100)

项　目	Item	2015	2016	2017	2018	2019
工业生产者购进价格指数	**Purchasing Price Indices for Industrial Producers**	**92.4**	**98.3**	**111.1**	**106.2**	**98.8**
燃料、动力类	Fuels and Power	81.7	93.2	117.2	111.4	96.6
黑色金属材料类	Ferrous Metals	86.3	102.4	123.6	111.2	98.6
#钢　材	Rolled-Steel	89.8	104.0	125.2	108.9	97.3
其　他	Others	80.6	99.7	120.9	115.3	100.7
有色金属材料及电线类	Nonferrous Metals	94.6	98.4	119.0	104.4	97.4
化工原料类	Raw Chemical Materials	93.1	98.0	108.7	104.7	93.5
木材及纸浆类	Timber and Paper Pulp	98.7	98.2	102.6	106.6	98.3
建筑材料及非金属矿类	Building Materials	93.9	92.3	120.3	116.9	98.3
其他工业原材料及半成品类	Other Industrial Raw Materials and Semi-products	96.9	99.0	104.3	102.3	100.2
农副产品类	Agricultural Products	94.1	102.7	99.6	98.4	114.5
纺织原料类	Textile Materials	99.7	99.5	104.9	100.4	100.5

3-20 工业生产者购进价格月度指数
Monthly Purchasing Price Indices for Industrial Producers (2019年1月)

项　目	Item	环比	同比	1-1月平均
工业生产者购进价格指数	**Purchasing Price Indices for Industrial Producers**	**98.7**	**99.9**	**99.9**
燃料、动力类	Fuels and Power	96.7	98.2	98.2
黑色金属材料类	Ferrous Metals	97.6	97.4	97.4
#钢　材	Rolled-Steel	98.2	97.6	97.6
其　他	Others	96.7	97.0	97.0
有色金属材料及电线类	Nonferrous Metals	98.4	96.8	96.8
化工原料类	Raw Chemical Materials	98.6	97.6	97.6
木材及纸浆类	Timber and Paper Pulp	99.7	102.3	102.3
建筑材料及非金属矿类	Building Materials	100.9	115.0	115.0
其他工业原材料及半成品类	Other Industrial Raw Materials and Semi-products	100.0	101.7	101.7
农副产品类	Agricultural Products	98.2	100.1	100.1
纺织原料类	Textile Materials	100.2	103.6	103.6

3-21 工业生产者购进价格月度指数
Monthly Purchasing Price Indices for Industrial Producers
(2019年2月)

项　　目	Item	环比	同比	1-2月平均
工业生产者购进价格指数	**Purchasing Price Indices for Industrial Producers**	**99.8**	**99.8**	**99.9**
燃料、动力类	Fuels and Power	100.9	99.7	98.9
黑色金属材料类	Ferrous Metals	99.7	98.6	98.0
#钢　材	Rolled-Steel	99.9	97.9	97.8
其　他	Others	99.2	99.7	98.3
有色金属材料及电线类	Nonferrous Metals	100.1	96.8	96.8
化工原料类	Raw Chemical Materials	99.3	96.1	96.8
木材及纸浆类	Timber and Paper Pulp	98.9	100.2	101.3
建筑材料及非金属矿类	Building Materials	95.5	103.4	109.0
其他工业原材料及半成品类	Other Industrial Raw Materials and Semi-products	99.8	101.6	101.7
农副产品类	Agricultural Products	99.1	98.1	99.1
纺织原料类	Textile Materials	100.0	104.0	103.8

3-22 工业生产者购进价格月度指数
Monthly Purchasing Price Indices for Industrial Producers
(2019年3月)

项　　目	Item	环比	同比	1-3月平均
工业生产者购进价格指数	**Purchasing Price Indices for Industrial Producers**	**100.3**	**100.1**	**100.0**
燃料、动力类	Fuels and Power	102.0	102.4	100.1
黑色金属材料类	Ferrous Metals	100.2	98.0	98.0
#钢　材	Rolled-Steel	99.5	96.8	97.4
其　他	Others	101.3	99.8	98.8
有色金属材料及电线类	Nonferrous Metals	100.9	98.2	97.3
化工原料类	Raw Chemical Materials	99.5	95.9	96.5
木材及纸浆类	Timber and Paper Pulp	99.3	99.3	100.6
建筑材料及非金属矿类	Building Materials	98.1	100.0	105.9
其他工业原材料及半成品类	Other Industrial Raw Materials and Semi-products	99.8	100.9	101.4
农副产品类	Agricultural Products	103.0	104.8	101.0
纺织原料类	Textile Materials	99.1	102.8	103.5

3-23 工业生产者购进价格月度指数
Monthly Purchasing Price Indices for Industrial Producers
(2019年4月)

项 目	Item	环比	同比	1-4月平均
工业生产者购进价格指数	**Purchasing Price Indices for Industrial Producers**	**99.7**	**100.6**	**100.1**
燃料、动力类	Fuels and Power	99.7	103.0	100.8
黑色金属材料类	Ferrous Metals	100.1	99.1	98.3
#钢 材	Rolled-Steel	100.5	97.8	97.5
其 他	Others	99.5	101.3	99.4
有色金属材料及电线类	Nonferrous Metals	100.6	100.2	98.0
化工原料类	Raw Chemical Materials	99.1	96.0	96.4
木材及纸浆类	Timber and Paper Pulp	99.2	98.7	100.1
建筑材料及非金属矿类	Building Materials	98.3	96.7	103.5
其他工业原材料及半成品类	Other Industrial Raw Materials and Semi-products	99.6	101.3	101.4
农副产品类	Agricultural Products	102.0	107.5	102.6
纺织原料类	Textile Materials	99.8	102.3	103.2

3-24 工业生产者购进价格月度指数
Monthly Purchasing Price Indices for Industrial Producers
(2019年5月)

项 目	Item	环比	同比	1-5月平均
工业生产者购进价格指数	**Purchasing Price Indices for Industrial Producers**	**100.4**	**100.9**	**100.3**
燃料、动力类	Fuels and Power	101.8	103.9	101.4
黑色金属材料类	Ferrous Metals	101.0	100.8	98.8
#钢 材	Rolled-Steel	100.6	98.6	97.7
其 他	Others	101.6	104.3	100.4
有色金属材料及电线类	Nonferrous Metals	98.1	97.3	97.8
化工原料类	Raw Chemical Materials	99.7	95.8	96.3
木材及纸浆类	Timber and Paper Pulp	102.5	100.7	100.3
建筑材料及非金属矿类	Building Materials	100.7	97.0	102.2
其他工业原材料及半成品类	Other Industrial Raw Materials and Semi-products	99.6	100.6	101.2
农副产品类	Agricultural Products	102.7	110.5	104.1
纺织原料类	Textile Materials	100.0	103.7	103.3

3-25 工业生产者购进价格月度指数
Monthly Purchasing Price Indices for Industrial Producers
(2019年6月)

项　　目	Item	环比	同比	1-6月平均
工业生产者购进价格指数	**Purchasing Price Indices for Industrial Producers**	**99.6**	**99.5**	**100.2**
燃料、动力类	Fuels and Power	98.9	100.3	101.2
黑色金属材料类	Ferrous Metals	100.0	99.9	98.9
#钢　材	Rolled-Steel	99.7	97.9	97.8
其　他	Others	100.4	103.1	100.8
有色金属材料及电线类	Nonferrous Metals	99.0	95.5	97.5
化工原料类	Raw Chemical Materials	98.7	94.6	96.0
木材及纸浆类	Timber and Paper Pulp	99.0	99.3	100.1
建筑材料及非金属矿类	Building Materials	100.5	96.4	101.2
其他工业原材料及半成品类	Other Industrial Raw Materials and Semi-products	99.5	99.5	100.9
农副产品类	Agricultural Products	105.6	114.7	105.9
纺织原料类	Textile Materials	100.4	103.3	103.3

3-26 工业生产者购进价格月度指数
Monthly Purchasing Price Indices for Industrial Producers
(2019年7月)

项　　目	Item	环比	同比	1-7月平均
工业生产者购进价格指数	**Purchasing Price Indices for Industrial Producers**	**99.4**	**98.3**	**99.9**
燃料、动力类	Fuels and Power	96.5	94.7	100.3
黑色金属材料类	Ferrous Metals	101.0	100.2	99.1
#钢　材	Rolled-Steel	100.8	98.2	97.8
其　他	Others	101.5	103.6	101.2
有色金属材料及电线类	Nonferrous Metals	100.6	96.8	97.4
化工原料类	Raw Chemical Materials	97.8	92.5	95.5
木材及纸浆类	Timber and Paper Pulp	100.2	99.4	100.0
建筑材料及非金属矿类	Building Materials	99.0	95.3	100.3
其他工业原材料及半成品类	Other Industrial Raw Materials and Semi-products	100.2	99.6	100.7
农副产品类	Agricultural Products	101.5	115.4	107.3
纺织原料类	Textile Materials	99.6	101.8	103.1

3-27 工业生产者购进价格月度指数
Monthly Purchasing Price Indices for Industrial Producers
(2019年8月)

项目	Item	环比	同比	1-8月平均
工业生产者购进价格指数	**Purchasing Price Indices for Industrial Producers**	**100.2**	**97.7**	**99.6**
燃料、动力类	Fuels and Power	99.4	92.8	99.3
黑色金属材料类	Ferrous Metals	100.8	100.8	99.3
#钢材	Rolled-Steel	100.3	97.4	97.8
其他	Others	101.6	106.5	101.9
有色金属材料及电线类	Nonferrous Metals	99.4	97.0	97.3
化工原料类	Raw Chemical Materials	100.2	91.3	95.0
木材及纸浆类	Timber and Paper Pulp	103.1	98.5	99.8
建筑材料及非金属矿类	Building Materials	99.8	96.6	99.9
其他工业原材料及半成品类	Other Industrial Raw Materials and Semi-products	100.3	99.5	100.6
农副产品类	Agricultural Products	100.2	111.6	107.8
纺织原料类	Textile Materials	99.4	101.0	102.8

3-28 工业生产者购进价格月度指数
Monthly Purchasing Price Indices for Industrial Producers
(2019年9月)

项目	Item	环比	同比	1-9月平均
工业生产者购进价格指数	**Purchasing Price Indices for Industrial Producers**	**100.0**	**96.9**	**99.3**
燃料、动力类	Fuels and Power	99.4	90.9	98.3
黑色金属材料类	Ferrous Metals	98.9	97.8	99.2
#钢材	Rolled-Steel	99.4	95.3	97.5
其他	Others	98.2	102.0	101.9
有色金属材料及电线类	Nonferrous Metals	100.8	97.9	97.4
化工原料类	Raw Chemical Materials	99.5	90.4	94.4
木材及纸浆类	Timber and Paper Pulp	96.7	94.9	99.2
建筑材料及非金属矿类	Building Materials	99.0	96.6	99.5
其他工业原材料及半成品类	Other Industrial Raw Materials and Semi-products	100.3	99.5	100.5
农副产品类	Agricultural Products	109.5	119.3	109.2
纺织原料类	Textile Materials	97.4	96.3	102.1

3-29 工业生产者购进价格月度指数
Monthly Purchasing Price Indices for Industrial Producers
(2019年10月)

项　　目	Item	环比	同比	1-10月平均
工业生产者购进价格指数	**Purchasing Price Indices for Industrial Producers**	**100.5**	**96.5**	**99.0**
燃料、动力类	Fuels and Power	101.3	89.7	97.4
黑色金属材料类	Ferrous Metals	99.6	96.6	98.9
#钢　材	Rolled-Steel	100.2	95.5	97.3
其　他	Others	98.6	98.4	101.5
有色金属材料及电线类	Nonferrous Metals	99.6	97.3	97.4
化工原料类	Raw Chemical Materials	100.5	89.8	94.0
木材及纸浆类	Timber and Paper Pulp	98.0	95.7	98.9
建筑材料及非金属矿类	Building Materials	100.2	97.1	99.2
其他工业原材料及半成品类	Other Industrial Raw Materials and Semi-products	100.1	99.1	100.3
农副产品类	Agricultural Products	104.7	125.3	110.9
纺织原料类	Textile Materials	101.0	96.8	101.5

3-30 工业生产者购进价格月度指数
Monthly Purchasing Price Indices for Industrial Producers
(2019年11月)

项　　目	Item	环比	同比	1-11月平均
工业生产者购进价格指数	**Purchasing Price Indices for Industrial Producers**	**99.6**	**96.3**	**98.8**
燃料、动力类	Fuels and Power	98.5	89.0	96.6
黑色金属材料类	Ferrous Metals	99.2	95.7	98.6
#钢　材	Rolled-Steel	99.2	95.8	97.1
其　他	Others	99.3	95.5	101.0
有色金属材料及电线类	Nonferrous Metals	99.9	97.0	97.3
化工原料类	Raw Chemical Materials	98.9	90.5	93.7
木材及纸浆类	Timber and Paper Pulp	99.0	95.3	98.6
建筑材料及非金属矿类	Building Materials	100.0	93.9	98.7
其他工业原材料及半成品类	Other Industrial Raw Materials and Semi-products	100.4	99.3	100.2
农副产品类	Agricultural Products	100.5	128.1	112.5
纺织原料类	Textile Materials	98.8	95.9	101.0

3–31 工业生产者购进价格月度指数
Monthly Purchasing Price Indices for Industrial Producers
(2019年12月)

项 目	Item	环比	同比	1–12月平均
工业生产者购进价格指数	**Purchasing Price Indices for Industrial Producers**	**100.6**	**98.8**	**98.8**
燃料、动力类	Fuels and Power	101.7	96.6	96.6
黑色金属材料类	Ferrous Metals	100.4	98.5	98.6
#钢 材	Rolled-Steel	100.3	98.5	97.3
其 他	Others	100.7	98.5	100.7
有色金属材料及电线类	Nonferrous Metals	100.6	98.0	97.4
化工原料类	Raw Chemical Materials	99.5	91.6	93.5
木材及纸浆类	Timber and Paper Pulp	100.0	95.6	98.3
建筑材料及非金属矿类	Building Materials	101.0	93.1	98.3
其他工业原材料及半成品类	Other Industrial Raw Materials and Semi-products	100.0	99.5	100.2
农副产品类	Agricultural Products	104.8	136.3	114.5
纺织原料类	Textile Materials	99.4	95.3	100.5

3–32 固定资产投资价格指数
Price Indices of Investment in Fixed Assets
(2015–2019)

(上年=100) (preceding year=100)

项 目	Item	2015	2016	2017	2018	2019
固定资产投资价格指数	**Price Indices of Investment in Fixed Assets**	**99.9**	**99.4**	**104.3**	**104.5**	**101.7**
建筑安装、装饰工程	Construction and Installation	99.6	98.9	106.6	106.9	102.6
#人工费	Labour Cost	105.4	102.4	103.5	104.3	105.7
材料费	Material Expenses	98.1	97.9	108.2	108.3	102.2
机械费	Machine	100.2	99.6	100.8	102.4	98.6
设备工器具购置	Purchase of Equipment, Tools and Instruments	99.3	98.8	100.5	101.0	99.8
其他费用	Others	101.2	101.2	100.7	100.5	101.4

3-33 住宅销售价格指数
Housing Price Indices of Residential Buildings
(2019年1-12月)

(上年同月=100) (same month of preceding year=100)

项 目	Item	1月	2月	3月	4月	5月	6月
新建商品住宅	**Newly Constructed Commercial Residential Buildings**	**101.1**	**101.4**	**101.8**	**102.4**	**102.1**	**102.2**
90平方米以下	$90m^2$ and below	101.8	102.2	102.1	102.4	102.2	102.3
90-144平方米	90-$144m^2$	100.9	101.2	101.8	102.4	102.0	101.8
144平方米以上	Above $144m^2$	100.9	101.2	101.3	102.3	102.2	102.7
二手住宅	**Second-Hand Residential Buildings**	**105.6**	**105.5**	**105.4**	**104.5**	**103.5**	**102.1**
90平方米以下	$90m^2$ and below	105.9	105.2	105.1	105.2	103.4	100.8
90-144平方米	90-$144m^2$	105.2	105.5	105.3	103.5	103.4	102.3
144平方米以上	Above $144m^2$	106.1	106.4	106.6	105.2	104.2	105.7

3-33 续表 continued

(上年同月=100) (same month of preceding year=100)

项 目	Item	7月	8月	9月	10月	11月	12月
新建商品住宅	**Newly Constructed Commercial Residential Buildings**	**101.9**	**101.8**	**101.7**	**101.3**	**101.6**	**101.4**
90平方米以下	$90m^2$ and below	101.5	101.6	101.7	100.5	101.0	100.7
90-144平方米	90-$144m^2$	101.8	101.9	101.7	101.6	101.6	101.2
144平方米以上	Above $144m^2$	102.3	101.9	101.7	101.4	101.9	102.2
二手住宅	**Second-Hand Residential Buildings**	**101.9**	**100.5**	**100.5**	**100.1**	**100.4**	**100.0**
90平方米以下	$90m^2$ and below	100.5	100.1	99.0	98.3	98.2	98.1
90-144平方米	90-$144m^2$	102.7	100.4	101.6	101.8	102.4	101.9
144平方米以上	Above $144m^2$	104.0	102.5	102.3	100.8	101.6	100.9

3-34 各省(自治区、直辖市)工业生产者出厂价格指数
Producer Price Indices for Industrial Products by Region (2015-2019)

(上年=100) (preceding year=100)

地 区	Region	2015	2016	2017	2018	2019
全 国	**National**	**94.8**	**98.6**	**106.3**	**103.5**	**99.7**
北 京	Beijing	96.9	98.1	100.7	100.0	99.6
天 津	Tianjin	90.3	97.9	108.4	105.4	99.3
河 北	Hebei	89.1	99.9	115.0	106.2	100.2
山 西	Shanxi	87.7	96.8	119.4	106.7	99.7
内蒙古	Inner Mongolia	94.0	98.9	110.6	103.2	102.1
辽 宁	Liaoning	93.9	98.8	108.1	104.8	99.5
吉 林	Jilin	95.3	98.4	103.1	102.8	98.9
黑龙江	Heilongjiang	86.0	95.1	109.3	109.0	98.2
上 海	Shanghai	96.1	98.8	103.5	101.7	98.8
江 苏	Jiangsu	95.3	98.1	104.8	102.8	98.9
浙 江	Zhejiang	96.4	98.3	104.8	103.4	98.9
安 徽	Anhui	93.9	98.5	108.0	103.0	100.3
福 建	Fujian	97.0	99.1	104.1	102.8	100.6
江 西	Jiangxi	93.7	98.6	107.9	104.2	98.9
山 东	Shandong	95.2	98.5	105.5	103.7	99.7
河 南	Henan	95.4	99.0	106.8	103.6	100.2
湖 北	Hubei	96.7	99.0	105.6	104.2	100.2
湖 南	Hunan	96.3	98.9	105.8	103.2	99.6
广 东	Guangdong	96.8	99.4	103.3	101.8	100.2
广 西	Guangxi	97.0	99.1	107.6	103.2	99.3
海 南	Hainan	89.8	96.0	108.8	108.2	97.4
重 庆	Chongqing	97.2	98.6	104.1	102.1	99.8
四 川	Sichuan	96.4	98.9	106.5	103.6	100.4
贵 州	Guizhou	96.1	97.9	107.2	101.8	99.8
云 南	Yunnan	94.9	97.6	105.2	102.4	100.0
西 藏	Tibet	93.2	102.9	110.0	100.1	98.9
陕 西	Shaanxi	90.8	97.6	110.8	105.4	100.8
甘 肃	Gansu	87.0	94.9	114.5	109.5	98.3
青 海	Qinghai	93.1	98.5	116.7	104.8	98.5
宁 夏	Ningxia	93.7	99.1	112.1	107.3	99.4
新 疆	Xinjiang	82.4	94.5	113.7	111.2	98.5

3-35 各省(自治区、直辖市)工业生产者购进价格指数
Purchasing Price Indices for Industrial Producers by Region (2015-2019)

(上年=100) (preceding year=100)

地 区	Region	2015	2016	2017	2018	2019
全 国	**National**	**93.9**	**98.0**	**108.1**	**104.1**	**99.3**
北 京	Beijing	93.7	98.5	104.4	100.8	99.6
天 津	Tianjin	92.4	98.3	111.1	106.2	98.8
河 北	Hebei	90.3	98.3	114.5	104.0	102.1
山 西	Shanxi	93.1	98.1	115.2	105.5	101.1
内蒙古	Inner Mongolia	95.9	97.4	106.3	102.4	101.1
辽 宁	Liaoning	93.5	97.9	108.0	104.5	100.8
吉 林	Jilin	96.6	97.8	103.4	103.5	99.2
黑龙江	Heilongjiang	88.2	96.0	110.2	109.0	100.3
上 海	Shanghai	90.6	97.7	108.9	105.2	98.7
江 苏	Jiangsu	92.1	98.0	109.7	104.6	97.2
浙 江	Zhejiang	94.5	97.8	109.6	105.1	97.1
安 徽	Anhui	93.5	98.4	109.2	105.3	99.9
福 建	Fujian	96.1	98.0	105.3	102.8	99.0
江 西	Jiangxi	93.6	97.7	107.2	103.2	98.2
山 东	Shandong	95.0	98.0	107.3	103.6	99.2
河 南	Henan	95.4	99.2	107.3	104.0	101.2
湖 北	Hubei	92.8	98.3	108.3	104.8	99.3
湖 南	Hunan	94.5	98.0	107.2	103.5	100.2
广 东	Guangdong	95.3	98.0	105.3	102.5	99.2
广 西	Guangxi	95.7	98.3	106.5	103.4	99.5
海 南	Hainan	88.5	94.8	112.4	110.8	103.1
重 庆	Chongqing	97.1	98.4	104.4	102.5	100.1
四 川	Sichuan	96.7	98.8	108.3	105.3	100.6
贵 州	Guizhou	97.5	98.5	109.7	103.4	99.4
云 南	Yunnan	96.9	95.9	106.2	104.4	99.0
西 藏	Tibet					
陕 西	Shaanxi	95.2	95.9	106.4	104.2	100.3
甘 肃	Gansu	87.0	94.6	115.5	109.8	99.0
青 海	Qinghai	97.7	96.2	108.0	104.5	98.2
宁 夏	Ningxia	92.1	96.9	112.9	106.5	97.5
新 疆	Xinjiang	84.3	95.5	112.8	109.2	100.0

3-36 70个大中城市新建商品住宅销售价格指数
Housing Price Indices of Newly Constructed Residential Buildings in 70 Large and Medium-Sized Cities
(2019年1-12月)

(上年同月=100) (same month of preceding year=100)

地 区	City	1月	2月	3月	4月	5月	6月	7月	8月	9月	10月	11月	12月
北 京	Beijing	102.8	102.9	103.2	103.5	103.9	103.9	104.3	104.8	104.7	104.3	105.4	104.8
天 津	Tianjin	101.1	101.4	101.8	102.4	102.1	102.2	101.9	101.8	101.7	101.3	101.6	101.4
石家庄	Shijiazhuang	115.5	116.6	117.3	117.6	117.5	118.3	116.0	116.6	116.3	113.1	111.5	109.5
太 原	Taiyuan	111.7	112.6	112.4	111.6	111.2	111.2	110.0	108.9	108.3	107.7	106.4	104.6
呼和浩特	Hohhot	122.6	123.0	122.8	122.3	121.4	122.2	120.3	119.5	117.8	118.7	117.1	115.9
沈 阳	Shenyang	112.2	112.3	112.7	112.5	111.7	111.3	110.5	110.1	109.7	109.4	109.3	109.3
大 连	Dalian	112.5	113.3	113.7	113.2	112.9	112.2	112.2	111.7	110.7	110.2	108.9	108.2
长 春	Changchun	111.9	112.7	111.8	111.4	110.6	110.2	109.4	109.5	110.3	110.7	109.8	109.4
哈尔滨	Harbin	115.3	115.2	115.2	114.6	114.0	113.7	111.7	111.6	111.2	110.5	110.2	110.1
上 海	Shanghai	100.9	101.5	101.2	101.5	101.7	102.0	101.9	102.2	102.7	103.0	102.8	102.3
南 京	Nanjing	101.7	101.8	102.3	103.0	104.0	104.3	105.7	105.4	105.8	105.7	104.0	104.1
杭 州	Hangzhou	106.0	106.6	106.6	107.7	108.5	109.1	108.8	108.2	108.2	106.7	105.8	105.0
宁 波	Ningbo	106.2	106.7	107.6	107.1	107.8	108.4	108.2	107.2	107.5	107.8	107.8	108.3
合 肥	Hefei	104.8	106.0	106.7	107.4	107.4	107.7	107.8	106.9	105.7	104.8	104.1	103.9
福 州	Fuzhou	108.7	108.9	109.8	110.6	112.9	110.8	109.9	108.1	107.4	106.6	104.7	104.2
厦 门	Xiamen	99.7	100.0	100.7	101.1	100.4	101.2	102.6	103.6	103.3	102.7	102.9	103.9
南 昌	Nanchang	109.9	110.3	110.3	110.9	110.7	109.2	107.8	106.6	106.4	105.9	103.9	103.5
济 南	Jinan	115.7	116.4	117.2	118.2	118.3	114.5	111.6	108.2	106.4	104.6	102.1	100.5
青 岛	Qingdao	113.9	114.2	114.3	114.7	113.2	110.8	109.3	108.1	107.8	107.0	105.1	104.2
郑 州	Zhengzhou	110.0	109.9	110.5	110.4	108.9	107.5	106.4	105.1	104.8	103.8	102.4	101.7
武 汉	Wuhan	111.2	112.5	113.4	114.8	114.8	114.6	114.6	114.3	114.9	113.2	112.2	111.8
长 沙	Changsha	111.3	111.3	111.0	110.9	110.2	108.8	106.1	104.3	103.8	103.8	103.9	104.5
广 州	Guangzhou	109.7	111.3	111.9	113.3	112.2	110.5	110.2	109.4	109.0	108.7	108.1	104.7
深 圳	Shenzhen	99.9	100.5	100.3	100.7	101.2	101.3	100.9	100.6	102.0	102.9	103.3	103.6
南 宁	Nanning	110.0	110.4	110.8	111.5	111.6	110.1	109.7	110.3	112.2	114.1	113.9	112.7
海 口	Haikou	120.7	118.8	116.9	115.7	114.7	111.6	110.1	109.1	109.4	109.8	109.2	108.0
重 庆	Chongqing	111.8	112.2	112.1	112.2	113.3	112.1	111.7	110.3	109.7	109.0	108.4	108.1
成 都	Chengdu	113.4	114.2	114.7	115.4	113.4	113.0	113.3	112.8	112.8	112.5	111.5	110.6
贵 阳	Guiyang	119.4	120.5	120.6	120.1	120.5	120.1	119.4	117.7	115.0	110.2	107.5	106.5
昆 明	Kunming	115.7	116.2	116.2	116.8	116.5	115.7	113.5	113.2	112.3	112.5	112.4	111.1
西 安	Xi'an	123.5	124.2	124.4	123.8	124.4	125.2	125.3	122.3	116.0	115.6	114.7	114.2
兰 州	Lanzhou	111.2	110.9	110.6	110.2	110.1	109.1	109.0	107.7	106.7	105.2	105.5	104.9
西 宁	Xining	111.8	113.5	114.6	115.3	115.7	113.3	114.0	113.2	112.3	114.3	114.2	113.8
银 川	Yinchuan	109.3	109.5	109.4	109.4	109.6	109.1	108.5	108.6	109.5	110.1	111.9	112.3
乌鲁木齐	Urumqi	109.7	108.9	108.4	107.9	106.5	106.5	106.4	104.5	104.2	103.7	101.8	101.5

3-36 续表 continued

(上年同月=100) (same month of preceding year=100)

地 区	City	1月	2月	3月	4月	5月	6月	7月	8月	9月	10月	11月	12月
唐 山	Tangshan	112.9	113.2	113.3	113.2	113.8	113.9	112.7	111.7	110.8	111.3	111.9	112.9
秦皇岛	Qinhuangdao	118.4	118.7	118.8	120.1	120.3	120.3	120.0	117.6	115.5	114.1	113.6	112.2
包 头	Baotou	111.0	111.1	111.3	111.5	111.2	109.9	108.0	106.6	106.6	105.8	105.5	106.3
丹 东	Dandong	117.5	118.4	120.2	118.5	113.0	109.2	109.1	109.3	109.3	109.7	109.2	107.7
锦 州	Jinzhou	114.0	112.8	113.5	113.3	113.7	113.4	113.0	112.1	110.7	110.2	110.1	108.9
吉 林	Jilin	114.1	114.3	114.7	114.7	115.0	114.0	113.0	111.6	111.5	110.8	110.2	110.2
牡丹江	Mudanjiang	113.1	113.5	113.2	112.8	113.9	111.8	111.1	110.3	108.5	107.2	106.7	106.0
无 锡	Wuxi	106.1	106.1	107.3	107.7	109.3	110.4	109.7	106.9	108.0	108.3	107.9	108.7
扬 州	Yangzhou	113.4	113.3	113.7	113.3	113.3	113.6	111.7	112.2	112.0	111.3	110.2	111.1
徐 州	Xuzhou	118.0	118.2	117.8	117.8	117.7	118.2	116.9	114.1	114.1	112.7	111.4	111.6
温 州	Wenzhou	101.5	101.8	102.8	102.9	103.5	103.0	102.9	102.6	102.9	103.8	104.5	104.2
金 华	Jinhua	105.2	105.6	105.7	105.3	106.2	106.4	106.3	106.3	106.6	106.6	107.7	108.4
蚌 埠	Bengbu	107.9	107.6	108.2	108.8	109.3	110.2	108.6	106.8	105.3	104.8	103.6	102.7
安 庆	Anqing	109.0	108.9	110.0	110.4	111.2	110.3	109.7	107.7	106.7	104.7	103.7	102.9
泉 州	Quanzhou	101.6	101.1	101.1	101.4	101.6	101.3	101.9	101.5	101.7	102.5	102.3	103.0
九 江	Jiujiang	110.0	110.0	110.1	110.7	110.5	110.7	110.1	109.3	109.3	109.6	108.3	108.1
赣 州	Ganzhou	107.7	107.8	107.2	106.9	106.7	106.0	106.3	104.3	104.0	103.8	103.5	103.0
烟 台	Yantai	113.3	113.5	113.7	113.1	113.2	113.4	111.4	110.9	111.5	111.0	110.8	110.0
济 宁	Jining	113.2	114.1	114.3	114.4	114.7	114.5	113.4	112.8	113.4	112.1	110.8	109.8
洛 阳	Luoyang	112.1	112.7	112.4	112.7	114.1	116.7	116.1	115.9	116.2	116.4	114.7	114.0
平顶山	Pingdingshan	107.6	108.2	109.5	108.8	108.5	109.9	110.8	110.4	109.0	109.3	108.7	108.5
宜 昌	Yichang	112.8	113.0	112.7	112.9	112.5	110.6	107.8	106.0	104.4	103.7	102.7	101.3
襄 阳	Xiangyang	113.7	114.7	115.1	115.2	115.8	115.7	114.0	112.2	112.6	111.2	110.8	110.2
岳 阳	Yueyang	108.0	107.2	106.6	106.5	105.4	104.9	104.0	101.6	99.9	98.8	98.2	97.8
常 德	Changde	110.7	110.8	112.4	112.9	112.4	112.3	112.3	110.1	108.3	106.5	105.2	104.0
惠 州	Huizhou	103.5	102.9	103.0	103.0	103.2	103.2	103.2	103.1	103.0	103.0	103.2	103.9
湛 江	Zhanjiang	107.4	108.0	108.2	108.4	108.8	109.0	108.4	106.9	106.0	105.1	104.3	104.3
韶 关	Shaoguan	106.3	105.9	105.0	104.4	105.1	104.8	105.2	102.8	102.1	101.5	100.5	100.2
桂 林	Guilin	109.5	110.1	110.0	109.2	109.5	110.0	110.6	110.3	110.3	109.7	107.6	107.4
北 海	Beihai	112.5	112.8	113.2	113.6	113.4	112.8	113.1	110.8	109.9	108.9	107.8	107.6
三 亚	Sanya	114.6	113.6	113.1	112.0	109.8	107.2	103.8	104.3	104.3	104.8	104.8	105.4
泸 州	Luzhou	111.9	111.9	111.8	111.6	110.9	109.2	108.7	106.2	103.3	100.6	99.7	99.1
南 充	Nanchong	113.8	112.3	112.8	112.7	112.0	110.9	109.7	107.0	105.6	103.7	103.2	102.6
遵 义	Zunyi	113.1	113.7	113.3	113.1	112.8	112.2	111.1	110.0	109.3	107.1	104.7	104.5
大 理	Dali	120.3	121.4	121.9	121.0	122.2	122.9	122.7	121.5	120.6	118.9	116.7	115.4

3-37 70个大中城市二手住宅销售价格指数
Housing Price Indices of Second-Hand Residential Buildings in 70 Large and Medium-Sized Cities
(2019年1-12月)

(上年同月=100) (same month of preceding year=100)

地 区	City	1月	2月	3月	4月	5月	6月	7月	8月	9月	10月	11月	12月
北 京	Beijing	98.6	99.3	99.9	100.6	100.2	100.1	99.5	99.1	98.8	98.5	98.7	99.5
天 津	Tianjin	105.6	105.5	105.4	104.5	103.5	102.1	101.9	100.5	100.5	100.1	100.4	100.0
石家庄	Shijiazhuang	105.5	105.9	106.4	106.4	105.7	105.1	103.3	102.3	101.5	101.5	101.5	101.3
太 原	Taiyuan	109.2	109.8	108.2	108.2	107.9	107.6	107.6	107.0	106.5	106.0	104.5	104.0
呼和浩特	Hohhot	119.1	120.3	120.8	122.1	123.3	123.7	121.7	119.4	117.7	116.4	112.8	110.9
沈 阳	Shenyang	108.4	109.2	109.8	110.4	110.4	109.8	109.0	109.7	109.4	109.6	110.1	110.1
大 连	Dalian	107.9	108.0	108.8	109.1	109.3	108.7	108.0	107.2	106.4	106.2	105.2	105.1
长 春	Changchun	110.0	110.0	110.6	111.0	110.5	108.9	108.9	108.5	108.7	108.0	107.4	107.3
哈尔滨	Harbin	111.0	111.0	110.4	110.5	110.5	110.2	108.9	108.6	108.9	110.3	111.4	111.6
上 海	Shanghai	97.2	97.5	98.4	99.0	99.4	99.7	100.2	100.3	101.0	101.1	101.2	101.3
南 京	Nanjing	101.4	101.8	102.2	101.6	101.9	102.2	103.2	103.7	105.1	105.3	105.3	105.5
杭 州	Hangzhou	104.5	104.0	104.0	104.1	104.5	104.1	103.2	102.4	102.1	102.4	102.9	103.0
宁 波	Ningbo	104.3	104.0	103.8	103.9	104.2	104.6	105.1	105.4	105.7	106.7	107.5	107.9
合 肥	Hefei	103.6	103.7	103.8	104.2	104.4	104.0	104.8	104.2	103.5	103.1	103.0	103.3
福 州	Fuzhou	99.5	99.9	100.6	101.2	102.4	102.4	101.4	99.9	99.9	100.9	102.1	103.7
厦 门	Xiamen	95.6	96.5	98.4	100.1	100.7	101.1	102.9	103.4	103.6	104.1	104.6	106.1
南 昌	Nanchang	110.5	111.2	111.4	111.0	110.1	108.6	106.3	104.6	104.1	103.1	101.3	101.3
济 南	Jinan	111.2	111.6	111.8	111.3	110.5	109.3	106.5	102.6	101.1	99.9	98.7	98.0
青 岛	Qingdao	111.0	110.3	108.4	106.8	105.5	104.2	101.3	98.9	97.5	96.0	94.6	94.6
郑 州	Zhengzhou	101.3	101.1	101.1	101.4	101.5	100.6	99.4	98.2	97.7	97.5	97.4	96.9
武 汉	Wuhan	108.0	107.8	108.0	107.8	105.6	104.9	103.4	102.6	101.4	100.3	99.2	98.5
长 沙	Changsha	107.7	106.7	106.6	106.2	105.8	104.6	102.1	100.5	99.9	99.3	99.0	98.8
广 州	Guangzhou	102.1	101.6	100.9	100.0	98.7	98.5	98.6	98.0	97.6	97.6	97.7	98.1
深 圳	Shenzhen	103.6	102.9	102.9	103.8	103.0	102.6	102.6	101.7	103.0	104.7	106.4	107.8
南 宁	Nanning	108.0	109.5	110.1	111.7	113.0	113.0	113.4	112.2	112.6	112.1	111.6	109.8
海 口	Haikou	111.1	110.3	108.4	108.2	106.6	104.9	101.7	99.1	98.6	99.0	98.8	98.6
重 庆	Chongqing	109.5	109.7	109.4	109.3	108.6	107.8	106.8	104.6	103.1	102.4	102.5	101.7
成 都	Chengdu	106.1	106.5	106.8	106.9	106.9	106.5	105.7	103.3	102.2	101.8	101.1	100.6
贵 阳	Guiyang	112.5	112.6	112.1	111.6	111.8	110.3	108.2	105.9	102.5	100.4	99.1	97.9
昆 明	Kunming	115.1	115.4	115.3	115.0	114.1	114.0	112.0	110.9	108.9	107.8	107.8	106.3
西 安	Xi'an	114.8	114.8	114.7	113.1	112.1	111.0	110.1	107.5	104.4	102.1	100.6	100.4
兰 州	Lanzhou	109.9	109.8	110.7	110.6	111.5	111.4	111.4	110.4	109.0	108.2	107.4	107.7
西 宁	Xining	107.0	108.2	110.0	112.2	113.5	113.5	114.5	114.1	113.3	113.4	113.7	112.8
银 川	Yinchuan	105.4	105.8	106.8	106.9	107.2	107.0	106.9	107.4	106.6	107.0	107.4	107.6
乌鲁木齐	Urumqi	112.9	112.4	109.7	109.6	108.4	108.8	108.4	105.6	104.3	103.8	102.8	102.0

3-37 续表 continued

(上年同月=100) (same month of preceding year=100)

地区	City	1月	2月	3月	4月	5月	6月	7月	8月	9月	10月	11月	12月
唐　山	Tangshan	108.3	108.3	109.3	111.0	111.7	112.0	111.3	112.1	114.0	114.2	114.7	115.2
秦皇岛	Qinhuangdao	110.9	111.1	111.6	112.5	112.7	112.9	112.5	111.4	110.5	110.4	110.0	109.8
包　头	Baotou	106.0	106.7	107.3	107.6	107.7	107.9	108.3	107.0	106.8	106.0	105.8	106.0
丹　东	Dandong	107.3	108.0	108.3	107.7	107.4	107.4	107.4	107.4	107.8	108.5	109.0	109.5
锦　州	Jinzhou	107.5	107.6	107.2	107.0	106.4	105.7	106.3	106.4	105.9	105.4	104.6	102.9
吉　林	Jilin	108.6	108.8	109.7	110.1	109.8	109.2	107.8	107.1	107.4	108.4	107.4	107.9
牡丹江	Mudanjiang	105.6	106.4	106.3	106.6	106.0	105.2	104.3	102.9	101.6	100.7	100.1	100.2
无　锡	Wuxi	104.6	104.6	104.8	104.9	105.7	106.7	107.0	106.6	106.3	107.2	108.2	108.6
扬　州	Yangzhou	109.4	109.5	109.3	109.3	109.1	109.6	108.1	107.0	105.9	104.7	104.6	105.0
徐　州	Xuzhou	109.8	109.1	109.5	108.6	108.3	108.5	107.4	105.9	106.0	105.6	105.4	105.0
温　州	Wenzhou	101.0	101.4	101.5	102.1	101.9	101.9	101.6	101.8	102.5	102.7	103.7	103.5
金　华	Jinhua	104.5	103.8	103.5	103.3	102.9	103.2	102.6	101.7	101.5	101.2	101.1	101.5
蚌　埠	Bengbu	107.3	107.2	107.6	107.9	108.0	108.6	107.8	106.4	105.8	104.6	104.4	104.1
安　庆	Anqing	107.6	106.9	106.9	106.2	106.0	105.0	104.0	100.8	99.0	97.0	96.4	96.2
泉　州	Quanzhou	101.6	101.3	101.5	101.4	101.3	101.0	100.8	100.8	100.7	100.9	101.5	102.0
九　江	Jiujiang	106.8	106.8	107.1	107.6	107.8	107.7	107.3	106.2	106.5	106.8	106.3	107.0
赣　州	Ganzhou	108.5	108.4	108.7	108.9	108.6	107.7	107.2	105.8	105.3	105.0	105.3	105.6
烟　台	Yantai	111.5	111.6	112.3	112.5	112.8	112.7	111.4	109.8	108.6	107.2	106.1	104.5
济　宁	Jining	117.1	117.4	116.7	116.7	116.1	115.7	113.5	112.0	111.1	110.2	109.3	108.4
洛　阳	Luoyang	110.2	110.0	109.6	110.1	110.7	111.1	111.1	109.9	110.4	110.4	109.2	109.0
平顶山	Pingdingshan	108.6	108.8	108.8	108.6	108.5	108.9	108.2	107.2	106.6	106.7	106.8	107.3
宜　昌	Yichang	110.4	110.0	109.4	108.8	108.0	106.7	104.3	101.0	98.8	97.9	97.3	96.8
襄　阳	Xiangyang	110.0	111.0	111.8	112.1	112.5	112.8	111.4	109.3	108.1	107.9	106.5	105.4
岳　阳	Yueyang	106.4	106.1	106.0	105.6	105.6	104.8	104.6	101.6	100.0	99.0	98.4	98.5
常　德	Changde	107.9	107.8	107.9	107.3	106.7	105.6	105.3	101.9	100.3	99.5	99.2	98.5
惠　州	Huizhou	106.6	106.1	105.9	105.7	105.8	105.4	105.0	104.6	103.9	103.3	102.8	103.0
湛　江	Zhanjiang	103.6	103.4	103.4	103.1	102.6	101.8	100.8	99.5	98.6	98.3	97.8	97.4
韶　关	Shaoguan	108.2	108.2	108.4	108.2	107.6	107.1	106.9	105.9	104.0	103.3	101.4	100.9
桂　林	Guilin	106.6	106.6	107.3	107.7	108.1	107.8	107.6	107.5	106.7	106.8	105.3	104.6
北　海	Beihai	107.7	108.5	109.4	109.6	109.6	108.5	108.4	106.4	103.7	103.2	102.2	101.8
三　亚	Sanya	113.8	114.5	114.5	114.1	112.7	110.0	106.4	103.5	102.4	101.9	101.6	100.4
泸　州	Luzhou	109.8	109.7	109.3	108.5	106.8	105.7	104.2	102.6	101.2	100.3	99.5	99.9
南　充	Nanchong	109.5	108.6	107.3	106.4	105.9	105.8	104.9	102.5	101.0	100.4	99.9	100.0
遵　义	Zunyi	109.8	109.7	109.2	108.7	108.1	106.9	104.6	102.6	101.1	99.9	98.1	97.1
大　理	Dali	115.6	116.5	118.3	118.6	119.3	119.0	118.3	116.6	116.4	114.9	112.6	111.7

3-38 36个大中城市居民消费价格指数
Consumer Price Indices for 36 Major Large and Medium-sized Cities (2015-2019)

(上年=100) (preceding year=100)

城市	City	2015	2016	2017	2018	2019
平均指数	**Average Index**	**101.7**	**102.2**	**101.8**	**102.2**	**102.8**
北　京	Beijing	101.8	101.4	101.9	102.5	102.3
天　津	Tianjin	101.7	102.1	102.1	102.0	102.7
石家庄	Shijiazhuang	101.0	101.6	101.4	102.3	102.7
太　原	Taiyuan	100.4	101.2	101.8	101.8	102.7
呼和浩特	Hohhot	101.8	101.4	101.4	102.1	102.6
沈　阳	Shenyang	101.2	101.7	101.4	103.0	102.4
大　连	Dalian	101.6	101.9	102.1	103.0	102.4
长　春	Changchun	101.3	101.4	101.3	102.0	102.9
哈尔滨	Harbin	101.4	101.8	101.6	102.5	102.6
上　海	Shanghai	102.4	103.2	101.7	101.6	102.5
南　京	Nanjing	102.0	102.7	101.9	102.4	103.1
杭　州	Hangzhou	101.8	102.6	102.5	102.3	103.1
宁　波	Ningbo	101.8	102.1	101.8	102.2	103.0
合　肥	Hefei	101.6	102.6	101.4	102.0	102.9
福　州	Fuzhou	101.4	102.5	101.4	101.5	102.5
厦　门	Xiamen	101.7	101.7	102.0	101.8	103.0
南　昌	Nanchang	101.6	102.1	102.1	102.3	102.8
济　南	Jinan	101.9	102.7	102.0	102.6	103.3
青　岛	Qingdao	101.2	102.5	102.0	102.1	103.3
郑　州	Zhengzhou	101.1	102.3	101.8	102.4	103.1
武　汉	Wuhan	101.4	102.4	101.9	101.9	103.2
长　沙	Changsha	101.1	101.9	101.3	102.0	102.9
广　州	Guangzhou	101.7	102.7	102.3	102.4	103.0
深　圳	Shenzhen	102.2	102.4	101.4	102.8	103.4
南　宁	Nanning	101.9	101.4	102.3	102.5	103.4
海　口	Haikou	101.2	103.0	103.3	102.4	103.3
重　庆	Chongqing	101.3	101.8	101.0	102.0	102.7
成　都	Chengdu	101.1	102.2	102.0	101.4	102.8
贵　阳	Guiyang	102.3	101.1	101.0	101.7	102.7
昆　明	Kunming	102.4	101.7	100.5	101.7	102.3
拉　萨	Lhasa	102.2	102.6	101.4	101.1	102.2
西　安	Xi'an	100.7	100.9	102.0	101.9	102.7
兰　州	Lanzhou	101.3	100.8	101.5	101.7	102.2
西　宁	Xining	102.5	102.1	101.8	102.7	102.5
银　川	Yinchuan	101.6	101.7	101.7	102.2	102.2
乌鲁木齐	Urumqi	100.7	101.5	102.8	102.2	102.0

3-39 36个大中城市商品零售价格指数
Retail Price Indices for 36 Major Large and Medium-sized Cities (2015-2019)

(上年=100) (preceding year=100)

城市	City	2015	2016	2017	2018	2019
平均指数	**Average Index**	**99.8**	**100.7**	**100.9**	**101.7**	**101.6**
北京	Beijing	98.5	98.1	99.2	101.1	100.5
天津	Tianjin	100.3	100.5	100.8	101.6	101.7
石家庄	Shijiazhuang	100.2	101.7	100.9	101.9	101.6
太原	Taiyuan	98.6	100.8	101.7	101.7	101.5
呼和浩特	Hohhot	99.5	101.1	101.2	101.6	101.3
沈阳	Shenyang	100.0	100.6	101.0	101.7	101.4
大连	Dalian	99.5	102.0	101.5	101.5	102.1
长春	Changchun	99.1	101.2	101.2	102.9	102.2
哈尔滨	Harbin	100.2	101.6	99.7	100.7	102.2
上海	Shanghai	101.1	100.8	100.9	101.6	100.4
南京	Nanjing	100.6	100.5	101.6	102.8	102.1
杭州	Hangzhou	100.2	101.5	101.0	102.0	103.1
宁波	Ningbo	100.4	101.8	101.1	102.1	102.3
合肥	Hefei	99.5	100.8	102.3	101.7	101.6
福州	Fuzhou	99.4	100.7	100.3	101.5	101.8
厦门	Xiamen	100.0	100.0	100.8	101.8	102.5
南昌	Nanchang	100.5	100.4	101.0	100.8	101.3
济南	Jinan	100.3	100.8	101.0	102.6	102.5
青岛	Qingdao	100.0	102.0	100.8	101.8	102.4
郑州	Zhengzhou	99.0	100.2	101.7	103.6	103.0
武汉	Wuhan	100.0	101.3	100.1	101.4	102.5
长沙	Changsha	99.6	100.9	101.4	102.5	102.2
广州	Guangzhou	99.1	101.2	102.0	102.2	100.6
深圳	Shenzhen	99.7	100.3	101.5	102.0	101.3
南宁	Nanning	100.4	99.8	100.9	101.1	103.1
海口	Haikou	100.2	100.9	101.7	102.4	102.4
重庆	Chongqing	100.2	101.3	100.8	101.2	101.6
成都	Chengdu	99.5	100.8	99.4	100.7	101.9
贵阳	Guiyang	99.7	99.5	101.4	102.3	102.3
昆明	Kunming	100.7	100.8	101.3	101.1	101.5
拉萨	Lhasa	101.5	102.4	101.2	101.1	102.3
西安	Xi'an	99.7	100.1	101.7	102.2	102.1
兰州	Lanzhou	100.6	100.7	101.8	101.7	102.0
西宁	Xining	100.2	100.6	101.4	102.0	101.9
银川	Yinchuan	100.2	100.8	101.5	102.7	101.1
乌鲁木齐	Urumqi	99.4	100.6	100.7	100.5	101.2

3-40 36个大中城市居民消费价格分类指数(环比)
Consumer Price Indices by Category for 36 Major Large and Medium-sized Cities (2019年1月)

(上月=100) (preceding month=100)

地区	City	居民消费价格指数 Consumer Price Index	食品烟酒 Food, Tobacco and Liquor	粮食 Grain	鲜菜 Fresh Vegetables	畜肉 Meat	水产品 Aquatic Products	蛋 Eggs	鲜果 Fresh Fruits
平均指数	**Average Index**	**100.5**	**101.2**	**100.0**	**108.9**	**100.0**	**102.6**	**99.8**	**103.0**
北京	Beijing	100.3	101.4	99.4	115.4	100.1	101.3	100.1	103.3
天津	Tianjin	100.8	101.6	100.5	112.1	100.6	102.3	100.3	106.0
石家庄	Shijiazhuang	100.8	101.7	103.4	118.3	101.5	98.2	100.9	99.5
太原	Taiyuan	100.0	100.7	99.3	112.3	99.5	100.4	100.8	96.7
呼和浩特	Hohhot	100.4	101.2	100.0	103.0	101.6	100.8	102.1	105.8
沈阳	Shenyang	100.4	100.8	100.0	110.3	97.6	100.8	100.6	101.3
大连	Dalian	100.7	101.8	99.8	110.5	98.6	106.1	99.8	103.3
长春	Changchun	100.4	101.0	100.5	110.8	98.6	100.0	99.9	103.4
哈尔滨	Harbin	100.5	101.0	101.1	107.2	99.7	101.0	99.5	102.0
上海	Shanghai	100.5	101.3	99.8	107.4	100.6	104.7	97.5	104.7
南京	Nanjing	100.5	101.2	101.1	114.4	99.7	100.8	100.1	100.0
杭州	Hangzhou	100.4	101.2	101.3	107.3	97.5	101.3	99.5	105.0
宁波	Ningbo	100.7	101.6	99.3	109.6	100.7	105.5	99.6	98.3
合肥	Hefei	100.5	101.6	100.0	118.4	99.5	102.9	100.1	96.9
福州	Fuzhou	100.8	101.6	100.3	109.6	100.7	106.8	99.7	102.5
厦门	Xiamen	100.8	101.7	101.4	105.1	102.9	104.5	100.0	103.8
南昌	Nanchang	100.2	101.5	100.4	109.8	100.7	101.1	100.7	104.3
济南	Jinan	100.6	102.0	99.4	116.2	103.5	103.1	100.6	98.0
青岛	Qingdao	101.1	102.6	100.0	113.5	100.9	103.7	101.1	110.3
郑州	Zhengzhou	100.5	101.4	100.3	105.8	101.9	103.6	100.8	106.3
武汉	Wuhan	100.6	101.4	100.0	112.6	100.1	101.4	100.1	100.5
长沙	Changsha	100.3	100.6	100.1	103.4	99.6	100.2	99.6	100.8
广州	Guangzhou	100.9	101.2	98.8	106.4	99.0	101.0	99.6	102.3
深圳	Shenzhen	100.4	100.6	99.2	104.6	98.6	102.2	99.7	101.1
南宁	Nanning	100.3	101.6	97.4	108.1	100.0	101.5	100.1	113.7
海口	Haikou	100.8	101.3	99.2	107.3	100.2	102.7	100.1	102.4
重庆	Chongqing	100.3	100.5	100.5	105.3	99.1	101.1	100.4	107.8
成都	Chengdu	100.2	100.4	100.8	103.2	100.7	99.7	99.9	97.8
贵阳	Guiyang	100.7	101.3	99.8	103.0	103.9	102.5	101.2	104.7
昆明	Kunming	99.9	100.6	99.9	102.6	100.6	98.2	100.9	100.8
拉萨	Lasa	100.6	101.4	100.0	105.8	99.6	103.8	99.6	102.5
西安	Xi'an	100.5	100.6	100.2	111.5	100.5	99.4	99.9	97.6
兰州	Lanzhou	100.3	100.8	100.0	108.6	100.1	100.1	100.3	100.2
西宁	Xining	100.4	101.0	99.7	109.7	99.6	100.5	100.4	103.1
银川	Yinchuan	100.8	101.7	100.4	110.5	100.0	100.1	99.3	106.2
乌鲁木齐	Urumqi	100.7	101.7	99.1	108.2	102.2	102.2	99.7	107.9

3-40 续表 continued

(上月=100) (preceding month=100)

地区	City	衣着 Clothing	居住 Residence	生活用品及服务 Household Facilities, Articles and Services	交通通信 Transport and Communications	教育文化娱乐 Education, Cultural and Recreation	医疗保健 Health Care and Medical Services	其他用品及服务 Miscellaneous Goods and Services
平均指数	**Average Index**	**99.7**	**99.8**	**100.3**	**100.0**	**101.3**	**100.3**	**101.1**
北京	Beijing	98.6	99.7	100.0	100.4	100.7	100.1	100.4
天津	Tianjin	100.3	100.5	99.6	99.6	101.9	99.9	101.7
石家庄	Shijiazhuang	98.9	100.1	99.2	99.7	104.2	100.4	101.6
太原	Taiyuan	96.8	99.8	100.6	100.2	101.0	100.0	100.9
呼和浩特	Hohhot	100.0	100.0	100.5	99.2	100.6	100.4	100.8
沈阳	Shenyang	99.9	100.1	100.6	99.7	101.2	100.1	100.7
大连	Dalian	98.6	99.6	100.1	99.9	102.4	100.5	100.9
长春	Changchun	99.8	100.1	100.0	99.3	101.8	100.1	101.5
哈尔滨	Harbin	99.9	99.8	100.1	100.7	101.6	100.1	100.7
上海	Shanghai	100.0	100.0	100.2	100.0	101.6	99.6	100.8
南京	Nanjing	100.3	100.1	100.4	99.5	101.2	100.0	101.6
杭州	Hangzhou	99.8	99.4	101.3	99.7	100.9	101.4	101.6
宁波	Ningbo	99.9	99.9	100.1	99.8	100.9	100.1	103.8
合肥	Hefei	98.0	100.0	100.3	99.6	101.2	99.9	102.0
福州	Fuzhou	100.4	99.8	100.9	99.8	101.8	100.0	101.9
厦门	Xiamen	103.7	99.4	100.8	100.0	100.8	100.0	100.9
南昌	Nanchang	97.5	99.7	100.1	99.4	100.3	100.2	100.8
济南	Jinan	99.5	99.2	100.1	99.7	101.8	100.2	100.8
青岛	Qingdao	99.2	99.8	100.8	100.7	101.2	100.2	103.1
郑州	Zhengzhou	100.3	100.1	99.7	99.3	100.8	100.0	101.3
武汉	Wuhan	100.3	100.0	100.9	100.4	100.1	100.0	101.0
长沙	Changsha	100.4	99.9	100.5	99.4	100.9	100.0	101.2
广州	Guangzhou	100.5	99.3	100.9	101.4	101.7	103.6	101.5
深圳	Shenzhen	99.5	99.5	100.6	100.7	101.6	101.3	100.8
南宁	Nanning	99.4	99.6	99.8	99.3	100.0	99.9	101.8
海口	Haikou	99.8	100.2	101.4	100.8	101.0	100.6	101.5
重庆	Chongqing	99.4	100.4	100.0	99.3	101.2	99.8	100.2
成都	Chengdu	100.0	99.4	100.4	98.9	102.3	100.5	100.5
贵阳	Guiyang	99.8	100.0	100.5	99.9	102.7	100.0	100.1
昆明	Kunming	100.0	100.0	100.3	98.7	98.4	100.0	101.2
拉萨	Lasa	100.4	99.9	100.7	100.7	100.0	100.0	100.2
西安	Xi'an	100.0	99.8	100.3	100.1	102.5	99.8	102.0
兰州	Lanzhou	100.0	100.1	100.0	99.7	100.1	100.0	100.1
西宁	Xining	98.6	100.0	100.2	101.3	100.5	100.3	100.6
银川	Yinchuan	99.0	100.0	100.5	99.6	102.1	102.1	99.6
乌鲁木齐	Urumqi	100.3	99.6	101.5	99.5	101.1	100.4	100.3

3-41 36个大中城市居民消费价格分类指数(环比)
Consumer Price Indices by Category for 36 Major Large and Medium-sized Cities
(2019年2月)

(上月=100) (preceding month=100)

地区	City	居民消费价格指数 Consumer Price Index	食品烟酒 Food, Tobacco and Liquor	粮食 Grain	鲜菜 Fresh Vegetables	畜肉 Meat	水产品 Aquatic Products	蛋 Eggs	鲜果 Fresh Fruits
平均指数	**Average Index**	**101.2**	**102.6**	**100.2**	**117.2**	**100.7**	**104.4**	**96.5**	**106.5**
北京	Beijing	101.0	102.6	100.1	123.2	100.3	101.8	95.4	107.5
天津	Tianjin	101.2	102.6	100.2	122.8	100.3	104.0	93.4	104.9
石家庄	Shijiazhuang	101.4	103.3	98.0	128.0	100.4	101.6	95.8	110.2
太原	Taiyuan	101.1	102.7	100.6	125.3	102.0	100.8	92.0	101.2
呼和浩特	Hohhot	101.1	101.8	100.0	114.6	99.1	101.4	97.1	105.4
沈阳	Shenyang	101.4	102.9	100.0	112.3	103.4	102.5	95.1	110.0
大连	Dalian	101.3	103.1	100.9	119.7	100.4	106.0	95.2	107.5
长春	Changchun	101.0	102.6	100.5	115.1	102.7	101.6	94.4	105.3
哈尔滨	Harbin	101.2	103.0	100.0	120.6	103.4	100.4	95.6	106.6
上海	Shanghai	101.6	102.9	100.6	117.5	100.0	104.6	99.9	111.4
南京	Nanjing	101.4	103.3	99.8	128.5	101.2	103.1	95.1	104.0
杭州	Hangzhou	101.3	103.2	100.6	118.8	102.5	109.5	99.0	107.9
宁波	Ningbo	101.7	102.8	101.6	116.2	102.7	103.3	99.0	107.3
合肥	Hefei	101.7	104.0	98.5	130.0	104.2	102.8	93.8	104.1
福州	Fuzhou	100.5	102.4	100.4	109.0	99.4	111.6	93.9	103.2
厦门	Xiamen	100.8	101.6	100.3	106.7	97.2	107.9	96.8	103.5
南昌	Nanchang	101.0	102.8	100.2	119.2	102.9	102.8	98.4	104.0
济南	Jinan	101.1	103.2	101.6	125.0	102.6	101.9	93.4	107.4
青岛	Qingdao	101.6	103.8	99.3	124.9	100.8	107.3	93.9	106.5
郑州	Zhengzhou	100.8	101.7	100.0	114.3	101.1	102.7	95.0	107.0
武汉	Wuhan	101.5	104.3	100.2	127.5	103.0	105.3	100.5	104.1
长沙	Changsha	101.0	101.9	100.0	113.8	100.6	102.4	99.0	101.7
广州	Guangzhou	101.2	103.1	100.4	112.2	102.6	103.5	94.6	108.7
深圳	Shenzhen	101.3	103.4	101.0	112.6	104.2	105.0	98.5	103.5
南宁	Nanning	100.9	101.6	99.7	104.7	101.9	105.1	97.3	105.5
海口	Haikou	101.0	101.5	102.5	96.8	100.9	106.4	100.3	103.8
重庆	Chongqing	100.7	101.0	99.1	111.5	99.0	102.3	96.6	100.4
成都	Chengdu	100.5	99.8	99.1	108.8	93.7	103.1	98.5	101.1
贵阳	Guiyang	100.9	100.7	100.0	108.4	97.9	106.3	96.6	102.3
昆明	Kunming	100.6	101.3	100.0	108.2	98.5	104.1	98.6	105.5
拉萨	Lasa	100.7	100.4	100.2	102.2	99.8	100.6	100.0	99.6
西安	Xi'an	100.7	102.0	100.0	119.1	99.9	102.3	92.4	102.3
兰州	Lanzhou	100.7	101.7	100.0	113.5	100.3	100.5	98.8	103.0
西宁	Xining	100.2	100.8	99.6	113.4	96.2	101.0	95.0	102.3
银川	Yinchuan	100.6	101.9	98.9	115.0	100.5	100.9	99.4	107.8
乌鲁木齐	Urumqi	101.6	103.7	100.2	122.9	103.9	101.9	98.2	103.6

3–41 续表 continued

(上月=100) (preceding month=100)

地区	City	衣着 Clothing	居住 Residence	生活用品及服务 Household Facilities, Articles and Services	交通通信 Transport and Communications	教育文化娱乐 Education, Cultural and Recreation	医疗保健 Health Care and Medical Services	其他用品及服务 Miscellaneous Goods and Services
平均指数	**Average Index**	**100.2**	**100.2**	**100.1**	**100.8**	**102.0**	**100.2**	**100.3**
北京	Beijing	100.8	100.9	98.6	99.8	101.4	100.0	99.4
天津	Tianjin	99.9	100.6	100.2	100.5	102.4	100.0	100.4
石家庄	Shijiazhuang	102.3	100.0	101.2	100.6	99.6	100.9	99.6
太原	Taiyuan	98.3	100.3	99.8	101.2	102.7	100.0	99.5
呼和浩特	Hohhot	100.1	100.0	100.0	101.4	103.6	100.0	99.5
沈阳	Shenyang	99.8	100.3	100.8	101.9	102.3	100.0	100.6
大连	Dalian	100.3	99.9	100.4	101.2	101.9	99.8	99.7
长春	Changchun	99.4	100.0	100.3	101.0	101.1	100.2	100.0
哈尔滨	Harbin	101.3	100.0	100.0	100.6	100.6	100.3	100.6
上海	Shanghai	101.6	100.0	100.4	101.4	103.9	100.4	101.1
南京	Nanjing	99.9	100.0	99.9	101.0	103.0	100.0	101.2
杭州	Hangzhou	99.4	100.3	100.6	101.0	101.0	101.6	99.9
宁波	Ningbo	102.9	100.3	100.7	101.3	102.9	100.4	100.2
合肥	Hefei	99.3	100.3	100.1	100.9	103.5	100.2	99.5
福州	Fuzhou	100.8	100.0	99.7	100.7	96.9	100.5	100.0
厦门	Xiamen	98.1	100.0	99.7	100.9	102.6	100.0	101.3
南昌	Nanchang	99.0	100.1	100.1	100.7	101.0	100.0	100.2
济南	Jinan	99.6	99.6	99.7	100.7	102.7	99.3	100.0
青岛	Qingdao	99.5	100.1	100.1	100.6	103.3	99.8	100.6
郑州	Zhengzhou	100.1	99.9	99.8	100.9	101.7	100.0	99.5
武汉	Wuhan	100.2	100.0	99.7	101.4	100.3	100.1	99.3
长沙	Changsha	100.0	100.8	100.1	101.1	100.8	100.6	100.0
广州	Guangzhou	99.6	100.1	100.1	99.1	102.7	100.0	99.7
深圳	Shenzhen	98.8	100.1	101.8	100.2	101.5	100.0	99.9
南宁	Nanning	100.2	100.2	100.3	101.6	101.5	100.1	99.9
海口	Haikou	98.2	99.8	98.6	103.5	102.5	100.0	101.4
重庆	Chongqing	100.0	100.0	100.2	101.9	101.7	100.0	100.6
成都	Chengdu	98.5	100.2	100.3	101.7	102.6	101.0	101.3
贵阳	Guiyang	99.8	100.5	99.6	102.5	103.3	99.8	99.8
昆明	Kunming	99.9	100.0	99.9	101.1	101.0	100.0	100.0
拉萨	Lasa	105.4	100.0	100.0	99.1	100.0	102.2	100.1
西安	Xi'an	98.9	100.5	99.6	100.3	100.1	100.3	100.2
兰州	Lanzhou	100.0	100.1	100.3	101.6	100.1	100.3	99.5
西宁	Xining	99.8	99.7	99.3	101.5	100.2	99.7	99.5
银川	Yinchuan	98.5	100.1	99.8	101.5	100.4	100.0	98.6
乌鲁木齐	Urumqi	101.7	99.9	100.3	102.0	100.1	100.1	99.7

3–42 36个大中城市居民消费价格分类指数(环比)
Consumer Price Indices by Category for 36 Major Large and Medium-sized Cities
(2019年3月)

(上月=100) (preceding month=100)

地区	City	居民消费价格指数 Consumer Price Index	食品烟酒 Food, Tobacco and Liquor	粮食 Grain	鲜菜 Fresh Vegetables	畜肉 Meat	水产品 Aquatic Products	蛋 Eggs	鲜果 Fresh Fruits
平均指数	**Average Index**	**99.5**	**99.2**	**99.9**	**96.3**	**99.2**	**96.3**	**95.5**	**100.7**
北京	Beijing	99.6	99.2	99.3	92.6	100.4	97.5	95.3	101.0
天津	Tianjin	99.6	99.0	100.6	92.7	100.1	98.0	92.3	100.5
石家庄	Shijiazhuang	99.6	99.0	101.7	92.2	101.6	92.1	94.5	99.7
太原	Taiyuan	100.2	98.8	99.7	91.0	102.3	98.3	86.5	97.9
呼和浩特	Hohhot	99.6	99.3	100.0	98.0	98.0	99.0	93.7	100.2
沈阳	Shenyang	99.8	99.6	100.0	96.9	101.5	98.0	97.2	98.8
大连	Dalian	99.0	98.0	100.1	88.0	102.7	92.4	96.8	98.1
长春	Changchun	99.6	99.9	100.1	96.0	101.5	98.1	94.6	100.1
哈尔滨	Harbin	99.4	99.4	99.4	93.3	101.5	101.0	97.3	99.9
上海	Shanghai	99.5	99.8	100.0	96.5	100.7	95.4	98.0	102.6
南京	Nanjing	99.4	99.0	100.3	88.9	100.6	98.1	95.3	102.9
杭州	Hangzhou	99.8	99.2	98.0	95.7	98.3	98.3	96.7	102.9
宁波	Ningbo	99.5	98.8	100.2	95.8	96.0	95.9	96.4	101.6
合肥	Hefei	99.8	99.1	98.5	92.6	100.4	97.8	90.4	105.2
福州	Fuzhou	99.8	99.1	99.5	99.7	99.2	94.3	93.2	103.2
厦门	Xiamen	99.7	99.8	100.0	110.1	98.8	93.7	94.7	101.9
南昌	Nanchang	99.9	99.3	99.9	100.3	98.5	95.8	96.1	100.0
济南	Jinan	99.7	98.9	98.8	85.7	104.6	98.9	94.9	98.9
青岛	Qingdao	99.3	98.6	100.2	88.5	104.1	97.0	96.8	99.8
郑州	Zhengzhou	100.0	99.7	99.7	98.1	102.6	96.2	92.7	96.4
武汉	Wuhan	99.4	98.0	100.0	88.6	99.1	93.4	96.4	103.7
长沙	Changsha	99.7	99.6	100.0	98.4	100.4	98.6	96.3	99.0
广州	Guangzhou	99.3	99.0	100.1	104.3	97.8	96.9	90.8	98.5
深圳	Shenzhen	99.2	98.2	99.7	100.2	95.1	94.7	98.5	99.8
南宁	Nanning	99.8	100.4	99.9	105.8	98.5	95.9	96.4	101.7
海口	Haikou	98.7	98.6	99.9	100.2	94.7	95.4	96.9	102.0
重庆	Chongqing	99.4	99.6	98.5	100.9	97.5	97.7	97.8	99.5
成都	Chengdu	99.4	99.7	103.0	102.6	96.0	96.8	97.5	101.5
贵阳	Guiyang	99.0	98.9	99.8	98.0	93.5	94.8	95.4	97.9
昆明	Kunming	99.6	99.2	100.0	98.9	97.3	94.8	95.6	102.7
拉萨	Lasa	99.9	99.8	100.0	99.1	99.4	100.0	100.0	97.0
西安	Xi'an	99.8	99.4	99.6	97.2	101.6	95.9	86.9	97.0
兰州	Lanzhou	100.2	100.5	100.0	103.6	99.1	99.9	94.1	101.5
西宁	Xining	99.9	99.3	100.7	96.5	99.7	97.4	93.9	96.9
银川	Yinchuan	99.3	99.8	99.9	99.6	99.5	99.3	96.4	98.0
乌鲁木齐	Urumqi	99.6	99.3	100.3	95.3	97.7	98.5	96.7	100.5

3-42 续表 continued

(上月=100) (preceding month=100)

地 区	City	衣着 Clothing	居住 Residence	生活用品及服务 Household Facilities, Articles and Services	交通通信 Transport and Communications	教育文化娱乐 Education, Cultural and Recreation	医疗保健 Health Care and Medical Services	其他用品及服务 Miscellaneous Goods and Services
平均指数	**Average Index**	**100.8**	**100.3**	**99.4**	**99.7**	**97.5**	**100.1**	**99.7**
北 京	Beijing	100.4	100.3	99.4	100.3	97.3	99.9	100.0
天 津	Tianjin	100.7	100.1	100.5	100.4	97.5	100.2	100.1
石家庄	Shijiazhuang	100.7	100.2	99.4	100.0	98.1	100.0	99.3
太 原	Taiyuan	106.3	101.6	99.9	99.9	96.9	100.0	99.9
呼和浩特	Hohhot	100.3	100.0	100.0	100.5	97.7	100.0	99.8
沈 阳	Shenyang	101.2	100.1	99.3	98.9	99.8	100.0	100.1
大 连	Dalian	100.6	99.9	100.1	99.6	96.6	100.2	99.8
长 春	Changchun	99.7	100.0	100.5	99.4	97.1	100.0	100.2
哈尔滨	Harbin	102.3	99.9	98.6	98.5	97.3	100.0	99.9
上 海	Shanghai	100.9	100.6	98.4	99.3	94.9	99.9	100.1
南 京	Nanjing	100.1	100.3	100.4	100.3	96.8	100.0	99.7
杭 州	Hangzhou	100.7	100.6	99.7	100.0	98.9	100.0	99.5
宁 波	Ningbo	101.8	100.3	100.0	99.9	98.0	100.1	97.5
合 肥	Hefei	104.8	99.9	99.5	100.1	98.1	100.1	100.2
福 州	Fuzhou	99.4	100.0	100.6	100.2	100.9	100.0	99.2
厦 门	Xiamen	100.1	100.6	99.8	99.4	97.2	100.1	98.8
南 昌	Nanchang	100.9	100.2	99.8	100.2	99.0	101.6	100.6
济 南	Jinan	100.3	100.5	100.1	100.3	98.4	100.9	99.8
青 岛	Qingdao	100.2	100.3	99.1	99.9	97.2	100.0	99.1
郑 州	Zhengzhou	100.2	100.7	100.2	100.1	98.8	100.1	101.0
武 汉	Wuhan	100.2	100.2	100.1	99.4	99.7	100.0	99.8
长 沙	Changsha	100.0	100.1	99.6	99.4	99.4	99.9	100.0
广 州	Guangzhou	101.5	100.2	99.4	99.9	96.6	100.1	99.7
深 圳	Shenzhen	101.4	100.7	97.6	99.4	97.6	100.1	99.6
南 宁	Nanning	100.1	99.6	99.3	99.8	99.0	100.0	99.7
海 口	Haikou	99.1	99.3	98.9	97.7	97.8	100.1	99.4
重 庆	Chongqing	100.1	99.9	99.2	99.0	97.4	100.1	99.2
成 都	Chengdu	99.7	99.9	99.4	100.0	96.7	100.1	99.8
贵 阳	Guiyang	99.2	100.0	99.1	99.0	97.0	100.2	100.3
昆 明	Kunming	98.8	100.0	99.8	100.0	99.8	100.0	100.1
拉 萨	Lasa	100.0	100.0	99.4	100.7	100.0	99.7	99.7
西 安	Xi'an	103.1	100.2	99.2	99.6	98.8	100.1	99.5
兰 州	Lanzhou	100.8	100.2	100.2	99.0	100.2	100.9	100.1
西 宁	Xining	100.4	101.6	100.7	98.8	98.6	100.3	100.6
银 川	Yinchuan	98.0	99.3	98.9	99.0	98.1	99.9	101.4
乌鲁木齐	Urumqi	99.2	100.3	99.8	99.4	99.4	100.0	99.9

3-43 36个大中城市居民消费价格分类指数(环比)
Consumer Price Indices by Category for 36 Major Large and Medium-sized Cities
(2019年4月)

(上月=100) (preceding month=100)

地区	City	居民消费价格指数 Consumer Price Index	食品烟酒 Food, Tobacco and Liquor	粮食 Grain	鲜菜 Fresh Vegetables	畜肉 Meat	水产品 Aquatic Products	蛋 Eggs	鲜果 Fresh Fruits
平均指数	**Average Index**	**100.1**	**99.8**	**100.1**	**95.0**	**100.5**	**100.9**	**102.4**	**101.5**
北京	Beijing	100.2	99.4	100.7	88.5	101.2	99.0	104.0	102.9
天津	Tianjin	100.2	99.5	99.0	92.5	100.8	99.7	108.8	101.0
石家庄	Shijiazhuang	99.9	99.1	99.8	85.7	103.2	101.5	104.6	100.8
太原	Taiyuan	99.8	100.1	99.4	94.2	102.3	99.2	110.0	102.9
呼和浩特	Hohhot	99.6	99.4	100.1	91.0	100.0	98.8	104.8	102.4
沈阳	Shenyang	99.8	99.6	100.0	90.8	101.8	103.0	103.9	100.7
大连	Dalian	100.0	99.4	99.9	87.2	101.7	101.6	104.3	100.9
长春	Changchun	100.2	100.3	99.8	88.5	101.8	99.7	103.3	111.4
哈尔滨	Harbin	99.8	99.7	100.0	88.2	105.1	99.6	101.4	99.6
上海	Shanghai	100.2	100.0	99.1	96.2	100.3	102.3	100.5	98.2
南京	Nanjing	100.3	100.2	101.5	96.5	100.7	101.0	101.5	103.6
杭州	Hangzhou	100.4	99.8	99.5	95.4	100.0	102.1	102.2	97.0
宁波	Ningbo	100.0	99.7	99.1	96.3	100.0	100.5	99.8	99.9
合肥	Hefei	99.8	99.2	101.7	88.9	100.8	101.5	102.9	105.3
福州	Fuzhou	99.9	99.6	98.8	99.1	98.1	97.7	100.1	104.0
厦门	Xiamen	100.4	100.0	99.5	95.1	101.5	100.6	100.1	103.6
南昌	Nanchang	100.4	101.0	100.1	103.4	101.0	99.5	100.5	108.5
济南	Jinan	99.7	99.5	100.0	89.4	99.2	99.1	104.6	106.9
青岛	Qingdao	99.9	99.1	99.5	86.1	101.1	101.7	104.4	102.8
郑州	Zhengzhou	100.3	100.1	99.8	93.7	101.2	102.0	104.8	103.1
武汉	Wuhan	100.0	99.6	100.2	93.9	99.9	100.6	99.4	104.8
长沙	Changsha	100.4	101.1	100.0	105.9	100.7	101.2	99.4	103.3
广州	Guangzhou	100.0	100.2	102.0	98.3	99.2	101.5	103.3	101.3
深圳	Shenzhen	100.1	100.1	101.8	98.2	100.0	100.2	99.9	100.5
南宁	Nanning	100.4	100.5	101.5	96.6	100.0	101.9	99.6	107.4
海口	Haikou	99.8	99.8	99.7	96.5	100.1	99.3	98.8	103.6
重庆	Chongqing	100.3	100.3	100.4	103.0	101.4	100.1	99.1	101.3
成都	Chengdu	100.0	100.1	99.1	102.1	98.1	99.4	100.2	107.5
贵阳	Guiyang	100.0	100.3	100.0	101.6	98.9	100.7	100.6	105.7
昆明	Kunming	100.1	100.6	100.0	103.8	100.0	101.4	98.4	100.8
拉萨	Lasa	99.9	99.6	100.0	97.4	100.0	100.0	100.0	97.4
西安	Xi'an	100.1	99.6	99.9	92.8	101.1	99.9	113.8	100.3
兰州	Lanzhou	99.9	99.6	100.0	90.9	100.3	99.9	100.5	103.9
西宁	Xining	99.9	99.8	100.4	97.0	100.4	100.3	104.4	97.2
银川	Yinchuan	99.3	98.3	99.5	86.9	98.3	99.5	99.6	102.5
乌鲁木齐	Urumqi	99.8	99.1	99.7	88.4	100.8	97.3	101.2	102.7

3-43 续表 continued

(上月=100) (preceding month=100)

地 区	City	衣着 Clothing	居住 Residence	生活用品及服务 Household Facilities, Articles and Services	交通通信 Transport and Communications	教育文化娱乐 Education, Cultural and Recreation	医疗保健 Health Care and Medical Services	其他用品及服务 Miscellaneous Goods and Services
平均指数	**Average Index**	**100.2**	**100.1**	**100.1**	**100.2**	**100.6**	**100.0**	**100.5**
北 京	Beijing	100.2	100.1	100.3	101.2	101.1	99.7	100.9
天 津	Tianjin	100.2	100.7	99.5	100.3	101.6	99.8	100.1
石家庄	Shijiazhuang	98.7	100.5	99.5	99.6	101.6	100.6	100.7
太 原	Taiyuan	96.1	99.6	100.4	101.1	100.3	100.0	100.4
呼和浩特	Hohhot	100.2	100.0	99.9	99.8	98.7	100.0	100.0
沈 阳	Shenyang	100.0	99.9	100.0	100.0	99.8	100.0	100.0
大 连	Dalian	99.8	100.2	100.2	100.4	100.2	100.2	101.3
长 春	Changchun	101.4	100.1	100.0	99.7	100.4	100.0	100.4
哈尔滨	Harbin	99.4	98.9	100.5	100.2	100.2	101.1	100.0
上 海	Shanghai	100.7	100.4	100.9	99.1	100.8	99.4	100.0
南 京	Nanjing	100.3	100.1	99.7	99.8	101.6	100.0	101.6
杭 州	Hangzhou	101.5	100.0	100.3	100.6	102.3	100.0	100.2
宁 波	Ningbo	98.3	100.3	99.7	100.5	100.2	100.5	99.9
合 肥	Hefei	99.1	100.0	100.2	99.7	100.5	100.0	101.3
福 州	Fuzhou	99.9	100.1	99.4	100.0	100.4	100.1	100.7
厦 门	Xiamen	103.0	100.2	100.1	101.1	100.4	99.9	100.2
南 昌	Nanchang	100.8	100.2	99.8	99.6	100.2	100.0	99.7
济 南	Jinan	100.4	100.0	99.6	99.9	99.0	100.0	100.9
青 岛	Qingdao	101.1	99.9	100.4	99.7	100.8	100.0	101.6
郑 州	Zhengzhou	100.4	100.7	100.6	100.0	100.1	100.0	100.0
武 汉	Wuhan	100.4	100.2	99.6	100.0	100.2	100.0	101.0
长 沙	Changsha	100.1	99.7	99.8	100.2	100.9	100.2	100.2
广 州	Guangzhou	99.7	99.4	100.0	100.4	99.9	100.1	101.0
深 圳	Shenzhen	99.6	100.0	100.1	100.7	100.2	100.2	100.3
南 宁	Nanning	101.8	100.1	99.7	100.4	99.8	100.0	100.2
海 口	Haikou	98.8	99.9	100.3	100.1	100.0	100.1	98.5
重 庆	Chongqing	100.0	99.8	100.0	100.6	100.9	100.5	100.5
成 都	Chengdu	100.3	100.0	100.0	99.5	100.3	100.5	99.4
贵 阳	Guiyang	99.9	99.4	100.0	99.5	100.3	100.9	100.2
昆 明	Kunming	99.1	100.0	99.5	100.0	100.1	100.1	99.8
拉 萨	Lasa	100.0	100.0	100.0	100.0	100.0	99.9	100.0
西 安	Xi'an	102.2	99.8	100.7	100.0	100.2	99.8	101.9
兰 州	Lanzhou	99.4	100.3	100.1	100.1	99.9	100.0	102.0
西 宁	Xining	99.8	99.9	100.4	99.3	100.4	100.2	100.2
银 川	Yinchuan	98.5	99.9	100.6	99.6	99.8	100.3	100.9
乌鲁木齐	Urumqi	100.1	100.3	100.0	99.7	100.4	100.0	100.2

3-44 36个大中城市居民消费价格分类指数(环比)

Consumer Price Indices by Category for 36 Major Large and Medium-sized Cities (2019年5月)

(上月=100) (preceding month=100)

地 区	City	居民消费价格指数 Consumer Price Index	食品烟酒 Food, Tobacco and Liquor	粮食 Grain	鲜菜 Fresh Vegetables	畜肉 Meat	水产品 Aquatic Products	蛋 Eggs	鲜果 Fresh Fruits
平均指数	**Average Index**	**100.0**	**100.2**	**99.9**	**92.5**	**100.2**	**99.5**	**105.9**	**110.0**
北 京	Beijing	100.1	100.8	99.7	83.4	99.7	99.6	104.8	122.1
天 津	Tianjin	99.6	99.7	100.4	84.9	100.0	104.9	108.1	105.9
石家庄	Shijiazhuang	99.5	98.3	98.8	79.5	100.0	100.9	105.3	105.2
太 原	Taiyuan	100.1	100.3	100.6	86.9	100.5	100.1	115.4	112.6
呼和浩特	Hohhot	100.1	99.7	100.0	88.5	99.4	100.8	107.5	111.0
沈 阳	Shenyang	99.9	100.1	100.0	87.8	99.2	101.6	105.9	110.8
大 连	Dalian	100.0	100.7	100.0	86.0	99.7	100.8	108.8	113.7
长 春	Changchun	99.6	99.8	99.6	87.8	100.0	100.7	106.8	104.2
哈尔滨	Harbin	99.5	100.2	100.1	87.1	99.7	100.7	108.2	108.4
上 海	Shanghai	100.0	99.9	100.1	96.9	100.3	99.6	103.1	100.8
南 京	Nanjing	100.3	100.1	97.6	98.2	100.5	96.5	106.5	106.3
杭 州	Hangzhou	100.1	100.2	100.4	95.1	99.8	94.0	101.8	114.3
宁 波	Ningbo	99.6	98.8	98.3	94.7	100.3	93.9	103.5	103.1
合 肥	Hefei	100.2	101.2	99.0	91.5	99.5	96.5	108.3	130.8
福 州	Fuzhou	100.2	100.5	98.0	89.3	101.3	100.3	106.4	117.4
厦 门	Xiamen	100.5	100.7	98.5	97.2	99.9	100.5	103.8	110.7
南 昌	Nanchang	100.3	100.5	99.7	92.3	99.4	99.8	102.2	120.9
济 南	Jinan	99.8	99.2	101.0	84.5	98.9	100.5	104.3	108.0
青 岛	Qingdao	99.5	98.9	101.6	85.3	100.1	97.1	106.1	102.2
郑 州	Zhengzhou	99.9	99.5	99.9	89.3	99.6	97.7	107.3	103.0
武 汉	Wuhan	100.1	100.4	100.0	94.3	99.3	101.0	105.0	113.1
长 沙	Changsha	100.6	100.7	100.4	97.9	99.8	100.6	103.7	109.4
广 州	Guangzhou	99.9	100.7	99.1	96.0	100.2	100.5	113.1	112.5
深 圳	Shenzhen	100.4	101.1	100.4	99.3	101.0	101.5	102.5	106.5
南 宁	Nanning	100.1	100.4	98.2	97.1	96.7	100.7	105.2	111.0
海 口	Haikou	100.9	103.7	101.0	103.6	109.9	102.4	102.4	111.2
重 庆	Chongqing	100.1	100.6	101.4	93.7	100.3	100.7	106.6	115.5
成 都	Chengdu	99.8	100.2	99.9	95.6	100.7	100.4	102.6	112.8
贵 阳	Guiyang	100.3	101.1	100.3	102.5	100.6	100.3	104.3	111.0
昆 明	Kunming	100.2	101.1	100.0	100.5	99.5	99.1	103.0	118.2
拉 萨	Lasa	99.9	98.9	100.0	90.8	99.8	98.9	100.0	100.5
西 安	Xi'an	100.0	100.1	100.2	89.5	99.7	103.4	113.3	105.3
兰 州	Lanzhou	100.1	100.0	100.3	88.6	100.9	100.4	110.8	112.1
西 宁	Xining	100.2	99.3	100.0	90.2	99.7	100.5	110.0	103.7
银 川	Yinchuan	100.1	100.4	100.3	91.9	102.2	99.5	104.6	105.8
乌鲁木齐	Urumqi	99.9	100.4	99.3	89.0	101.5	101.2	109.0	110.4

3-44 续表 continued

(上月=100) (preceding month=100)

地区	City	衣着 Clothing	居住 Residence	生活用品及服务 Household Facilities, Articles and Services	交通通信 Transport and Communications	教育文化娱乐 Education, Cultural and Recreation	医疗保健 Health Care and Medical Services	其他用品及服务 Miscellaneous Goods and Services
平均指数	**Average Index**	**100.0**	**99.9**	**100.0**	**99.8**	**99.6**	**100.3**	**100.1**
北京	Beijing	99.9	99.8	100.1	99.2	99.7	100.5	99.9
天津	Tianjin	99.9	99.5	100.1	99.7	99.1	99.9	99.9
石家庄	Shijiazhuang	101.4	99.8	100.8	99.9	98.1	100.8	100.0
太原	Taiyuan	99.9	99.9	100.2	100.3	99.6	100.1	100.2
呼和浩特	Hohhot	100.3	100.0	100.1	100.6	99.5	101.2	101.5
沈阳	Shenyang	100.1	100.0	100.0	99.1	99.6	100.1	100.0
大连	Dalian	99.0	99.8	99.9	100.2	99.4	100.1	99.8
长春	Changchun	99.0	100.0	99.7	99.0	99.2	100.0	100.2
哈尔滨	Harbin	97.5	98.6	99.5	100.1	99.7	100.5	99.6
上海	Shanghai	99.8	100.0	100.0	99.9	99.1	101.2	100.6
南京	Nanjing	101.0	100.1	100.2	100.4	100.8	100.2	100.8
杭州	Hangzhou	100.6	99.7	99.8	100.2	100.5	99.9	99.8
宁波	Ningbo	98.5	100.1	99.8	100.3	100.2	100.1	99.8
合肥	Hefei	102.5	100.4	100.1	97.6	98.6	100.2	99.3
福州	Fuzhou	99.9	100.0	100.5	100.5	99.3	100.1	99.9
厦门	Xiamen	101.1	100.5	100.4	99.8	100.3	100.0	100.2
南昌	Nanchang	100.8	99.7	99.8	100.3	100.7	100.0	99.8
济南	Jinan	100.5	100.8	99.9	98.4	100.7	99.2	99.3
青岛	Qingdao	98.5	99.9	99.7	100.0	99.9	100.3	100.7
郑州	Zhengzhou	100.4	100.0	99.8	99.3	99.8	100.8	100.0
武汉	Wuhan	100.1	100.0	99.8	100.2	99.9	100.0	100.7
长沙	Changsha	100.0	101.2	99.9	100.3	100.5	100.0	100.0
广州	Guangzhou	100.0	99.3	99.9	99.6	99.6	100.0	99.6
深圳	Shenzhen	102.2	100.1	100.1	99.3	99.7	100.1	100.1
南宁	Nanning	99.8	99.9	99.7	100.2	99.8	100.1	100.4
海口	Haikou	99.8	99.6	99.6	99.5	98.9	100.0	99.8
重庆	Chongqing	99.9	100.1	100.1	100.0	99.4	100.0	100.4
成都	Chengdu	100.5	99.5	100.2	99.9	98.2	100.1	100.3
贵阳	Guiyang	100.1	99.9	100.4	100.6	99.0	100.0	101.0
昆明	Kunming	99.6	100.0	100.2	99.7	99.2	100.1	100.0
拉萨	Lasa	100.0	100.0	100.0	101.1	101.0	100.0	100.1
西安	Xi'an	98.9	100.1	100.1	100.9	100.0	99.8	99.9
兰州	Lanzhou	99.7	100.2	100.2	100.1	100.0	99.9	100.7
西宁	Xining	102.5	100.0	100.4	100.7	100.0	100.3	99.7
银川	Yinchuan	100.2	99.3	100.2	100.7	99.6	99.9	100.4
乌鲁木齐	Urumqi	99.1	99.8	99.7	99.4	99.6	100.0	100.3

3-45 36个大中城市居民消费价格分类指数(环比)

Consumer Price Indices by Category for 36 Major Large and Medium-sized Cities (2019年6月)

(上月=100) (preceding month=100)

地区	City	居民消费价格指数 Consumer Price Index	食品烟酒 Food, Tobacco and Liquor	粮食 Grain	鲜菜 Fresh Vegetables	畜肉 Meat	水产品 Aquatic Products	蛋 Eggs	鲜果 Fresh Fruits
平均指数	**Average Index**	**99.9**	**99.7**	**100.1**	**90.6**	**102.1**	**98.7**	**98.0**	**103.5**
北京	Beijing	100.3	98.7	99.9	84.2	102.5	100.1	97.3	95.0
天津	Tianjin	100.0	100.2	100.0	88.9	103.9	102.0	94.3	107.9
石家庄	Shijiazhuang	100.0	100.2	100.3	87.2	103.2	100.4	98.1	105.9
太原	Taiyuan	99.1	98.0	97.1	86.4	102.1	101.2	93.6	94.2
呼和浩特	Hohhot	99.7	99.1	100.1	84.1	102.2	100.4	98.3	103.5
沈阳	Shenyang	100.3	100.7	99.9	94.4	107.9	99.2	96.6	101.8
大连	Dalian	99.5	99.7	100.0	95.8	106.1	99.5	97.0	97.5
长春	Changchun	100.2	100.3	100.1	92.7	106.8	100.9	97.9	96.4
哈尔滨	Harbin	100.1	100.5	99.9	88.7	105.0	100.9	98.0	105.7
上海	Shanghai	99.9	99.5	100.0	91.6	100.8	95.8	98.6	102.3
南京	Nanjing	100.0	99.9	102.0	85.9	102.2	98.6	96.3	111.2
杭州	Hangzhou	99.6	99.1	102.2	92.5	102.8	96.7	100.1	95.0
宁波	Ningbo	99.7	99.5	101.3	92.5	101.5	96.2	96.4	105.5
合肥	Hefei	99.2	97.8	101.0	79.6	100.7	95.9	96.7	98.2
福州	Fuzhou	100.4	100.5	100.9	90.8	101.9	97.6	95.8	117.0
厦门	Xiamen	100.0	101.0	100.4	95.1	101.2	97.3	101.3	121.3
南昌	Nanchang	99.7	99.4	99.8	83.8	99.8	99.8	99.0	115.5
济南	Jinan	100.2	100.0	98.4	95.4	104.2	100.6	96.2	95.1
青岛	Qingdao	100.1	100.2	99.0	94.9	104.7	99.8	95.2	99.9
郑州	Zhengzhou	100.0	99.9	99.8	95.4	101.6	94.4	96.9	103.4
武汉	Wuhan	100.0	100.4	100.0	90.0	102.9	101.6	100.2	110.1
长沙	Changsha	99.3	98.4	100.0	86.6	99.7	98.7	99.7	100.8
广州	Guangzhou	100.0	100.8	101.0	93.1	101.5	99.6	100.6	116.8
深圳	Shenzhen	100.3	101.0	100.2	97.4	101.7	98.9	100.8	114.5
南宁	Nanning	99.8	100.4	101.3	94.5	99.4	99.8	101.0	107.1
海口	Haikou	100.0	100.5	98.7	101.1	97.3	99.1	101.1	117.2
重庆	Chongqing	99.5	98.9	97.4	87.9	99.6	100.7	98.9	103.2
成都	Chengdu	99.8	99.3	100.7	88.2	100.5	100.3	99.2	104.3
贵阳	Guiyang	99.7	100.0	100.4	94.8	100.5	99.2	100.9	105.5
昆明	Kunming	100.0	100.2	99.7	97.5	100.3	99.6	102.9	109.7
拉萨	Lasa	100.2	100.0	99.4	99.4	99.6	98.0	95.9	104.3
西安	Xi'an	100.0	100.1	100.2	93.9	103.3	101.9	94.1	103.5
兰州	Lanzhou	100.1	100.2	100.2	87.0	100.2	101.4	99.1	118.2
西宁	Xining	100.0	99.4	98.9	86.7	104.0	100.5	97.8	98.1
银川	Yinchuan	100.2	99.7	101.0	86.2	101.2	100.1	100.2	109.0
乌鲁木齐	Urumqi	98.7	96.2	100.2	79.0	99.2	100.4	98.3	74.6

3-45 续表 continued

(上月=100) (preceding month=100)

地区	City	衣着 Clothing	居住 Residence	生活用品及服务 Household Facilities, Articles and Services	交通通信 Transport and Communications	教育文化娱乐 Education, Cultural and Recreation	医疗保健 Health Care and Medical Services	其他用品及服务 Miscellaneous Goods and Services
平均指数	**Average Index**	**99.7**	**100.1**	**99.8**	**99.3**	**100.1**	**100.9**	**100.7**
北京	Beijing	99.6	100.7	100.0	99.4	100.2	106.8	101.1
天津	Tianjin	100.1	99.6	99.7	99.8	99.7	100.1	101.9
石家庄	Shijiazhuang	99.6	100.2	99.3	99.6	100.0	99.9	100.5
太原	Taiyuan	97.4	100.2	100.5	98.8	100.1	100.1	100.1
呼和浩特	Hohhot	100.1	100.0	100.0	99.6	99.4	100.5	99.9
沈阳	Shenyang	100.7	100.8	99.5	99.6	99.6	100.0	99.9
大连	Dalian	98.9	100.2	97.6	99.2	99.4	100.1	100.8
长春	Changchun	100.1	99.9	100.0	100.4	99.8	100.4	100.9
哈尔滨	Harbin	97.8	99.9	99.6	99.8	100.1	102.1	99.5
上海	Shanghai	99.9	100.2	99.7	99.2	100.8	100.6	100.5
南京	Nanjing	100.0	100.3	100.0	98.8	100.3	100.0	100.9
杭州	Hangzhou	100.0	99.9	99.5	99.0	100.1	100.0	100.9
宁波	Ningbo	98.8	100.4	100.0	99.2	99.3	99.8	101.2
合肥	Hefei	99.6	99.9	99.7	97.7	101.0	100.0	100.9
福州	Fuzhou	100.2	100.0	100.1	99.6	101.9	99.9	100.9
厦门	Xiamen	99.0	99.7	100.2	99.3	99.4	100.0	100.4
南昌	Nanchang	99.9	99.8	99.3	99.3	100.1	100.0	100.7
济南	Jinan	100.1	100.6	99.3	99.4	100.5	100.7	101.0
青岛	Qingdao	100.3	100.3	99.5	99.1	100.4	100.0	100.7
郑州	Zhengzhou	100.1	100.2	100.0	99.2	100.0	100.4	102.4
武汉	Wuhan	99.8	100.0	99.8	98.8	100.0	100.0	100.2
长沙	Changsha	100.0	99.7	100.0	99.4	99.6	99.9	100.9
广州	Guangzhou	99.0	99.8	100.2	99.0	99.6	100.2	99.9
深圳	Shenzhen	101.4	100.0	100.1	99.0	100.1	100.0	100.4
南宁	Nanning	98.2	99.8	100.8	99.3	99.6	100.0	99.9
海口	Haikou	100.2	99.9	100.3	98.4	99.8	100.0	100.4
重庆	Chongqing	99.7	100.0	100.0	99.3	99.5	100.1	100.6
成都	Chengdu	100.3	100.2	99.9	99.1	100.1	100.1	100.4
贵阳	Guiyang	99.9	100.0	100.0	98.7	99.1	100.3	100.0
昆明	Kunming	99.0	100.0	100.4	98.8	101.2	100.0	99.3
拉萨	Lasa	100.0	100.0	100.0	99.0	100.0	103.8	101.7
西安	Xi'an	98.8	100.1	100.1	99.7	100.2	100.1	99.7
兰州	Lanzhou	99.7	100.2	100.0	99.9	100.0	100.1	101.5
西宁	Xining	99.5	100.1	99.5	101.0	101.0	100.1	101.9
银川	Yinchuan	100.9	100.2	100.2	99.9	100.8	100.0	101.7
乌鲁木齐	Urumqi	98.3	99.5	99.9	99.8	100.9	100.1	100.8

3-46 36个大中城市居民消费价格分类指数(环比)
Consumer Price Indices by Category for 36 Major Large and Medium-sized Cities
(2019年7月)

(上月=100) (preceding month=100)

地区	City	居民消费价格指数 Consumer Price Index	食品烟酒 Food, Tobacco and Liquor	粮食 Grain	鲜菜 Fresh Vegetables	畜肉 Meat	水产品 Aquatic Products	蛋 Eggs	鲜果 Fresh Fruits
平均指数	**Average Index**	**100.5**	**100.4**	**99.9**	**103.1**	**104.1**	**100.1**	**103.5**	**93.1**
北京	Beijing	100.8	99.9	99.8	104.9	102.8	99.6	104.1	90.3
天津	Tianjin	100.5	100.7	100.0	104.4	104.2	100.9	106.7	94.3
石家庄	Shijiazhuang	100.2	99.1	100.9	107.6	102.4	100.3	105.0	76.5
太原	Taiyuan	100.3	101.4	102.2	105.3	104.2	100.5	113.5	96.0
呼和浩特	Hohhot	100.2	100.2	100.2	98.5	104.0	100.9	103.1	93.8
沈阳	Shenyang	100.1	100.0	100.5	98.8	106.2	96.3	103.3	94.5
大连	Dalian	100.6	100.2	100.7	102.3	104.5	100.2	103.7	90.3
长春	Changchun	100.0	99.4	100.1	92.7	106.1	100.8	101.9	89.3
哈尔滨	Harbin	100.8	101.1	100.3	93.7	107.2	99.6	101.2	101.8
上海	Shanghai	100.3	99.2	100.1	104.0	102.6	98.7	102.1	87.2
南京	Nanjing	100.2	99.4	99.4	97.3	102.5	104.1	105.0	85.4
杭州	Hangzhou	100.4	100.8	99.7	106.7	103.2	102.6	101.5	93.1
宁波	Ningbo	100.7	101.1	99.0	107.4	105.9	102.6	104.4	89.1
合肥	Hefei	100.5	100.5	98.6	106.8	102.9	102.1	105.1	93.1
福州	Fuzhou	100.5	101.2	99.7	110.1	108.1	95.8	107.8	96.8
厦门	Xiamen	100.5	101.0	99.9	107.1	105.0	99.2	103.4	99.7
南昌	Nanchang	100.3	100.5	99.2	103.0	103.0	101.3	101.2	94.6
济南	Jinan	100.5	100.6	101.6	109.4	104.4	97.9	107.9	88.3
青岛	Qingdao	100.8	101.3	100.3	111.7	106.2	99.0	105.9	91.3
郑州	Zhengzhou	99.9	101.1	100.0	102.6	104.5	99.0	105.8	97.2
武汉	Wuhan	100.1	100.0	100.0	98.6	102.9	100.8	101.3	96.1
长沙	Changsha	100.3	100.4	100.4	100.9	101.3	99.5	101.9	101.5
广州	Guangzhou	100.5	100.8	98.3	99.9	104.8	99.6	103.2	97.3
深圳	Shenzhen	100.5	100.7	99.9	101.9	104.9	99.7	100.8	97.5
南宁	Nanning	101.0	103.1	100.2	105.8	121.1	103.1	100.7	96.0
海口	Haikou	100.6	101.1	99.6	100.0	108.6	99.2	99.5	99.7
重庆	Chongqing	100.8	101.0	99.0	104.0	105.0	101.3	102.0	94.7
成都	Chengdu	100.8	101.0	101.6	103.1	101.3	100.9	101.7	100.1
贵阳	Guiyang	100.6	99.9	99.9	98.2	100.1	99.1	101.4	99.6
昆明	Kunming	100.2	100.3	98.3	100.6	101.8	98.4	99.8	98.7
拉萨	Lasa	100.1	99.9	99.4	97.8	99.9	99.8	90.5	110.5
西安	Xi'an	100.6	101.1	100.3	103.4	104.4	102.3	108.8	102.8
兰州	Lanzhou	100.0	100.1	100.4	101.2	100.7	100.7	102.0	99.4
西宁	Xining	100.5	100.0	99.9	103.9	103.4	99.7	102.7	87.2
银川	Yinchuan	100.2	100.3	99.2	104.5	102.6	99.7	102.0	94.1
乌鲁木齐	Urumqi	100.3	99.8	100.1	101.0	102.2	100.2	100.7	90.1

3-46 续表 continued

(上月=100) (preceding month=100)

地 区	City	衣着 Clothing	居住 Residence	生活用品及服务 Household Facilities, Articles and Services	交通通信 Transport and Communications	教育文化娱乐 Education, Cultural and Recreation	医疗保健 Health Care and Medical Services	其他用品及服务 Miscellaneous Goods and Services
平均指数	**Average Index**	**99.6**	**100.2**	**100.2**	**100.2**	**102.2**	**100.8**	**101.0**
北 京	Beijing	100.0	100.3	99.8	100.4	102.1	106.3	101.6
天 津	Tianjin	99.9	100.4	100.1	99.8	101.3	100.3	101.4
石家庄	Shijiazhuang	99.6	100.0	100.3	99.5	104.6	100.6	100.0
太 原	Taiyuan	96.8	99.8	100.4	100.3	102.1	100.0	100.4
呼和浩特	Hohhot	99.0	100.0	100.0	99.7	102.1	100.6	100.3
沈 阳	Shenyang	99.4	100.8	100.2	99.7	100.2	100.2	100.2
大 连	Dalian	99.8	100.2	101.8	99.8	102.8	100.1	103.4
长 春	Changchun	99.6	100.0	100.3	99.2	101.9	100.3	101.1
哈尔滨	Harbin	99.6	100.0	100.6	100.9	102.8	100.7	99.5
上 海	Shanghai	99.3	100.2	100.1	99.9	104.4	100.6	100.6
南 京	Nanjing	99.3	100.2	99.7	100.3	102.6	100.0	100.7
杭 州	Hangzhou	100.3	99.9	100.9	99.9	101.0	100.0	101.1
宁 波	Ningbo	99.3	100.1	100.1	100.1	102.8	100.2	101.2
合 肥	Hefei	97.7	100.5	100.6	101.4	100.9	100.1	101.2
福 州	Fuzhou	98.9	100.0	100.2	99.7	101.8	100.0	100.3
厦 门	Xiamen	100.4	100.2	100.2	99.8	100.7	100.1	100.7
南 昌	Nanchang	99.4	99.9	100.4	100.0	100.9	100.0	101.5
济 南	Jinan	99.9	100.9	100.3	99.5	100.7	100.0	100.9
青 岛	Qingdao	99.7	100.3	100.2	100.4	102.1	100.0	102.9
郑 州	Zhengzhou	100.0	99.3	99.9	96.5	100.1	100.1	101.2
武 汉	Wuhan	99.9	100.6	99.7	100.0	99.9	100.0	100.4
长 沙	Changsha	100.0	100.0	100.0	100.5	101.1	100.0	101.1
广 州	Guangzhou	99.9	99.7	99.5	100.5	102.7	99.8	100.5
深 圳	Shenzhen	99.2	100.2	100.1	100.5	102.0	100.0	100.4
南 宁	Nanning	99.6	100.0	99.9	99.9	100.9	100.0	99.9
海 口	Haikou	99.8	100.0	100.0	100.7	100.8	100.0	101.1
重 庆	Chongqing	99.5	100.0	101.1	101.5	102.3	99.9	100.3
成 都	Chengdu	100.3	100.2	100.6	100.0	103.4	100.0	101.0
贵 阳	Guiyang	99.9	100.0	100.2	101.0	103.7	100.5	102.0
昆 明	Kunming	98.6	100.0	100.0	100.2	101.2	100.1	101.6
拉 萨	Lasa	100.1	100.0	101.1	100.0	100.0	99.5	104.0
西 安	Xi'an	99.6	100.1	100.3	99.7	101.8	100.2	101.3
兰 州	Lanzhou	99.7	100.1	100.0	100.7	99.5	100.1	99.1
西 宁	Xining	100.0	99.7	100.9	101.5	101.6	99.9	104.4
银 川	Yinchuan	98.7	100.8	99.8	99.8	100.9	99.8	101.8
乌鲁木齐	Urumqi	98.7	100.7	99.9	100.7	101.6	100.2	102.1

3–47 36个大中城市居民消费价格分类指数(环比)
Consumer Price Indices by Category for 36 Major Large and Medium-sized Cities
(2019年8月)

(上月=100) (preceding month=100)

地区	City	居民消费价格指数 Consumer Price Index	食品烟酒 Food, Tobacco and Liquor	粮食 Grain	鲜菜 Fresh Vegetables	畜肉 Meat	水产品 Aquatic Products	蛋 Eggs	鲜果 Fresh Fruits
平均指数	**Average Index**	**100.5**	**101.6**	**100.3**	**102.6**	**113.4**	**100.1**	**104.4**	**89.6**
北京	Beijing	100.2	100.4	101.2	106.1	106.4	100.1	104.9	87.8
天津	Tianjin	100.5	101.3	100.2	105.3	108.2	99.4	107.1	91.7
石家庄	Shijiazhuang	100.1	100.1	100.5	107.5	107.7	101.0	104.4	74.3
太原	Taiyuan	100.2	100.1	99.5	100.7	106.6	99.3	104.9	85.1
呼和浩特	Hohhot	99.8	99.4	100.0	95.5	106.3	99.4	108.3	84.4
沈阳	Shenyang	100.9	102.2	100.6	116.7	108.2	100.0	105.8	94.0
大连	Dalian	100.7	101.5	100.0	122.6	108.7	95.7	109.2	90.5
长春	Changchun	100.4	100.6	99.6	107.4	106.2	99.7	103.9	89.5
哈尔滨	Harbin	101.1	101.5	100.0	110.4	107.2	100.4	107.1	94.6
上海	Shanghai	100.3	101.1	100.7	106.5	108.1	99.9	102.8	91.0
南京	Nanjing	100.6	102.9	100.2	110.0	113.9	107.6	107.6	87.7
杭州	Hangzhou	100.9	101.3	99.4	102.8	113.2	99.6	102.7	90.3
宁波	Ningbo	100.8	102.5	101.0	107.0	114.6	102.2	101.7	95.5
合肥	Hefei	100.9	103.7	99.7	106.5	120.9	104.1	105.1	91.5
福州	Fuzhou	100.0	100.3	101.0	93.8	112.4	97.0	107.2	85.8
厦门	Xiamen	101.0	102.2	99.4	95.8	117.7	99.3	102.8	95.7
南昌	Nanchang	100.8	102.6	100.8	103.1	119.6	106.0	103.6	90.4
济南	Jinan	100.4	101.7	99.2	105.2	111.9	98.4	104.7	84.5
青岛	Qingdao	100.5	101.1	100.5	109.9	110.2	94.6	105.8	85.6
郑州	Zhengzhou	100.4	101.6	99.8	99.1	112.8	100.2	105.2	90.7
武汉	Wuhan	100.6	101.3	100.0	100.6	115.6	104.2	102.6	83.9
长沙	Changsha	101.4	105.1	100.0	101.7	131.5	100.9	103.0	99.7
广州	Guangzhou	100.4	101.5	100.3	97.4	116.3	99.4	106.5	89.2
深圳	Shenzhen	100.3	101.4	99.9	97.2	116.1	99.7	102.9	87.5
南宁	Nanning	101.4	104.5	100.2	96.0	138.1	100.8	102.9	77.7
海口	Haikou	101.2	103.5	100.4	101.9	120.5	100.3	100.2	95.8
重庆	Chongqing	100.7	102.2	99.6	93.1	120.2	102.4	103.0	88.9
成都	Chengdu	101.6	104.9	102.6	98.9	129.7	102.4	101.4	88.5
贵阳	Guiyang	100.5	101.2	99.9	97.0	110.6	103.2	101.7	94.7
昆明	Kunming	99.9	99.9	100.6	98.4	103.8	97.9	102.1	94.8
拉萨	Lasa	100.0	99.9	100.2	97.8	102.6	103.6	102.1	92.2
西安	Xi'an	100.0	99.8	99.5	96.9	110.1	104.2	105.9	86.1
兰州	Lanzhou	99.8	99.3	100.6	95.8	105.6	100.0	102.0	86.1
西宁	Xining	100.1	100.3	100.7	93.8	107.1	100.8	101.4	83.0
银川	Yinchuan	99.7	99.0	100.5	91.6	104.4	99.4	101.7	86.6
乌鲁木齐	Urumqi	100.4	99.9	100.6	94.8	105.4	99.4	104.1	89.7

3-47 续表 continued

(上月=100) (preceding month=100)

地区	City	衣着 Clothing	居住 Residence	生活用品及服务 Household Facilities, Articles and Services	交通通信 Transport and Communications	教育文化娱乐 Education, Cultural and Recreation	医疗保健 Health Care and Medical Services	其他用品及服务 Miscellaneous Goods and Services
平均指数	**Average Index**	**100.0**	**100.1**	**99.9**	**99.7**	**100.0**	**100.3**	**101.8**
北京	Beijing	100.4	100.2	99.9	99.6	99.7	99.9	101.9
天津	Tianjin	99.9	100.4	100.0	99.9	100.2	100.2	101.9
石家庄	Shijiazhuang	100.0	100.5	100.5	99.6	98.8	100.0	102.1
太原	Taiyuan	98.9	100.8	100.0	99.8	100.9	100.0	100.5
呼和浩特	Hohhot	99.9	100.0	99.8	99.2	100.1	101.6	100.0
沈阳	Shenyang	100.0	100.2	100.0	100.5	101.0	100.0	101.3
大连	Dalian	100.8	100.3	100.1	99.9	100.5	100.0	102.6
长春	Changchun	99.7	100.2	99.8	100.7	100.8	100.1	102.2
哈尔滨	Harbin	104.7	99.9	99.8	100.4	100.0	100.1	105.7
上海	Shanghai	100.6	100.2	99.9	99.2	99.1	99.9	101.7
南京	Nanjing	98.9	100.0	99.5	99.3	99.9	100.0	102.2
杭州	Hangzhou	99.9	100.1	100.4	99.9	100.5	105.9	100.8
宁波	Ningbo	100.5	100.1	99.9	99.7	100.4	100.0	100.8
合肥	Hefei	97.9	99.8	100.2	99.9	100.0	100.4	100.3
福州	Fuzhou	98.3	100.0	100.1	99.9	99.5	100.0	102.0
厦门	Xiamen	100.7	100.0	100.1	100.9	100.9	100.2	100.9
南昌	Nanchang	99.7	100.0	99.9	99.7	100.0	100.1	101.1
济南	Jinan	99.6	99.9	100.6	99.1	99.6	100.2	102.2
青岛	Qingdao	99.7	100.1	100.2	100.9	99.7	100.5	102.1
郑州	Zhengzhou	100.0	100.0	99.9	98.7	100.2	100.1	102.2
武汉	Wuhan	100.0	100.7	100.0	99.6	100.4	100.0	101.9
长沙	Changsha	99.6	99.7	100.1	99.4	100.1	100.0	101.0
广州	Guangzhou	99.0	100.0	99.4	99.4	99.8	100.0	101.6
深圳	Shenzhen	98.7	99.8	99.8	99.4	99.7	100.0	102.0
南宁	Nanning	97.9	99.7	99.8	100.0	100.8	101.1	102.3
海口	Haikou	100.4	100.0	100.5	99.0	100.1	100.0	101.6
重庆	Chongqing	99.9	100.0	99.8	99.7	100.2	100.2	101.1
成都	Chengdu	100.2	100.2	99.9	99.2	100.8	100.0	101.5
贵阳	Guiyang	99.8	100.0	100.5	100.3	100.7	100.1	101.0
昆明	Kunming	99.5	100.0	99.8	99.9	100.4	100.0	100.6
拉萨	Lasa	100.0	99.0	100.0	100.1	100.0	102.1	102.2
西安	Xi'an	99.6	100.3	100.0	99.9	99.7	100.2	102.6
兰州	Lanzhou	99.7	99.9	100.2	100.0	100.1	100.0	101.8
西宁	Xining	98.1	100.3	99.2	100.8	100.3	100.0	103.3
银川	Yinchuan	98.8	100.0	100.1	100.6	99.9	100.0	101.9
乌鲁木齐	Urumqi	102.0	100.0	99.9	100.4	100.5	100.0	104.1

3-48 36个大中城市居民消费价格分类指数(环比)

Consumer Price Indices by Category for 36 Major Large and Medium-sized Cities (2019年9月)

(上月=100) (preceding month=100)

地区	City	居民消费价格指数 Consumer Price Index	食品烟酒 Food, Tobacco and Liquor	粮食 Grain	鲜菜 Fresh Vegetables	畜肉 Meat	水产品 Aquatic Products	蛋 Eggs	鲜果 Fresh Fruits
平均指数	**Average Index**	**100.6**	**102.0**	**99.8**	**97.2**	**114.1**	**99.8**	**106.1**	**93.6**
北京	Beijing	100.1	100.9	98.3	93.1	110.8	101.1	105.9	94.2
天津	Tianjin	100.7	100.9	100.1	93.3	111.7	96.2	106.3	93.4
石家庄	Shijiazhuang	101.2	103.9	97.6	100.5	114.7	100.1	106.6	117.8
太原	Taiyuan	101.9	102.0	101.4	95.5	115.8	100.5	111.4	92.5
呼和浩特	Hohhot	101.5	101.9	100.4	100.7	111.7	99.9	105.1	90.4
沈阳	Shenyang	100.0	100.8	100.6	91.6	110.8	98.6	105.9	95.8
大连	Dalian	99.6	99.6	99.7	88.3	113.9	94.4	107.7	87.9
长春	Changchun	100.6	102.0	100.2	95.2	110.4	99.1	106.8	103.7
哈尔滨	Harbin	100.5	101.7	100.9	97.6	111.2	98.6	106.6	94.0
上海	Shanghai	100.4	101.8	99.8	99.2	111.5	100.7	104.1	101.7
南京	Nanjing	101.0	102.7	99.1	99.2	116.5	98.8	106.9	98.1
杭州	Hangzhou	100.8	101.9	98.5	97.5	115.1	98.6	102.9	97.6
宁波	Ningbo	100.9	102.1	100.7	95.7	117.7	98.3	101.8	100.2
合肥	Hefei	100.8	101.7	100.0	92.6	115.4	100.3	106.6	89.1
福州	Fuzhou	100.7	101.9	96.9	97.8	117.3	103.2	112.3	84.8
厦门	Xiamen	100.7	102.4	100.8	103.4	116.2	99.3	106.7	88.3
南昌	Nanchang	100.9	101.3	100.2	97.7	115.0	100.7	106.2	84.8
济南	Jinan	100.9	103.3	101.4	91.3	122.4	101.8	106.6	83.2
青岛	Qingdao	100.9	101.9	100.4	90.3	115.5	102.0	105.1	94.6
郑州	Zhengzhou	100.7	102.2	100.4	97.1	116.8	101.5	107.7	85.2
武汉	Wuhan	101.1	102.8	100.0	97.1	118.5	100.2	104.5	91.9
长沙	Changsha	100.0	100.8	100.0	96.2	114.2	99.2	103.0	78.8
广州	Guangzhou	100.6	102.6	99.8	98.6	116.8	101.0	109.1	86.6
深圳	Shenzhen	101.1	102.5	99.7	98.8	113.0	100.9	104.4	93.9
南宁	Nanning	100.1	100.3	99.1	98.8	102.4	100.5	104.2	93.6
海口	Haikou	100.0	99.9	98.7	99.2	103.6	96.9	103.1	93.5
重庆	Chongqing	101.1	103.8	98.6	99.5	119.2	102.2	106.2	89.9
成都	Chengdu	101.0	104.4	99.3	102.4	117.8	100.9	103.4	94.6
贵阳	Guiyang	100.9	104.3	100.0	100.1	122.3	101.2	107.6	88.7
昆明	Kunming	100.7	102.1	99.5	98.6	114.7	102.8	104.4	93.2
拉萨	Lasa	100.3	101.2	100.4	97.9	107.0	100.6	106.3	92.4
西安	Xi'an	100.8	101.4	102.0	101.4	112.1	97.7	114.7	81.8
兰州	Lanzhou	100.4	100.7	100.5	100.3	109.0	100.8	108.3	85.1
西宁	Xining	99.7	100.0	100.1	96.1	102.2	99.8	111.1	93.9
银川	Yinchuan	100.5	101.3	101.2	96.6	112.2	101.1	108.9	86.3
乌鲁木齐	Urumqi	100.3	100.7	100.0	98.6	104.6	100.3	106.1	94.5

3-48 续表 continued

(上月=100) (preceding month=100)

地 区	City	衣着 Clothing	居住 Residence	生活用品及服务 Household Facilities, Articles and Services	交通通信 Transport and Communications	教育文化娱乐 Education, Cultural and Recreation	医疗保健 Health Care and Medical Services	其他用品及服务 Miscellaneous Goods and Services
平均指数	**Average Index**	**101.1**	**100.1**	**100.0**	**99.5**	**99.7**	**100.0**	**100.7**
北 京	Beijing	100.7	99.9	100.0	99.2	98.9	100.0	100.4
天 津	Tianjin	100.8	100.2	100.2	99.8	102.5	100.0	101.5
石 家 庄	Shijiazhuang	101.6	100.0	99.7	100.3	98.9	100.1	100.3
太 原	Taiyuan	114.0	100.2	100.1	98.9	100.8	100.0	100.5
呼和浩特	Hohhot	101.0	101.3	100.7	100.1	104.1	100.0	100.7
沈 阳	Shenyang	99.9	99.8	99.7	99.4	99.4	100.0	100.8
大 连	Dalian	100.8	100.0	99.8	99.2	98.2	100.0	98.3
长 春	Changchun	101.2	100.0	99.9	98.5	100.7	100.0	101.1
哈 尔 滨	Harbin	99.2	100.2	100.2	98.8	100.5	99.9	101.5
上 海	Shanghai	101.6	99.9	100.0	99.8	97.9	99.9	100.2
南 京	Nanjing	101.3	100.2	100.2	99.5	100.6	100.0	100.9
杭 州	Hangzhou	100.4	100.1	100.3	99.6	101.8	100.0	101.3
宁 波	Ningbo	103.0	100.3	100.0	98.9	100.8	99.7	100.9
合 肥	Hefei	101.4	100.2	100.2	101.3	99.3	100.0	102.0
福 州	Fuzhou	100.4	100.1	100.1	99.9	100.4	100.0	101.5
厦 门	Xiamen	100.9	100.2	100.3	99.8	98.9	100.0	100.9
南 昌	Nanchang	100.9	100.4	100.6	99.6	102.5	100.1	101.2
济 南	Jinan	100.3	99.9	99.7	100.1	99.1	100.0	101.4
青 岛	Qingdao	100.7	100.5	100.5	99.2	101.9	100.5	98.1
郑 州	Zhengzhou	100.6	99.9	100.0	99.9	99.7	100.2	101.2
武 汉	Wuhan	100.1	100.1	100.5	100.6	100.3	100.0	101.3
长 沙	Changsha	100.0	99.7	99.8	99.5	98.8	100.0	101.5
广 州	Guangzhou	98.0	100.0	100.2	99.5	98.9	100.0	101.8
深 圳	Shenzhen	102.5	100.0	99.8	99.6	101.4	100.1	101.0
南 宁	Nanning	100.2	100.3	100.3	99.5	99.7	100.0	101.6
海 口	Haikou	101.7	100.2	100.1	98.7	99.9	99.9	103.3
重 庆	Chongqing	101.4	100.3	99.4	99.1	98.6	99.9	100.6
成 都	Chengdu	99.9	100.2	100.2	99.6	97.1	100.0	100.1
贵 阳	Guiyang	101.2	99.5	100.4	98.5	98.3	100.0	99.3
昆 明	Kunming	101.3	100.0	99.8	99.4	99.5	100.0	102.4
拉 萨	Lasa	100.0	100.0	100.0	99.7	100.0	100.0	98.7
西 安	Xi'an	101.3	100.1	99.9	100.0	102.0	100.0	101.0
兰 州	Lanzhou	100.2	100.0	100.0	99.4	101.4	100.0	101.6
西 宁	Xining	99.8	99.6	100.5	98.1	100.4	100.0	97.3
银 川	Yinchuan	103.0	99.7	99.5	99.0	100.4	100.0	100.3
乌鲁木齐	Urumqi	103.5	100.0	99.4	99.3	99.6	100.1	98.5

3-49 36个大中城市居民消费价格分类指数(环比)

Consumer Price Indices by Category for 36 Major Large and Medium-sized Cities (2019年10月)

(上月=100) (preceding month=100)

地 区	City	居民消费价格指数 Consumer Price Index	食品烟酒 Food, Tobacco and Liquor	粮食 Grain	鲜菜 Fresh Vegetables	畜肉 Meat	水产品 Aquatic Products	蛋 Eggs	鲜果 Fresh Fruits
平均指数	**Average Index**	**100.7**	**102.1**	**100.3**	**97.9**	**113.4**	**99.0**	**98.7**	**94.9**
北 京	Beijing	100.5	102.2	100.3	103.4	112.6	99.3	98.3	97.8
天 津	Tianjin	100.3	101.3	99.2	100.5	112.1	95.2	98.0	94.0
石家庄	Shijiazhuang	101.1	103.5	100.2	104.0	113.0	101.6	97.8	98.7
太 原	Taiyuan	100.7	103.5	99.0	97.1	117.2	100.0	97.5	99.2
呼和浩特	Hohhot	100.5	102.0	100.0	100.6	109.4	98.9	99.7	93.6
沈 阳	Shenyang	100.6	101.8	100.2	90.2	116.0	101.1	97.8	92.8
大 连	Dalian	100.7	102.7	100.0	95.4	116.6	98.4	93.7	104.2
长 春	Changchun	100.9	102.7	100.3	105.7	114.3	98.3	99.2	90.3
哈尔滨	Harbin	100.3	102.3	100.1	97.9	116.8	98.2	97.7	87.2
上 海	Shanghai	100.6	101.6	100.6	93.5	111.8	98.7	100.4	101.9
南 京	Nanjing	100.6	102.1	100.4	97.5	114.6	95.1	97.4	98.5
杭 州	Hangzhou	100.4	101.9	101.3	95.5	114.8	97.7	100.1	91.9
宁 波	Ningbo	100.4	100.7	100.5	93.7	108.5	101.1	99.9	92.2
合 肥	Hefei	101.0	102.0	101.2	100.7	116.4	96.8	95.9	82.1
福 州	Fuzhou	100.3	101.9	101.4	97.5	116.6	101.6	96.9	77.2
厦 门	Xiamen	100.8	102.4	100.0	95.4	117.4	100.9	99.5	84.4
南 昌	Nanchang	100.4	100.7	100.1	97.3	111.9	98.3	98.4	81.7
济 南	Jinan	101.3	103.9	100.3	97.9	115.4	99.3	97.9	101.1
青 岛	Qingdao	101.1	103.2	98.8	97.8	117.4	100.1	96.9	98.7
郑 州	Zhengzhou	101.1	103.2	100.1	101.2	116.4	101.0	98.2	91.1
武 汉	Wuhan	100.9	102.7	100.0	99.5	115.0	98.5	103.4	99.5
长 沙	Changsha	100.9	103.0	100.0	98.9	115.6	99.3	101.2	95.4
广 州	Guangzhou	100.6	101.4	100.4	100.5	112.6	99.9	96.9	78.9
深 圳	Shenzhen	100.8	101.8	100.5	95.9	111.5	99.3	100.7	95.7
南 宁	Nanning	100.6	101.9	100.3	95.8	108.6	100.4	100.8	94.7
海 口	Haikou	100.2	100.3	98.8	94.6	105.6	98.9	101.5	93.8
重 庆	Chongqing	100.9	102.5	102.3	99.2	113.6	99.2	99.0	91.3
成 都	Chengdu	101.1	103.1	100.3	100.4	111.9	99.8	98.7	97.1
贵 阳	Guiyang	101.1	103.4	99.6	99.3	116.5	100.1	101.4	93.9
昆 明	Kunming	100.8	103.1	100.4	97.0	123.5	97.3	103.5	91.6
拉 萨	Lasa	100.3	101.0	100.2	100.8	104.9	99.5	102.3	97.5
西 安	Xi'an	100.9	102.7	99.8	98.5	114.4	97.7	95.4	101.1
兰 州	Lanzhou	100.6	101.8	99.8	102.9	111.8	100.0	100.5	92.0
西 宁	Xining	101.2	104.1	100.4	103.5	117.0	99.7	97.5	95.7
银 川	Yinchuan	101.0	103.3	100.7	109.6	107.6	100.3	98.8	107.4
乌鲁木齐	Urumqi	100.5	102.5	100.6	105.8	106.9	100.3	102.0	109.9

3-49 续表 continued

(上月=100) (preceding month=100)

地区	City	衣着 Clothing	居住 Residence	生活用品及服务 Household Facilities, Articles and Services	交通通信 Transport and Communications	教育文化娱乐 Education, Cultural and Recreation	医疗保健 Health Care and Medical Services	其他用品及服务 Miscellaneous Goods and Services
平均指数	**Average Index**	**100.2**	**99.9**	**100.1**	**100.1**	**100.2**	**100.0**	**100.1**
北京	Beijing	100.8	99.5	100.0	100.0	100.1	99.8	99.9
天津	Tianjin	100.3	99.8	100.3	99.9	99.8	100.0	100.4
石家庄	Shijiazhuang	100.5	100.4	99.6	99.9	100.0	99.7	99.7
太原	Taiyuan	96.8	99.8	100.1	101.1	99.9	100.0	100.3
呼和浩特	Hohhot	99.9	100.0	100.0	99.5	99.8	100.0	99.5
沈阳	Shenyang	100.3	100.0	100.2	100.4	99.4	100.0	100.6
大连	Dalian	98.9	100.0	100.5	100.2	99.4	100.0	100.1
长春	Changchun	99.8	99.8	100.7	99.8	100.9	100.1	99.9
哈尔滨	Harbin	96.5	100.0	100.4	99.3	99.7	100.0	99.1
上海	Shanghai	100.5	100.2	100.0	101.4	99.6	100.2	100.4
南京	Nanjing	100.4	99.8	100.2	100.3	100.2	100.0	99.4
杭州	Hangzhou	100.3	99.7	100.3	98.8	100.7	99.7	99.7
宁波	Ningbo	100.6	100.2	100.2	99.3	101.0	100.2	100.1
合肥	Hefei	103.0	100.1	99.9	99.7	101.4	100.0	100.2
福州	Fuzhou	100.0	100.0	99.5	99.8	97.9	100.0	99.3
厦门	Xiamen	97.5	100.2	100.5	100.5	100.7	100.1	99.8
南昌	Nanchang	100.9	100.2	100.4	100.0	100.3	100.1	99.6
济南	Jinan	100.6	100.2	100.1	100.0	100.7	99.5	99.8
青岛	Qingdao	100.9	99.6	100.3	99.6	100.9	100.4	100.0
郑州	Zhengzhou	100.0	99.9	100.3	99.8	100.8	100.0	101.1
武汉	Wuhan	100.4	100.0	100.1	100.2	100.0	100.0	99.2
长沙	Changsha	100.0	100.0	100.1	100.0	99.2	100.0	99.5
广州	Guangzhou	100.2	100.0	100.1	100.1	101.0	100.0	100.5
深圳	Shenzhen	100.5	100.1	99.9	100.0	101.6	100.1	100.1
南宁	Nanning	99.4	100.0	99.8	100.2	100.3	100.0	99.5
海口	Haikou	100.8	99.9	99.7	100.1	100.6	100.1	99.8
重庆	Chongqing	100.4	100.0	100.3	99.8	100.4	100.1	100.6
成都	Chengdu	100.7	99.8	100.2	100.3	100.8	100.0	100.2
贵阳	Guiyang	100.4	100.0	100.0	99.6	100.2	100.1	99.6
昆明	Kunming	100.6	100.0	100.0	99.8	98.4	100.0	100.0
拉萨	Lasa	100.0	100.0	100.0	99.8	100.0	100.0	99.7
西安	Xi'an	101.1	100.1	99.5	100.1	100.1	100.1	101.0
兰州	Lanzhou	100.7	99.9	100.0	99.9	100.3	99.9	98.8
西宁	Xining	101.7	100.1	100.1	99.8	98.6	99.9	99.9
银川	Yinchuan	102.1	99.7	100.6	100.2	99.7	100.0	96.2
乌鲁木齐	Urumqi	98.6	100.5	100.1	99.3	99.5	100.0	97.8

3-50 36个大中城市居民消费价格分类指数(环比)
Consumer Price Indices by Category for 36 Major Large and Medium-sized Cities
(2019年11月)

(上月=100) (preceding month=100)

地 区	City	居民消费价格指数 Consumer Price Index	食品烟酒 Food, Tobacco and Liquor	粮食 Grain	鲜菜 Fresh Vegetables	畜肉 Meat	水产品 Aquatic Products	蛋 Eggs	鲜果 Fresh Fruits
平均指数	**Average Index**	**100.3**	**101.7**	**100.5**	**101.4**	**105.6**	**99.7**	**100.1**	**97.8**
北 京	Beijing	100.1	102.0	100.7	107.1	107.7	100.6	101.0	91.5
天 津	Tianjin	100.3	101.7	101.5	105.5	106.8	97.9	99.4	95.6
石家庄	Shijiazhuang	101.0	103.1	99.7	105.6	109.3	100.3	99.5	96.3
太 原	Taiyuan	100.6	101.6	100.8	107.4	109.0	99.2	98.3	86.0
呼和浩特	Hohhot	100.3	101.4	100.0	110.2	102.6	100.4	100.0	95.4
沈 阳	Shenyang	100.7	102.8	100.1	112.1	101.9	101.6	101.0	104.1
大 连	Dalian	100.7	103.0	100.1	108.6	106.8	104.5	101.7	103.6
长 春	Changchun	100.9	103.2	100.6	113.9	104.6	101.9	101.0	102.9
哈尔滨	Harbin	100.4	102.2	101.5	115.2	101.8	100.9	101.8	97.8
上 海	Shanghai	100.2	101.3	100.4	94.8	107.1	98.6	100.5	100.1
南 京	Nanjing	100.3	101.9	99.9	95.6	106.5	98.6	100.6	97.4
杭 州	Hangzhou	100.2	101.0	101.0	98.0	105.6	98.7	101.0	92.3
宁 波	Ningbo	99.9	101.1	100.5	97.0	105.2	98.6	100.1	97.0
合 肥	Hefei	100.2	101.6	100.1	105.9	102.2	100.0	98.9	101.3
福 州	Fuzhou	100.5	101.7	99.9	100.1	107.8	100.0	101.9	94.2
厦 门	Xiamen	100.3	101.8	100.3	100.1	107.7	100.9	99.8	90.0
南 昌	Nanchang	100.0	100.5	98.5	96.5	104.7	98.7	97.2	90.3
济 南	Jinan	100.9	103.2	97.6	104.2	107.1	101.9	100.5	103.8
青 岛	Qingdao	100.4	102.8	103.4	102.4	105.7	102.9	100.8	102.0
郑 州	Zhengzhou	100.6	102.1	100.7	102.0	104.1	99.5	98.3	97.2
武 汉	Wuhan	100.1	100.7	100.0	100.5	103.1	96.9	98.6	98.3
长 沙	Changsha	99.9	100.4	100.0	97.8	102.5	100.3	100.4	96.0
广 州	Guangzhou	99.8	101.1	99.7	96.1	106.9	99.7	100.9	99.0
深 圳	Shenzhen	100.5	101.5	100.0	98.6	106.6	100.2	100.0	98.6
南 宁	Nanning	100.3	102.3	98.9	100.4	109.9	99.7	100.8	98.3
海 口	Haikou	102.1	105.1	101.7	102.2	120.8	100.1	102.1	96.0
重 庆	Chongqing	100.1	101.0	101.9	102.6	100.3	98.3	99.5	99.3
成 都	Chengdu	100.1	101.2	101.6	100.2	102.3	99.6	99.6	96.9
贵 阳	Guiyang	100.1	101.5	100.5	100.2	104.9	99.3	100.0	95.3
昆 明	Kunming	101.6	103.7	100.6	100.2	112.5	99.5	101.9	98.7
拉 萨	Lasa	100.3	101.2	100.1	98.6	104.9	100.0	101.2	100.9
西 安	Xi'an	99.9	100.4	98.8	101.3	103.1	96.0	98.6	96.1
兰 州	Lanzhou	100.8	102.8	99.9	110.5	108.6	100.5	98.6	96.9
西 宁	Xining	100.8	104.0	99.9	108.0	107.0	99.2	98.9	127.6
银 川	Yinchuan	101.2	102.5	100.4	114.4	106.2	99.9	100.5	94.7
乌鲁木齐	Urumqi	100.6	103.0	100.3	118.5	102.2	100.7	96.8	114.3

3-50 续表 continued

(上月=100) (preceding month=100)

地区	City	衣着 Clothing	居住 Residence	生活用品及服务 Household Facilities, Articles and Services	交通通信 Transport and Communications	教育文化娱乐 Education, Cultural and Recreation	医疗保健 Health Care and Medical Services	其他用品及服务 Miscellaneous Goods and Services
平均指数	**Average Index**	**100.2**	**99.9**	**99.8**	**99.6**	**98.9**	**100.1**	**98.9**
北京	Beijing	99.7	99.7	99.7	99.2	98.3	100.3	98.8
天津	Tianjin	100.2	100.1	99.9	99.7	98.8	100.5	98.2
石家庄	Shijiazhuang	101.7	99.9	100.8	100.5	98.2	100.1	99.6
太原	Taiyuan	105.1	99.7	99.9	99.4	98.0	100.0	99.7
呼和浩特	Hohhot	100.0	100.0	100.0	99.7	99.4	100.0	99.6
沈阳	Shenyang	100.1	99.9	100.3	98.9	99.6	100.0	99.4
大连	Dalian	99.9	100.0	100.0	99.4	99.0	100.1	98.1
长春	Changchun	101.7	99.9	99.8	100.1	98.1	100.0	99.0
哈尔滨	Harbin	101.8	99.0	100.0	98.4	99.5	100.1	99.1
上海	Shanghai	100.3	100.1	100.0	99.7	98.5	100.9	99.0
南京	Nanjing	100.4	99.9	99.8	100.5	97.7	99.9	100.2
杭州	Hangzhou	99.5	100.2	99.8	99.9	99.3	100.1	99.6
宁波	Ningbo	99.2	100.0	99.8	99.2	98.3	100.2	99.0
合肥	Hefei	99.4	99.9	99.4	100.7	98.4	100.1	98.5
福州	Fuzhou	100.2	100.0	99.9	100.0	99.6	100.3	99.9
厦门	Xiamen	99.9	100.1	99.7	99.5	98.5	100.2	99.4
南昌	Nanchang	99.7	99.9	99.6	99.6	99.8	100.0	99.9
济南	Jinan	100.1	100.0	99.3	100.3	99.3	100.0	99.0
青岛	Qingdao	99.7	99.8	99.7	99.0	97.7	100.1	97.6
郑州	Zhengzhou	100.1	99.8	100.0	100.1	99.7	99.7	98.9
武汉	Wuhan	100.4	99.9	99.5	99.1	100.0	100.0	99.7
长沙	Changsha	99.7	99.8	100.0	99.9	99.3	100.0	99.4
广州	Guangzhou	100.9	99.5	98.2	99.6	98.4	98.0	98.5
深圳	Shenzhen	101.5	100.1	100.4	99.9	99.4	100.1	99.1
南宁	Nanning	96.9	100.1	100.1	99.7	99.3	100.0	98.9
海口	Haikou	100.4	100.3	100.1	99.1	102.2	100.8	99.4
重庆	Chongqing	99.4	100.0	99.6	99.8	99.6	99.9	98.4
成都	Chengdu	100.8	99.5	100.1	99.6	98.7	100.1	98.7
贵阳	Guiyang	97.5	100.1	100.0	99.7	99.2	99.9	99.6
昆明	Kunming	104.3	100.0	100.1	99.8	100.8	100.1	100.0
拉萨	Lasa	100.0	100.0	100.0	99.8	99.0	100.0	99.5
西安	Xi'an	99.4	99.5	100.8	100.2	99.6	100.0	97.1
兰州	Lanzhou	100.6	99.7	100.0	99.2	100.0	100.1	99.0
西宁	Xining	96.6	101.3	100.0	98.3	99.4	100.1	98.2
银川	Yinchuan	100.9	102.7	100.0	99.4	99.3	100.3	98.0
乌鲁木齐	Urumqi	99.7	100.1	99.8	99.3	98.8	99.9	98.5

3-51 36个大中城市居民消费价格分类指数(环比)

Consumer Price Indices by Category for 36 Major Large and Medium-sized Cities

(2019年12月)

(上月=100) (preceding month=100)

地 区	City	居民消费价格指数 Consumer Price Index	食品烟酒 Food, Tobacco and Liquor	粮食 Grain	鲜菜 Fresh Vegetables	畜肉 Meat	水产品 Aquatic Products	蛋 Eggs	鲜果 Fresh Fruits
平均指数	**Average Index**	**100.1**	**100.2**	**99.6**	**111.2**	**96.8**	**100.4**	**95.5**	**101.5**
北 京	Beijing	100.2	101.3	99.8	123.6	96.9	99.3	93.4	101.7
天 津	Tianjin	100.2	100.6	100.3	121.1	96.2	101.3	93.0	99.7
石 家 庄	Shijiazhuang	100.2	100.9	100.5	122.3	94.1	100.0	94.9	107.1
太 原	Taiyuan	99.7	100.6	99.3	113.8	95.3	100.0	87.7	105.9
呼和浩特	Hohhot	101.5	101.3	100.0	123.7	95.4	99.2	93.6	111.7
沈 阳	Shenyang	100.4	101.3	100.0	124.1	96.6	99.3	92.4	101.6
大 连	Dalian	100.5	100.9	100.0	121.1	94.1	104.7	98.9	100.7
长 春	Changchun	100.1	100.5	100.0	113.5	96.2	101.9	93.5	104.2
哈 尔 滨	Harbin	99.5	100.0	100.9	111.7	95.7	100.5	92.7	103.5
上 海	Shanghai	100.3	101.2	99.6	111.4	99.2	101.4	98.0	104.0
南 京	Nanjing	99.7	99.5	100.3	107.9	95.6	99.0	96.3	102.2
杭 州	Hangzhou	100.0	99.9	98.0	102.2	97.3	100.3	97.0	108.5
宁 波	Ningbo	100.0	99.7	98.3	103.7	95.5	100.2	99.8	104.0
合 肥	Hefei	99.9	100.1	101.0	115.0	95.4	100.0	96.6	98.1
福 州	Fuzhou	100.4	101.0	100.6	115.4	98.1	101.6	92.9	103.5
厦 门	Xiamen	99.7	99.2	100.4	104.6	94.1	101.8	96.0	96.9
南 昌	Nanchang	100.0	99.4	101.7	104.2	95.9	97.9	97.4	99.8
济 南	Jinan	100.3	100.6	102.8	120.7	94.8	102.3	94.9	110.8
青 岛	Qingdao	100.1	100.1	99.1	118.2	94.7	101.7	94.3	100.9
郑 州	Zhengzhou	100.1	99.9	100.2	109.7	95.6	100.0	96.1	112.0
武 汉	Wuhan	99.8	99.0	100.0	106.3	95.1	99.5	96.2	95.9
长 沙	Changsha	99.7	98.6	100.0	103.9	94.1	99.5	95.5	97.6
广 州	Guangzhou	99.4	98.3	99.4	96.9	96.2	98.8	93.5	93.7
深 圳	Shenzhen	99.8	99.6	100.2	104.3	97.3	99.8	98.1	100.4
南 宁	Nanning	99.8	99.1	101.7	101.9	94.3	100.3	97.9	102.8
海 口	Haikou	100.0	99.4	99.4	99.6	97.5	100.2	98.9	97.6
重 庆	Chongqing	100.2	100.6	96.3	113.2	99.3	99.3	97.1	95.2
成 都	Chengdu	99.9	100.0	98.6	107.0	98.9	99.6	98.1	97.2
贵 阳	Guiyang	99.8	100.3	99.7	108.1	98.0	99.0	98.2	103.5
昆 明	Kunming	100.5	100.0	99.4	109.4	97.8	99.9	96.8	98.1
拉 萨	Lasa	100.1	100.1	100.0	106.3	97.1	99.5	100.0	99.7
西 安	Xi'an	99.9	100.2	100.8	114.9	95.0	98.9	88.6	98.2
兰 州	Lanzhou	100.0	99.9	99.9	114.5	94.3	99.9	94.7	96.9
西 宁	Xining	100.6	100.8	100.8	116.8	96.6	99.2	92.2	110.3
银 川	Yinchuan	100.4	101.2	99.5	119.2	97.1	101.2	95.0	101.1
乌鲁木齐	Urumqi	100.3	101.1	99.8	115.9	98.9	98.5	96.9	107.5

3–51 续表 continued

(上月=100) (preceding month=100)

地区	City	衣着 Clothing	居住 Residence	生活用品及服务 Household Facilities, Articles and Services	交通通信 Transport and Communications	教育文化娱乐 Education, Cultural and Recreation	医疗保健 Health Care and Medical Services	其他用品及服务 Miscellaneous Goods and Services
平均指数	**Average Index**	**99.4**	**99.9**	**100.3**	**100.2**	**100.2**	**100.1**	**99.7**
北京	Beijing	99.3	99.4	100.4	100.2	100.6	99.8	99.9
天津	Tianjin	98.6	100.4	100.1	100.5	99.8	100.2	100.2
石家庄	Shijiazhuang	98.2	100.2	99.8	100.8	100.2	100.1	99.9
太原	Taiyuan	95.6	99.9	100.3	100.0	100.0	100.0	99.8
呼和浩特	Hohhot	100.0	100.0	99.2	100.6	100.8	112.1	100.0
沈阳	Shenyang	100.1	99.6	100.4	100.1	99.9	100.0	99.8
大连	Dalian	101.1	100.0	100.6	99.8	100.2	100.1	100.1
长春	Changchun	98.8	100.0	100.0	100.1	100.3	100.0	100.2
哈尔滨	Harbin	99.2	96.7	99.6	100.6	101.1	100.0	101.4
上海	Shanghai	98.8	100.2	100.4	100.2	100.3	99.9	98.9
南京	Nanjing	99.8	100.0	100.3	99.6	100.2	100.0	97.0
杭州	Hangzhou	99.9	99.9	100.4	100.6	99.9	100.0	100.3
宁波	Ningbo	100.1	100.1	100.1	99.9	100.0	100.2	100.1
合肥	Hefei	99.0	99.9	100.1	100.2	99.4	100.1	99.9
福州	Fuzhou	101.0	100.0	100.4	99.9	100.4	100.0	99.4
厦门	Xiamen	99.2	100.0	100.1	100.3	100.4	100.0	99.8
南昌	Nanchang	100.6	100.6	99.7	100.6	100.2	100.1	100.0
济南	Jinan	99.8	99.8	100.6	100.4	100.3	100.3	100.1
青岛	Qingdao	100.5	100.0	100.6	99.6	100.0	100.1	100.0
郑州	Zhengzhou	100.0	100.3	100.5	100.4	99.7	100.0	100.0
武汉	Wuhan	101.0	100.0	99.9	99.9	100.2	100.9	99.9
长沙	Changsha	100.3	100.5	100.0	100.1	99.9	100.0	100.6
广州	Guangzhou	98.5	100.2	100.5	99.9	99.7	100.0	99.3
深圳	Shenzhen	98.7	100.0	100.1	100.4	99.9	99.8	99.9
南宁	Nanning	99.7	100.6	99.5	100.2	100.0	100.1	100.0
海口	Haikou	98.8	100.2	100.6	100.9	100.7	100.0	100.3
重庆	Chongqing	99.8	100.0	100.2	99.9	99.6	100.5	100.0
成都	Chengdu	99.1	99.4	100.3	100.2	100.5	99.9	100.0
贵阳	Guiyang	99.9	98.5	99.5	99.9	100.4	100.5	99.6
昆明	Kunming	99.6	100.0	99.2	101.5	103.3	100.0	100.0
拉萨	Lasa	100.0	100.0	100.0	100.6	100.0	100.0	99.2
西安	Xi'an	99.5	100.0	100.2	99.9	99.3	100.3	99.0
兰州	Lanzhou	100.0	100.0	100.2	99.8	100.2	100.0	100.1
西宁	Xining	101.9	100.0	100.7	100.5	100.3	100.1	100.2
银川	Yinchuan	100.8	99.9	100.4	99.4	99.7	100.1	99.3
乌鲁木齐	Urumqi	98.8	99.9	100.3	99.8	100.4	100.0	99.7

3-52 36个大中城市居民消费价格分类指数(同比)
Consumer Price Indices by Category for 36 Major Large and Medium-sized Cities
(2019年1月)

(上年同月=100) (same month of preceding year=100)

地区	City	居民消费价格指数 Consumer Price Index	食品烟酒 Food, Tobacco and Liquor	粮食 Grain	鲜菜 Fresh Vegetables	畜肉 Meat	水产品 Aquatic Products	蛋 Eggs	鲜果 Fresh Fruits
平均指数	**Average Index**	**101.8**	**102.5**	**100.5**	**104.3**	**101.7**	**101.3**	**100.7**	**102.7**
北京	Beijing	101.9	102.9	100.0	107.1	101.9	100.8	100.1	103.6
天津	Tianjin	101.7	101.8	101.0	106.7	102.4	95.2	97.1	101.8
石家庄	Shijiazhuang	101.8	102.3	102.4	108.0	98.7	94.5	98.9	105.1
太原	Taiyuan	101.9	102.3	98.9	111.8	92.2	101.2	92.4	113.7
呼和浩特	Hohhot	101.9	102.7	100.0	103.4	109.4	103.8	101.6	102.6
沈阳	Shenyang	100.4	99.2	100.9	103.1	92.2	103.5	92.3	91.5
大连	Dalian	101.6	102.0	99.5	100.7	100.3	105.4	93.8	103.9
长春	Changchun	101.8	101.4	102.6	106.3	96.5	104.2	101.0	97.9
哈尔滨	Harbin	101.0	100.7	104.2	105.5	92.9	99.8	95.7	93.0
上海	Shanghai	101.1	100.8	99.8	100.0	101.1	100.0	101.6	92.9
南京	Nanjing	101.8	103.0	101.7	104.2	100.7	98.6	110.2	107.7
杭州	Hangzhou	102.0	103.3	102.3	106.4	99.2	98.5	104.6	104.8
宁波	Ningbo	102.3	103.4	98.9	110.7	102.7	104.1	107.0	97.5
合肥	Hefei	101.0	100.8	101.8	99.3	97.4	95.3	103.5	107.5
福州	Fuzhou	101.8	103.1	102.3	107.2	102.2	99.8	98.4	112.2
厦门	Xiamen	101.5	102.7	102.5	107.4	104.2	103.5	99.5	108.0
南昌	Nanchang	101.8	103.4	101.4	105.1	97.2	98.2	112.9	116.0
济南	Jinan	102.3	104.5	101.4	121.2	100.9	102.0	104.6	100.7
青岛	Qingdao	102.1	104.3	102.3	109.5	100.9	104.7	97.3	122.2
郑州	Zhengzhou	101.5	103.1	97.5	112.0	98.5	103.0	98.0	118.4
武汉	Wuhan	102.1	102.8	100.1	108.0	99.3	97.0	101.4	110.2
长沙	Changsha	101.8	102.3	100.1	100.0	100.7	101.8	105.6	105.4
广州	Guangzhou	102.7	103.2	99.3	106.1	101.3	104.1	96.8	104.3
深圳	Shenzhen	103.0	104.3	102.5	106.5	101.4	105.3	105.4	108.2
南宁	Nanning	102.4	103.1	98.0	110.4	95.2	104.7	101.6	126.4
海口	Haikou	102.5	101.8	99.7	109.0	99.4	102.4	107.1	99.2
重庆	Chongqing	102.2	102.9	99.4	100.3	105.0	99.0	105.6	113.6
成都	Chengdu	102.1	104.4	98.8	99.5	116.2	99.2	100.3	105.6
贵阳	Guiyang	102.4	103.3	102.9	97.7	111.0	102.1	104.3	104.1
昆明	Kunming	102.1	102.2	104.4	100.0	101.8	98.9	103.1	105.4
拉萨	Lasa	101.5	102.0	100.1	105.0	101.4	102.8	103.6	103.6
西安	Xi'an	101.7	99.7	99.3	91.7	101.5	95.0	96.4	96.7
兰州	Lanzhou	101.2	103.3	99.6	106.5	107.4	100.1	97.7	112.9
西宁	Xining	102.2	103.4	104.0	99.8	107.1	102.3	106.0	99.7
银川	Yinchuan	102.5	102.1	101.4	95.2	102.3	101.0	99.9	117.5
乌鲁木齐	Urumqi	100.4	101.8	99.3	99.6	103.9	100.0	96.2	107.4

3-52 续表 continued

(上年同月=100) (same month of preceding year=100)

地区	City	衣着 Clothing	居住 Residence	生活用品及服务 Household Facilities, Articles and Services	交通通信 Transport and Communications	教育文化娱乐 Education, Cultural and Recreation	医疗保健 Health Care and Medical Services	其他用品及服务 Miscellaneous Goods and Services
平均指数	**Average Index**	**101.7**	**101.7**	**101.8**	**98.5**	**103.4**	**102.7**	**102.2**
北京	Beijing	102.1	102.1	102.0	96.2	105.3	101.8	101.6
天津	Tianjin	102.5	102.3	101.0	99.5	102.7	101.4	101.1
石家庄	Shijiazhuang	102.5	101.0	100.9	97.9	105.3	102.8	100.4
太原	Taiyuan	104.5	101.5	100.5	99.0	103.6	100.9	102.3
呼和浩特	Hohhot	103.2	103.5	101.1	98.0	101.3	101.0	102.1
沈阳	Shenyang	100.4	102.3	100.1	99.3	100.7	101.3	101.5
大连	Dalian	102.4	101.8	100.6	98.3	103.5	103.0	98.6
长春	Changchun	104.2	104.7	103.8	95.7	101.8	100.9	101.8
哈尔滨	Harbin	99.4	100.6	100.3	100.5	105.1	100.9	99.9
上海	Shanghai	100.2	101.0	102.1	99.4	101.3	103.4	102.3
南京	Nanjing	102.5	102.3	102.9	97.5	102.8	101.2	99.7
杭州	Hangzhou	99.8	101.5	103.0	100.2	101.8	104.2	102.3
宁波	Ningbo	99.8	100.1	103.9	99.7	104.0	107.4	105.9
合肥	Hefei	101.4	101.1	101.4	96.7	104.1	103.2	102.1
福州	Fuzhou	103.3	101.1	101.0	98.9	103.1	100.6	102.4
厦门	Xiamen	106.9	101.1	101.3	97.0	100.0	103.2	100.5
南昌	Nanchang	101.1	102.8	100.2	98.5	102.5	100.4	100.6
济南	Jinan	102.5	101.1	101.7	99.1	100.9	105.1	102.0
青岛	Qingdao	101.5	100.1	101.7	97.3	104.2	103.6	103.0
郑州	Zhengzhou	101.4	98.1	102.0	97.4	105.7	102.2	104.9
武汉	Wuhan	102.8	102.2	102.1	100.7	103.4	100.0	100.7
长沙	Changsha	102.8	100.7	101.7	98.5	104.7	102.5	102.9
广州	Guangzhou	104.1	101.6	101.7	99.9	104.0	104.8	104.8
深圳	Shenzhen	99.3	103.1	102.4	100.2	103.8	104.8	102.9
南宁	Nanning	104.8	103.0	101.0	96.7	105.8	100.3	101.2
海口	Haikou	108.8	103.1	102.5	101.6	101.7	101.9	103.2
重庆	Chongqing	100.7	103.4	101.4	97.7	104.9	100.6	101.9
成都	Chengdu	104.2	101.2	100.9	94.1	104.2	103.6	103.6
贵阳	Guiyang	103.0	102.2	100.8	100.8	102.3	103.4	99.9
昆明	Kunming	107.0	99.4	101.2	100.2	105.4	102.5	102.8
拉萨	Lasa	103.1	102.4	101.0	99.9	100.0	100.3	100.6
西安	Xi'an	102.3	103.2	103.3	98.9	105.7	101.8	101.3
兰州	Lanzhou	101.0	98.9	101.7	99.0	100.5	103.7	100.5
西宁	Xining	101.9	100.3	99.5	98.1	108.3	101.8	100.5
银川	Yinchuan	105.7	104.2	101.6	99.1	101.0	104.4	100.4
乌鲁木齐	Urumqi	96.1	100.4	104.4	97.6	100.0	101.3	103.3

3-53 36个大中城市居民消费价格分类指数(同比)
Consumer Price Indices by Category for 36 Major Large and Medium-sized Cities (2019年2月)

(上年同月=100) (same month of preceding year=100)

地区	City	居民消费价格指数 Consumer Price Index	食品烟酒 Food, Tobacco and Liquor	粮食 Grain	鲜菜 Fresh Vegetables	畜肉 Meat	水产品 Aquatic Products	蛋 Eggs	鲜果 Fresh Fruits
平均指数	**Average Index**	**101.7**	**101.8**	**100.6**	**101.2**	**100.3**	**97.3**	**96.7**	**104.3**
北京	Beijing	101.6	102.2	99.2	101.8	101.1	98.9	93.4	107.0
天津	Tianjin	101.8	100.6	101.6	102.0	101.6	89.6	89.8	101.0
石家庄	Shijiazhuang	101.5	102.1	100.5	107.9	98.3	93.3	94.1	107.1
太原	Taiyuan	101.8	101.2	99.3	109.3	93.2	95.9	85.8	107.5
呼和浩特	Hohhot	102.1	101.9	100.0	104.0	106.5	100.2	99.2	100.1
沈阳	Shenyang	100.2	98.6	100.9	97.8	94.2	99.2	87.3	93.6
大连	Dalian	102.2	102.6	100.5	104.1	100.2	103.6	92.8	109.5
长春	Changchun	101.9	101.4	103.9	103.6	97.1	100.2	94.8	97.8
哈尔滨	Harbin	101.1	100.7	104.7	107.0	95.2	96.0	90.7	91.3
上海	Shanghai	101.7	101.9	100.6	101.7	100.4	97.9	101.7	104.8
南京	Nanjing	102.4	103.3	103.0	110.9	101.0	96.9	104.7	103.4
杭州	Hangzhou	101.3	102.2	103.3	96.2	100.1	93.7	103.6	108.7
宁波	Ningbo	102.4	101.5	99.6	103.7	100.9	96.3	103.7	97.1
合肥	Hefei	101.4	101.6	99.0	110.2	99.0	91.4	95.3	107.5
福州	Fuzhou	100.7	101.3	102.9	93.5	101.4	98.7	90.3	108.3
厦门	Xiamen	100.5	100.5	102.5	97.8	99.2	99.3	96.4	103.3
南昌	Nanchang	102.1	103.8	101.6	115.1	97.3	96.8	109.5	114.2
济南	Jinan	101.9	103.3	101.8	109.8	103.7	98.7	94.6	96.9
青岛	Qingdao	101.9	103.0	103.0	104.4	100.0	103.2	90.7	119.8
郑州	Zhengzhou	101.5	103.1	97.5	114.0	98.2	98.8	94.7	119.7
武汉	Wuhan	101.8	102.6	100.2	111.0	97.3	93.8	101.6	109.6
长沙	Changsha	101.6	101.6	100.1	104.1	98.8	99.1	103.5	97.5
广州	Guangzhou	102.1	102.3	98.9	97.9	99.7	99.4	89.8	106.5
深圳	Shenzhen	102.1	102.7	102.5	99.0	98.6	96.0	102.3	106.0
南宁	Nanning	101.8	101.3	97.3	105.8	93.5	104.7	97.8	119.0
海口	Haikou	101.7	99.2	101.4	96.4	95.1	94.1	105.2	96.6
重庆	Chongqing	101.2	100.8	98.1	94.2	101.4	96.9	101.3	103.2
成都	Chengdu	101.4	102.3	99.8	92.9	108.3	97.3	99.2	103.1
贵阳	Guiyang	101.6	100.9	100.3	89.9	105.9	93.7	101.1	103.3
昆明	Kunming	101.9	101.1	104.4	97.0	98.7	96.4	102.1	102.1
拉萨	Lasa	102.2	102.2	100.3	108.8	99.1	98.3	106.2	101.8
西安	Xi'an	102.2	99.9	99.1	93.8	101.7	95.6	90.9	94.5
兰州	Lanzhou	101.5	103.5	99.7	107.6	107.8	100.2	97.3	111.9
西宁	Xining	101.3	101.2	103.3	95.2	100.9	97.5	99.2	96.2
银川	Yinchuan	102.6	102.6	100.7	100.9	102.4	97.1	100.5	116.9
乌鲁木齐	Urumqi	101.3	102.5	99.8	101.8	105.7	96.6	96.4	103.0

3-53 续表 continued

(上年同月=100) (same month of preceding year=100)

地 区	City	衣着 Clothing	居住 Residence	生活用品及服务 Household Facilities, Articles and Services	交通通信 Transport and Communications	教育文化娱乐 Education, Cultural and Recreation	医疗保健 Health Care and Medical Services	其他用品及服务 Miscellaneous Goods and Services
平均指数	**Average Index**	**102.4**	**102.1**	**101.5**	**98.4**	**102.6**	**102.8**	**102.3**
北 京	Beijing	103.3	103.0	100.1	95.4	102.5	101.7	101.8
天 津	Tianjin	102.6	102.9	101.0	100.0	103.8	101.3	102.2
石家庄	Shijiazhuang	103.3	101.1	102.0	98.0	101.6	103.0	101.2
太 原	Taiyuan	104.0	101.8	100.1	99.6	105.1	100.9	102.4
呼和浩特	Hohhot	103.1	103.5	100.6	98.8	104.4	101.0	100.7
沈 阳	Shenyang	100.9	102.5	100.0	99.1	100.0	101.3	102.4
大 连	Dalian	103.8	101.7	100.7	99.0	104.8	102.8	98.7
长 春	Changchun	104.0	104.5	103.6	96.3	102.6	101.1	101.4
哈尔滨	Harbin	100.7	100.5	100.5	101.2	103.2	101.2	101.9
上 海	Shanghai	102.0	101.4	102.3	99.8	101.4	103.9	102.3
南 京	Nanjing	103.0	102.5	102.1	98.1	105.5	101.3	101.2
杭 州	Hangzhou	99.3	102.2	103.2	98.8	98.0	105.6	102.6
宁 波	Ningbo	104.3	100.5	104.0	99.6	104.6	107.9	106.2
合 肥	Hefei	101.7	101.3	101.6	97.1	104.0	103.2	101.4
福 州	Fuzhou	104.5	101.1	99.7	99.1	97.6	101.1	102.2
厦 门	Xiamen	107.8	100.9	101.0	96.2	98.2	103.0	102.1
南 昌	Nanchang	100.2	103.2	100.2	99.1	102.8	100.4	101.0
济 南	Jinan	102.4	100.4	101.9	99.3	101.8	104.3	103.3
青 岛	Qingdao	101.4	100.2	101.4	97.1	106.2	103.3	103.2
郑 州	Zhengzhou	101.5	98.1	101.1	97.9	105.9	101.9	105.5
武 汉	Wuhan	102.9	101.7	100.5	100.7	103.1	100.1	99.5
长 沙	Changsha	102.5	101.5	101.2	98.6	104.0	103.0	102.5
广 州	Guangzhou	104.6	101.6	101.4	98.2	103.7	104.7	103.4
深 圳	Shenzhen	99.5	103.1	101.9	98.4	102.7	104.8	103.1
南 宁	Nanning	104.5	102.8	100.2	97.2	106.2	100.4	98.6
海 口	Haikou	108.4	103.1	100.7	102.1	102.5	101.9	105.1
重 庆	Chongqing	100.5	103.4	101.3	97.7	102.7	100.6	101.4
成 都	Chengdu	101.9	103.1	101.5	95.5	100.4	103.4	103.8
贵 阳	Guiyang	104.2	102.7	100.9	101.8	99.6	103.1	99.7
昆 明	Kunming	106.8	99.9	100.8	100.3	106.7	101.7	103.4
拉 萨	Lasa	108.7	102.2	101.0	99.3	100.0	102.5	101.5
西 安	Xi'an	104.3	104.8	103.6	98.9	104.4	102.0	102.1
兰 州	Lanzhou	101.0	98.9	101.6	100.7	100.5	104.0	100.5
西 宁	Xining	100.4	100.0	98.0	99.8	108.1	101.4	100.0
银 川	Yinchuan	105.7	104.4	101.1	100.1	100.2	104.4	99.1
乌鲁木齐	Urumqi	100.2	100.3	104.2	98.9	100.0	101.5	104.8

3-54 36个大中城市居民消费价格分类指数(同比)
Consumer Price Indices by Category for 36 Major Large and Medium-sized Cities (2019年3月)

(上年同月=100) (same month of preceding year=100)

地 区	City	居民消费价格指数 Consumer Price Index	食品烟酒 Food, Tobacco and Liquor	粮食 Grain	鲜菜 Fresh Vegetables	畜肉 Meat	水产品 Aquatic Products	蛋 Eggs	鲜果 Fresh Fruits
平均指数	**Average Index**	**102.3**	**103.7**	**100.3**	**115.9**	**104.4**	**96.8**	**98.7**	**107.4**
北 京	Beijing	101.9	104.3	98.5	119.0	105.2	97.0	97.0	111.6
天 津	Tianjin	102.4	102.6	101.6	115.2	104.8	90.9	95.6	107.2
石家庄	Shijiazhuang	102.0	103.6	102.6	114.8	103.2	85.7	98.5	119.2
太 原	Taiyuan	102.1	103.1	98.7	121.7	98.0	97.2	90.0	108.7
呼和浩特	Hohhot	102.4	102.8	100.0	114.4	106.5	98.1	101.3	99.3
沈 阳	Shenyang	101.1	100.6	100.6	105.3	102.9	96.5	93.0	93.7
大 连	Dalian	102.1	102.7	100.6	104.0	107.9	96.6	95.3	108.9
长 春	Changchun	102.5	104.4	103.5	114.4	106.2	98.8	95.5	102.4
哈尔滨	Harbin	101.4	102.2	103.9	109.7	101.9	98.8	92.5	94.6
上 海	Shanghai	102.2	103.3	100.8	110.8	102.9	96.0	102.6	110.4
南 京	Nanjing	102.5	105.0	101.9	123.5	105.5	97.9	105.9	107.8
杭 州	Hangzhou	102.6	103.8	100.4	112.7	100.6	95.7	103.1	114.0
宁 波	Ningbo	103.0	103.0	100.7	116.0	103.3	96.1	102.4	103.6
合 肥	Hefei	102.9	105.5	98.1	130.1	110.8	92.7	95.0	114.2
福 州	Fuzhou	102.1	104.2	101.6	123.7	106.8	94.8	92.5	118.2
厦 门	Xiamen	102.0	103.6	102.6	127.4	103.3	100.1	94.2	105.3
南 昌	Nanchang	103.0	105.7	101.4	136.3	100.1	96.3	108.9	118.0
济 南	Jinan	102.8	105.7	99.8	118.1	117.4	98.7	98.4	98.1
青 岛	Qingdao	102.8	106.1	102.5	121.4	111.4	101.4	97.8	118.9
郑 州	Zhengzhou	102.2	104.7	99.4	124.3	104.6	96.6	98.9	115.3
武 汉	Wuhan	102.7	104.4	100.3	121.1	104.8	92.7	100.7	113.4
长 沙	Changsha	102.3	103.3	100.1	112.3	103.6	99.5	102.7	99.5
广 州	Guangzhou	103.1	104.1	98.7	117.7	102.2	99.7	91.7	106.1
深 圳	Shenzhen	102.6	103.8	100.2	117.2	100.4	98.3	103.0	103.6
南 宁	Nanning	102.1	103.7	97.3	125.7	96.8	103.8	96.0	121.6
海 口	Haikou	101.7	100.8	101.4	108.1	92.3	98.3	103.1	101.6
重 庆	Chongqing	102.2	103.6	96.9	110.6	107.6	96.7	101.4	106.2
成 都	Chengdu	102.5	105.3	102.2	119.1	110.2	97.1	99.3	102.0
贵 阳	Guiyang	102.1	102.9	100.3	105.7	104.5	96.1	99.4	101.6
昆 明	Kunming	102.5	102.8	104.4	109.4	100.2	93.5	100.9	108.0
拉 萨	Lasa	102.2	102.1	100.3	108.8	98.2	96.3	105.7	103.3
西 安	Xi'an	102.6	102.6	98.9	120.6	107.7	93.5	89.8	96.0
兰 州	Lanzhou	101.9	104.8	99.7	120.7	107.6	98.9	97.1	113.4
西 宁	Xining	102.3	103.2	102.4	111.2	101.9	94.9	100.2	99.8
银 川	Yinchuan	102.3	105.0	100.4	121.4	103.8	98.6	98.8	116.8
乌鲁木齐	Urumqi	102.2	105.4	100.1	124.0	104.8	98.1	97.7	113.7

3-54 续表 continued

(上年同月=100) (same month of preceding year=100)

地区	City	衣着 Clothing	居住 Residence	生活用品及服务 Household Facilities, Articles and Services	交通通信 Transport and Communications	教育文化娱乐 Education, Cultural and Recreation	医疗保健 Health Care and Medical Services	其他用品及服务 Miscellaneous Goods and Services
平均指数	**Average Index**	**102.5**	**101.8**	**101.2**	**99.9**	**102.7**	**102.6**	**102.1**
北京	Beijing	102.6	101.4	99.8	99.4	101.5	101.4	100.9
天津	Tianjin	102.9	102.7	102.1	101.1	102.8	101.2	102.3
石家庄	Shijiazhuang	100.2	100.9	100.9	98.7	105.1	102.9	100.8
太原	Taiyuan	103.2	102.2	99.8	99.9	103.1	100.9	101.8
呼和浩特	Hohhot	103.3	103.0	100.6	101.0	102.4	101.0	101.8
沈阳	Shenyang	102.1	100.2	100.8	99.9	104.1	101.3	102.6
大连	Dalian	104.1	101.3	101.0	99.5	103.2	102.9	99.4
长春	Changchun	104.2	104.3	103.7	96.7	100.6	100.8	102.1
哈尔滨	Harbin	101.6	100.3	99.8	100.3	103.0	101.1	101.7
上海	Shanghai	103.0	101.7	101.1	100.5	100.8	103.9	102.1
南京	Nanjing	101.3	102.2	103.5	99.5	102.1	101.3	103.0
杭州	Hangzhou	99.8	102.7	102.4	101.5	101.3	105.7	101.7
宁波	Ningbo	105.5	100.9	104.9	101.4	104.0	107.5	103.2
合肥	Hefei	102.4	101.2	101.7	98.8	104.4	103.2	103.2
福州	Fuzhou	105.0	100.8	101.4	100.3	100.7	101.1	101.8
厦门	Xiamen	107.9	101.2	100.9	98.0	100.9	103.0	100.7
南昌	Nanchang	100.3	103.7	99.8	100.0	102.8	102.0	101.7
济南	Jinan	102.1	100.7	101.9	100.6	103.4	102.2	102.2
青岛	Qingdao	101.0	100.4	100.9	99.1	104.4	102.9	103.0
郑州	Zhengzhou	101.6	98.9	101.4	98.8	106.5	100.8	106.2
武汉	Wuhan	103.5	101.9	101.5	102.0	103.4	100.1	100.3
长沙	Changsha	102.0	101.5	101.4	99.5	104.3	102.9	102.1
广州	Guangzhou	105.5	102.0	101.5	99.7	104.4	104.5	104.1
深圳	Shenzhen	98.8	102.7	100.7	100.6	103.7	104.9	102.8
南宁	Nanning	103.2	100.9	99.4	99.7	104.8	100.4	100.6
海口	Haikou	104.9	102.9	100.1	100.4	102.3	101.4	105.1
重庆	Chongqing	100.4	103.2	100.6	99.1	103.5	100.6	102.1
成都	Chengdu	102.5	102.7	100.8	96.3	102.5	102.8	102.2
贵阳	Guiyang	102.2	102.6	100.0	102.1	100.3	103.3	99.8
昆明	Kunming	105.5	99.9	101.2	101.9	106.4	101.0	103.4
拉萨	Lasa	108.7	102.2	100.3	99.9	100.0	102.2	100.6
西安	Xi'an	102.1	104.1	102.1	99.3	104.6	102.1	102.2
兰州	Lanzhou	102.0	99.1	101.5	99.9	100.7	103.1	100.0
西宁	Xining	100.3	101.8	98.8	100.6	107.7	101.0	101.3
银川	Yinchuan	101.0	102.7	100.3	99.8	98.9	104.1	100.4
乌鲁木齐	Urumqi	100.1	100.1	103.9	100.7	99.6	101.5	104.5

3-55 36个大中城市居民消费价格分类指数(同比)
Consumer Price Indices by Category for 36 Major Large and Medium-sized Cities
(2019年4月)

(上年同月=100) (same month of preceding year=100)

地区	City	居民消费价格指数 Consumer Price Index	食品烟酒 Food, Tobacco and Liquor	粮食 Grain	鲜菜 Fresh Vegetables	畜肉 Meat	水产品 Aquatic Products	蛋 Eggs	鲜果 Fresh Fruits
平均指数	**Average Index**	**102.5**	**104.7**	**100.4**	**117.1**	**108.1**	**99.1**	**103.8**	**110.3**
北京	Beijing	101.6	104.6	100.0	116.3	109.0	96.8	103.5	113.3
天津	Tianjin	102.9	103.7	101.4	116.3	109.6	94.2	105.6	110.1
石家庄	Shijiazhuang	102.4	104.2	102.3	110.9	109.1	90.0	104.2	122.5
太原	Taiyuan	102.5	105.0	98.4	125.9	106.6	96.1	102.4	109.4
呼和浩特	Hohhot	102.4	104.2	100.1	114.6	109.6	97.9	116.2	106.2
沈阳	Shenyang	101.4	102.2	100.4	107.4	107.4	97.5	97.9	100.3
大连	Dalian	102.3	103.7	100.7	103.2	112.1	100.1	98.0	111.3
长春	Changchun	102.9	105.4	103.8	112.8	112.7	100.8	102.3	104.5
哈尔滨	Harbin	102.1	104.6	104.5	110.2	113.0	98.5	102.4	99.5
上海	Shanghai	102.4	103.8	99.7	111.5	105.2	99.9	105.1	108.9
南京	Nanjing	102.9	106.4	103.4	124.5	110.3	99.5	110.9	112.9
杭州	Hangzhou	103.1	105.3	99.4	114.2	104.8	100.3	107.1	116.0
宁波	Ningbo	103.0	103.5	100.0	114.4	106.9	98.8	103.5	105.2
合肥	Hefei	103.1	106.5	99.8	121.7	118.5	96.5	100.8	126.7
福州	Fuzhou	102.6	106.1	100.4	127.8	110.6	98.1	103.5	129.6
厦门	Xiamen	102.3	104.8	100.9	126.8	109.0	103.3	99.5	109.7
南昌	Nanchang	102.8	105.9	101.1	131.6	104.2	97.1	112.1	128.2
济南	Jinan	102.5	105.6	100.0	113.0	119.5	98.5	103.5	100.8
青岛	Qingdao	102.6	106.1	100.1	115.7	118.5	99.3	103.1	121.8
郑州	Zhengzhou	102.5	105.8	99.2	123.2	108.2	99.4	105.9	119.9
武汉	Wuhan	103.0	105.5	100.5	123.9	107.5	95.0	103.1	118.2
长沙	Changsha	103.0	105.9	100.1	127.1	107.9	101.9	105.6	104.5
广州	Guangzhou	103.4	105.4	100.6	123.4	102.0	102.4	101.4	112.1
深圳	Shenzhen	102.7	104.4	99.6	121.0	102.4	100.2	105.1	103.8
南宁	Nanning	102.3	104.6	98.8	121.8	100.1	105.8	97.2	127.1
海口	Haikou	102.2	102.8	101.0	116.5	95.0	101.5	103.6	107.0
重庆	Chongqing	102.7	105.2	97.9	117.4	115.2	97.7	103.5	109.9
成都	Chengdu	102.3	105.8	100.8	121.7	112.4	96.9	100.2	108.0
贵阳	Guiyang	102.4	104.6	100.4	113.5	106.0	99.8	104.5	109.4
昆明	Kunming	102.5	105.0	104.2	118.5	104.2	96.6	103.7	112.4
拉萨	Lasa	102.0	101.8	100.3	105.4	99.5	95.7	105.6	102.2
西安	Xi'an	102.4	103.1	99.7	115.1	111.2	92.9	106.3	100.8
兰州	Lanzhou	102.1	105.4	99.7	117.4	109.9	97.8	104.1	119.1
西宁	Xining	102.3	104.0	103.9	109.9	104.7	96.6	107.9	101.3
银川	Yinchuan	101.5	104.0	100.1	112.7	103.4	97.7	100.0	124.1
乌鲁木齐	Urumqi	102.0	105.0	99.7	118.1	107.5	96.4	99.1	113.0

3-55 续表 continued

(上年同月=100) (same month of preceding year=100)

地区	City	衣着 Clothing	居住 Residence	生活用品及服务 Household Facilities, Articles and Services	交通通信 Transport and Communications	教育文化娱乐 Education, Cultural and Recreation	医疗保健 Health Care and Medical Services	其他用品及服务 Miscellaneous Goods and Services
平均指数	**Average Index**	**102.2**	**101.8**	**101.2**	**99.3**	**103.0**	**102.4**	**101.9**
北京	Beijing	101.9	101.1	100.1	98.4	100.5	101.1	100.9
天津	Tianjin	102.6	103.3	101.5	100.9	104.8	100.8	101.7
石家庄	Shijiazhuang	101.6	101.2	100.2	98.3	106.4	102.7	101.1
太原	Taiyuan	101.5	101.8	100.4	100.6	103.0	100.9	101.4
呼和浩特	Hohhot	103.2	103.0	100.5	99.7	100.9	101.0	101.7
沈阳	Shenyang	102.3	100.0	101.3	99.4	103.4	101.0	102.0
大连	Dalian	104.0	101.1	101.1	100.0	102.5	102.9	100.1
长春	Changchun	103.7	104.2	102.4	96.1	102.1	101.6	102.5
哈尔滨	Harbin	103.3	99.0	99.9	100.5	102.9	102.0	101.9
上海	Shanghai	103.0	102.3	101.8	98.6	102.1	103.4	101.5
南京	Nanjing	100.5	102.5	103.1	99.0	103.2	101.1	101.4
杭州	Hangzhou	100.9	102.4	102.5	100.6	103.1	105.6	101.6
宁波	Ningbo	103.6	100.9	104.5	100.6	105.0	107.7	103.2
合肥	Hefei	102.5	101.4	101.5	98.1	105.2	103.2	102.7
福州	Fuzhou	104.7	100.9	101.0	99.8	100.7	101.3	102.3
厦门	Xiamen	109.2	100.9	100.2	98.3	100.8	101.5	101.0
南昌	Nanchang	99.2	103.9	99.9	99.1	102.3	102.0	101.7
济南	Jinan	101.4	100.4	101.3	99.5	102.9	102.4	103.0
青岛	Qingdao	100.9	100.3	101.1	97.7	104.7	102.7	104.4
郑州	Zhengzhou	101.7	99.5	101.5	98.1	106.5	100.5	105.7
武汉	Wuhan	103.5	102.0	101.2	101.3	103.6	100.0	101.2
长沙	Changsha	101.6	101.1	101.1	99.3	105.1	102.7	102.2
广州	Guangzhou	103.3	102.1	101.5	100.1	104.4	104.1	104.5
深圳	Shenzhen	98.7	102.5	100.7	100.4	104.0	104.7	101.2
南宁	Nanning	105.4	101.1	99.1	99.3	102.8	100.6	100.1
海口	Haikou	102.8	102.4	100.5	100.5	102.4	101.5	103.8
重庆	Chongqing	100.2	103.2	100.3	100.0	103.1	101.0	100.9
成都	Chengdu	102.6	101.6	100.7	95.3	102.4	102.7	102.3
贵阳	Guiyang	102.3	102.0	99.5	100.3	100.6	104.2	99.7
昆明	Kunming	102.5	99.9	99.4	101.2	105.6	101.0	102.9
拉萨	Lasa	108.7	102.2	100.3	99.3	100.0	101.9	100.8
西安	Xi'an	102.2	103.5	102.2	98.8	103.6	101.4	100.9
兰州	Lanzhou	101.6	99.7	101.0	99.7	100.6	102.9	102.2
西宁	Xining	101.2	101.8	99.9	99.1	105.0	101.2	101.8
银川	Yinchuan	98.1	102.2	100.2	98.5	98.9	104.3	100.8
乌鲁木齐	Urumqi	99.8	100.3	104.0	99.5	99.9	101.5	104.3

3-56 36个大中城市居民消费价格分类指数(同比)

Consumer Price Indices by Category for 36 Major Large and Medium-sized Cities (2019年5月)

(上年同月=100) (same month of preceding year=100)

地区	City	居民消费价格指数 Consumer Price Index	食品烟酒 Food, Tobacco and Liquor	粮食 Grain	鲜菜 Fresh Vegetables	畜肉 Meat	水产品 Aquatic Products	蛋 Eggs	鲜果 Fresh Fruits
平均指数	**Average Index**	**102.7**	**105.7**	**100.5**	**113.2**	**109.9**	**99.9**	**108.5**	**124.3**
北京	Beijing	101.8	105.5	100.4	106.6	110.1	96.6	106.8	127.2
天津	Tianjin	102.3	103.5	101.6	104.7	110.2	95.7	111.5	120.8
石家庄	Shijiazhuang	102.3	104.5	101.2	100.9	112.3	90.9	108.2	139.5
太原	Taiyuan	102.7	105.2	99.5	108.7	111.6	97.8	114.3	120.3
呼和浩特	Hohhot	102.7	105.5	100.1	109.1	111.0	99.5	123.4	126.6
沈阳	Shenyang	102.0	103.8	100.6	107.8	106.3	98.6	103.2	118.0
大连	Dalian	102.6	105.1	100.3	102.5	112.3	101.6	105.9	119.9
长春	Changchun	102.6	106.0	101.9	112.3	113.1	98.4	107.4	118.5
哈尔滨	Harbin	102.2	106.4	103.5	106.4	114.5	99.9	108.5	116.5
上海	Shanghai	102.6	104.3	99.5	111.7	106.1	100.1	108.0	114.8
南京	Nanjing	103.3	107.3	101.4	118.2	111.9	98.7	117.0	135.7
杭州	Hangzhou	103.6	106.4	99.4	114.5	106.3	100.5	108.1	133.2
宁波	Ningbo	103.2	104.4	99.5	112.1	109.4	97.4	106.4	128.5
合肥	Hefei	103.2	108.2	98.4	121.3	120.9	97.9	106.9	144.2
福州	Fuzhou	103.1	107.3	98.7	110.0	113.4	103.3	108.5	164.1
厦门	Xiamen	102.3	105.3	99.8	112.3	111.8	103.5	99.7	123.7
南昌	Nanchang	102.6	105.9	100.6	128.5	105.0	98.6	112.4	134.4
济南	Jinan	102.5	106.5	102.5	104.3	118.9	98.8	106.7	125.6
青岛	Qingdao	102.8	107.2	105.4	104.8	122.0	98.9	108.7	140.8
郑州	Zhengzhou	102.8	106.8	99.3	118.8	110.1	99.5	112.7	134.9
武汉	Wuhan	103.3	106.6	100.5	121.5	108.3	96.8	109.1	136.9
长沙	Changsha	103.5	107.3	100.5	126.3	109.2	101.7	109.5	119.9
广州	Guangzhou	103.5	106.6	100.2	121.9	103.0	104.5	112.2	128.0
深圳	Shenzhen	103.2	106.1	101.5	119.1	104.7	101.8	107.6	116.8
南宁	Nanning	102.9	106.0	97.0	120.5	100.4	107.1	103.5	144.9
海口	Haikou	103.3	106.7	102.2	120.1	106.6	102.6	105.9	118.7
重庆	Chongqing	103.1	106.7	99.9	117.1	120.4	98.6	108.5	119.0
成都	Chengdu	102.1	106.2	101.1	112.2	114.8	98.3	102.4	128.7
贵阳	Guiyang	102.7	107.0	100.5	116.9	109.8	102.1	106.9	134.1
昆明	Kunming	102.5	106.5	102.5	120.1	106.7	96.5	107.4	134.1
拉萨	Lasa	101.8	101.5	100.3	99.6	100.5	100.2	105.6	103.4
西安	Xi'an	102.5	103.8	100.1	108.7	112.2	95.8	112.9	110.0
兰州	Lanzhou	102.4	105.9	100.3	109.6	113.7	98.6	112.6	134.1
西宁	Xining	102.1	104.3	105.1	104.8	107.1	97.6	112.5	106.3
银川	Yinchuan	101.8	104.9	100.4	111.1	105.3	97.3	102.6	140.4
乌鲁木齐	Urumqi	102.2	106.0	99.2	115.0	109.6	100.1	105.8	121.0

3-56 续表 continued

(上年同月=100) (same month of preceding year=100)

地区	City	衣着 Clothing	居住 Residence	生活用品及服务 Household Facilities, Articles and Services	交通通信 Transport and Communications	教育文化娱乐 Education, Cultural and Recreation	医疗保健 Health Care and Medical Services	其他用品及服务 Miscellaneous Goods and Services
平均指数	**Average Index**	**102.2**	**101.6**	**101.1**	**98.9**	**103.1**	**102.6**	**102.3**
北京	Beijing	102.3	100.9	100.2	97.7	101.0	101.5	101.1
天津	Tianjin	101.9	102.4	101.2	99.9	104.0	100.6	102.4
石家庄	Shijiazhuang	101.8	100.7	100.9	97.9	104.8	103.5	100.7
太原	Taiyuan	102.2	101.8	100.7	101.4	103.1	100.9	101.6
呼和浩特	Hohhot	103.4	102.5	100.6	99.6	100.4	102.1	103.3
沈阳	Shenyang	102.3	100.4	101.6	98.6	104.7	100.8	102.3
大连	Dalian	103.4	100.6	101.4	100.9	101.7	102.9	100.5
长春	Changchun	103.0	104.1	100.9	94.3	101.8	101.3	102.0
哈尔滨	Harbin	102.3	97.6	99.6	100.6	102.6	102.5	101.6
上海	Shanghai	103.1	102.1	101.6	98.4	102.2	104.4	102.4
南京	Nanjing	102.4	101.9	102.3	99.3	104.2	101.2	102.5
杭州	Hangzhou	102.0	102.0	102.6	100.7	105.0	105.1	101.0
宁波	Ningbo	102.9	100.9	103.8	100.7	105.0	108.1	102.7
合肥	Hefei	104.4	101.4	101.2	95.4	103.6	103.4	102.0
福州	Fuzhou	103.4	100.9	101.6	100.1	102.3	101.4	102.0
厦门	Xiamen	107.3	101.3	100.6	98.0	100.5	101.1	101.6
南昌	Nanchang	99.1	103.2	100.0	98.6	102.2	102.0	101.0
济南	Jinan	101.3	101.2	100.8	97.5	103.0	101.3	102.4
青岛	Qingdao	100.1	100.1	100.8	97.2	105.0	102.9	105.1
郑州	Zhengzhou	102.0	99.6	101.0	97.0	106.5	101.3	105.1
武汉	Wuhan	103.0	102.0	100.9	101.0	103.7	100.1	102.0
长沙	Changsha	101.4	102.3	101.0	98.9	105.2	102.7	102.3
广州	Guangzhou	100.8	101.7	102.1	99.4	104.4	104.1	104.9
深圳	Shenzhen	99.9	102.7	100.8	99.5	104.0	104.4	101.1
南宁	Nanning	105.5	101.1	99.4	98.9	104.0	100.7	101.4
海口	Haikou	102.6	101.7	101.2	100.5	101.8	101.4	103.7
重庆	Chongqing	100.5	103.1	100.3	99.5	103.0	100.8	102.5
成都	Chengdu	103.2	101.2	100.2	94.6	101.5	102.7	103.2
贵阳	Guiyang	101.7	101.2	99.2	99.6	100.1	104.2	100.8
昆明	Kunming	100.8	99.9	99.0	99.9	104.6	101.0	102.2
拉萨	Lasa	108.4	102.2	100.3	99.8	100.0	101.9	98.7
西安	Xi'an	102.3	102.6	102.0	99.7	104.1	100.7	101.7
兰州	Lanzhou	102.1	99.8	101.2	99.8	100.6	102.9	102.4
西宁	Xining	102.9	99.7	100.7	99.2	103.8	101.4	100.8
银川	Yinchuan	98.3	101.5	100.1	98.4	99.4	104.3	101.5
乌鲁木齐	Urumqi	99.3	100.1	102.3	99.9	99.9	101.3	104.9

3-57 36个大中城市居民消费价格分类指数(同比)

Consumer Price Indices by Category for 36 Major Large and Medium-sized Cities (2019年6月)

(上年同月=100) (same month of preceding year=100)

地区	City	居民消费价格指数 Consumer Price Index	食品烟酒 Food, Tobacco and Liquor	粮食 Grain	鲜菜 Fresh Vegetables	畜肉 Meat	水产品 Aquatic Products	蛋 Eggs	鲜果 Fresh Fruits
平均指数	**Average Index**	**102.7**	**106.0**	**100.8**	**103.2**	**111.9**	**99.5**	**106.3**	**140.8**
北京	Beijing	102.6	105.8	100.0	97.1	112.4	96.6	105.3	141.5
天津	Tianjin	102.2	104.4	102.0	97.3	113.3	95.8	105.6	139.4
石家庄	Shijiazhuang	102.6	105.7	101.5	94.4	115.4	93.0	105.6	163.5
太原	Taiyuan	102.6	105.2	96.7	98.9	112.9	101.4	109.4	137.8
呼和浩特	Hohhot	102.6	105.6	100.2	97.1	113.3	100.0	119.1	143.1
沈阳	Shenyang	102.6	105.9	100.6	110.6	113.1	96.6	100.7	132.4
大连	Dalian	102.1	105.1	100.3	106.3	115.1	101.3	103.4	120.4
长春	Changchun	103.2	108.7	102.0	113.7	117.7	99.5	104.9	147.1
哈尔滨	Harbin	102.7	108.1	104.4	102.8	117.6	101.2	107.8	136.4
上海	Shanghai	102.7	104.8	100.4	99.5	106.9	98.7	106.1	132.6
南京	Nanjing	103.5	107.8	102.8	104.9	113.7	100.8	112.9	158.5
杭州	Hangzhou	103.2	106.0	102.6	100.6	109.3	98.6	107.6	145.6
宁波	Ningbo	102.4	104.1	100.6	100.1	111.1	96.0	102.8	144.9
合肥	Hefei	102.8	107.1	99.7	100.1	120.1	97.0	103.6	159.8
福州	Fuzhou	102.6	107.3	98.9	94.5	114.8	102.8	102.6	192.9
厦门	Xiamen	102.5	106.5	99.1	104.0	111.6	104.0	102.2	157.5
南昌	Nanchang	102.2	104.9	100.8	107.0	104.6	98.4	109.2	152.1
济南	Jinan	102.7	107.6	99.5	103.7	121.6	100.8	103.1	137.1
青岛	Qingdao	102.5	106.7	104.2	92.5	123.2	98.9	102.4	151.6
郑州	Zhengzhou	102.9	107.3	99.1	116.1	113.2	96.7	110.2	153.2
武汉	Wuhan	103.3	107.9	100.4	113.1	111.5	99.8	110.3	161.4
长沙	Changsha	103.1	106.8	100.5	111.8	112.0	100.2	108.6	130.9
广州	Guangzhou	103.5	107.3	102.3	110.3	105.6	103.6	112.8	144.2
深圳	Shenzhen	103.5	107.8	101.7	109.5	107.4	101.0	108.4	138.9
南宁	Nanning	103.0	107.2	98.3	112.8	101.7	108.1	103.3	167.7
海口	Haikou	102.9	106.2	100.5	112.5	105.2	100.6	103.9	146.7
重庆	Chongqing	102.2	105.5	97.4	104.5	119.8	100.2	104.2	129.5
成都	Chengdu	101.9	105.5	101.5	96.7	116.4	99.1	101.0	142.0
贵阳	Guiyang	102.3	106.7	101.5	108.5	111.1	100.7	105.3	137.9
昆明	Kunming	102.4	107.2	102.1	117.5	107.3	97.5	109.6	156.4
拉萨	Lasa	102.2	102.2	99.7	104.1	100.1	99.1	101.3	108.9
西安	Xi'an	102.6	104.3	100.0	100.5	115.3	97.7	109.4	126.2
兰州	Lanzhou	102.3	105.9	100.5	100.7	113.6	99.3	108.2	151.1
西宁	Xining	102.5	105.2	101.9	105.9	109.5	97.0	111.5	123.8
银川	Yinchuan	102.1	105.6	101.5	102.1	106.4	97.8	104.0	163.6
乌鲁木齐	Urumqi	101.6	104.7	99.4	97.3	109.3	97.9	104.2	127.0

3–57 续表 continued

(上年同月=100) (same month of preceding year=100)

地区	City	衣着 Clothing	居住 Residence	生活用品及服务 Household Facilities, Articles and Services	交通通信 Transport and Communications	教育文化娱乐 Education, Cultural and Recreation	医疗保健 Health Care and Medical Services	其他用品及服务 Miscellaneous Goods and Services
平均指数	**Average Index**	**102.5**	**101.5**	**100.9**	**97.9**	**102.8**	**103.1**	**103.0**
北京	Beijing	102.7	101.4	100.3	97.7	101.4	108.2	102.4
天津	Tianjin	102.3	101.7	100.8	99.4	102.9	100.6	104.0
石家庄	Shijiazhuang	103.2	100.3	100.3	97.0	106.1	103.1	101.2
太原	Taiyuan	101.8	102.0	101.2	100.2	103.1	101.0	102.1
呼和浩特	Hohhot	103.5	102.6	100.6	98.8	99.7	102.4	102.6
沈阳	Shenyang	103.3	101.2	100.8	98.2	103.7	100.7	102.1
大连	Dalian	102.4	100.6	99.1	99.7	100.8	102.6	100.9
长春	Changchun	101.3	104.1	100.8	94.9	101.2	101.4	102.4
哈尔滨	Harbin	101.2	97.5	99.1	100.2	102.3	104.6	101.4
上海	Shanghai	104.1	102.4	101.2	97.1	101.6	104.9	103.0
南京	Nanjing	104.0	101.9	102.1	97.9	104.7	101.4	103.7
杭州	Hangzhou	102.3	101.4	102.0	99.5	105.1	105.0	101.9
宁波	Ningbo	101.7	101.0	103.0	99.6	104.0	103.0	103.9
合肥	Hefei	104.1	101.3	101.0	92.9	105.4	103.2	103.0
福州	Fuzhou	103.1	99.9	101.8	98.4	101.7	101.3	103.5
厦门	Xiamen	108.4	101.0	100.4	97.2	99.9	101.1	102.3
南昌	Nanchang	100.5	102.7	99.4	97.4	102.5	102.0	102.0
济南	Jinan	101.2	101.1	99.5	96.6	104.0	101.4	103.3
青岛	Qingdao	100.1	100.6	99.8	96.1	104.4	102.9	104.4
郑州	Zhengzhou	102.1	99.7	101.1	96.1	106.5	101.8	107.9
武汉	Wuhan	102.6	101.5	100.7	99.5	103.7	100.1	102.2
长沙	Changsha	101.2	101.9	101.0	98.2	104.9	101.9	103.1
广州	Guangzhou	101.0	101.4	101.8	98.9	103.1	104.3	105.7
深圳	Shenzhen	101.9	101.8	100.7	98.4	104.0	104.1	101.0
南宁	Nanning	104.2	100.9	100.6	97.9	104.3	100.6	101.3
海口	Haikou	102.8	101.4	101.5	99.1	102.0	101.3	103.3
重庆	Chongqing	100.2	102.0	100.6	97.6	102.1	100.8	102.9
成都	Chengdu	104.6	101.4	100.4	92.7	101.7	102.8	103.6
贵阳	Guiyang	101.1	101.2	98.5	98.1	99.8	104.5	101.1
昆明	Kunming	99.6	99.9	99.3	98.1	105.9	100.6	101.4
拉萨	Lasa	108.4	102.2	100.3	99.1	100.0	105.7	99.6
西安	Xi'an	104.1	102.4	100.9	99.8	103.5	100.3	103.1
兰州	Lanzhou	102.1	100.0	101.2	99.4	100.7	102.6	102.7
西宁	Xining	103.6	99.8	99.8	98.3	104.6	101.6	102.9
银川	Yinchuan	99.5	101.3	100.1	98.3	99.7	104.3	103.1
乌鲁木齐	Urumqi	99.5	99.8	102.2	97.5	101.4	101.3	104.6

3-58 36个大中城市居民消费价格分类指数(同比)

Consumer Price Indices by Category for 36 Major Large and Medium-sized Cities

(2019年7月)

(上年同月=100) (same month of preceding year=100)

地 区	City	居民消费价格指数 Consumer Price Index	食品烟酒 Food, Tobacco and Liquor	粮食 Grain	鲜菜 Fresh Vegetables	畜肉 Meat	水产品 Aquatic Products	蛋 Eggs	鲜果 Fresh Fruits
平均指数	**Average Index**	**102.8**	**106.3**	**100.8**	**104.2**	**115.4**	**100.0**	**109.6**	**136.3**
北 京	Beijing	102.6	105.4	99.3	94.2	114.2	97.3	109.7	134.7
天 津	Tianjin	102.3	104.1	102.1	95.9	117.0	97.3	111.6	124.3
石家庄	Shijiazhuang	102.1	103.5	101.6	95.4	117.0	92.8	111.1	113.0
太 原	Taiyuan	103.1	106.9	97.7	106.2	117.2	100.7	129.0	137.6
呼和浩特	Hohhot	103.0	106.8	100.4	103.0	117.1	101.3	123.2	142.1
沈 阳	Shenyang	102.6	106.3	100.7	106.3	119.3	93.4	105.6	131.3
大 连	Dalian	102.2	105.7	101.0	104.0	118.9	101.2	109.0	118.9
长 春	Changchun	103.2	108.7	102.1	107.5	122.2	100.2	108.3	144.5
哈尔滨	Harbin	103.0	109.5	104.5	99.0	123.8	102.4	111.1	142.4
上 海	Shanghai	102.8	104.8	100.9	104.1	109.4	101.1	107.2	123.8
南 京	Nanjing	102.7	105.5	101.5	96.5	114.6	99.7	115.6	132.3
杭 州	Hangzhou	103.3	106.7	102.4	107.6	112.1	97.1	107.3	142.2
宁 波	Ningbo	102.6	105.0	99.7	108.1	117.3	96.4	105.4	133.3
合 肥	Hefei	102.6	106.3	99.0	99.0	118.5	98.9	108.1	154.6
福 州	Fuzhou	102.7	108.6	99.4	102.1	123.0	99.2	110.4	191.3
厦 门	Xiamen	102.8	107.6	100.6	108.8	115.8	104.3	106.6	163.6
南 昌	Nanchang	102.4	106.0	99.9	108.5	107.3	98.3	109.9	162.7
济 南	Jinan	103.2	108.1	102.4	108.3	124.6	101.8	110.1	131.2
青 岛	Qingdao	103.0	108.4	104.7	99.7	127.9	99.3	107.5	159.2
郑 州	Zhengzhou	103.4	108.1	99.0	113.4	116.8	99.1	114.5	156.0
武 汉	Wuhan	103.2	107.5	100.4	107.1	114.6	102.2	111.7	158.4
长 沙	Changsha	102.9	107.0	100.9	109.4	114.6	101.6	109.2	134.1
广 州	Guangzhou	103.2	107.8	98.9	111.3	110.7	104.5	114.1	141.7
深 圳	Shenzhen	103.4	108.1	101.6	110.3	112.8	100.5	108.8	136.4
南 宁	Nanning	103.9	110.3	98.6	116.3	122.2	111.9	103.3	167.5
海 口	Haikou	103.5	108.2	100.6	111.3	115.6	104.8	104.9	146.5
重 庆	Chongqing	102.3	106.3	98.0	106.9	121.8	101.1	106.7	126.3
成 都	Chengdu	101.9	105.7	104.5	93.4	116.1	99.4	102.5	145.0
贵 阳	Guiyang	102.5	107.0	101.4	108.0	111.9	100.3	106.5	145.6
昆 明	Kunming	102.1	107.6	100.2	119.1	109.3	97.1	108.7	155.0
拉 萨	Lasa	102.4	102.3	99.0	102.8	99.9	98.1	91.7	122.8
西 安	Xi'an	102.7	105.0	101.3	99.4	117.7	99.2	118.8	134.2
兰 州	Lanzhou	102.5	106.6	100.9	107.1	113.4	100.8	112.6	156.4
西 宁	Xining	102.9	106.2	101.0	119.0	113.0	97.0	117.5	121.0
银 川	Yinchuan	102.0	106.0	100.5	107.0	108.6	97.9	108.2	160.7
乌鲁木齐	Urumqi	102.4	106.2	99.4	110.1	110.6	98.3	107.6	138.2

3-58 续表 continued

(上年同月=100) (same month of preceding year=100)

地区	City	衣着 Clothing	居住 Residence	生活用品及服务 Household Facilities, Articles and Services	交通通信 Transport and Communications	教育文化娱乐 Education, Cultural and Recreation	医疗保健 Health Care and Medical Services	其他用品及服务 Miscellaneous Goods and Services
平均指数	**Average Index**	**102.3**	**101.5**	**100.9**	**97.4**	**102.7**	**103.7**	**103.5**
北京	Beijing	102.2	101.3	99.6	96.4	100.8	114.4	103.3
天津	Tianjin	102.1	102.0	100.6	98.9	103.8	100.8	105.3
石家庄	Shijiazhuang	104.2	100.7	100.7	96.5	104.7	103.6	101.7
太原	Taiyuan	101.2	101.8	101.6	98.8	105.3	101.0	102.5
呼和浩特	Hohhot	102.5	102.5	100.5	98.3	101.8	103.1	102.4
沈阳	Shenyang	103.1	102.0	101.3	97.2	102.8	100.8	101.4
大连	Dalian	102.5	100.8	100.8	98.6	100.1	102.6	101.6
长春	Changchun	101.4	104.1	100.0	95.4	101.3	101.2	103.5
哈尔滨	Harbin	101.2	97.6	100.0	99.3	101.6	105.0	101.0
上海	Shanghai	103.5	102.4	100.7	96.3	103.8	105.5	102.8
南京	Nanjing	104.2	101.4	101.7	97.5	105.0	100.4	104.7
杭州	Hangzhou	102.9	101.3	103.7	99.1	103.6	105.0	102.4
宁波	Ningbo	99.6	101.1	103.6	99.0	104.4	102.6	105.0
合肥	Hefei	104.1	101.7	101.2	94.2	104.5	101.1	104.7
福州	Fuzhou	101.1	99.8	101.2	97.8	101.7	100.9	103.4
厦门	Xiamen	109.0	101.2	100.9	96.5	99.1	101.1	102.8
南昌	Nanchang	100.2	102.1	99.5	97.1	102.9	101.6	103.2
济南	Jinan	101.2	102.0	99.8	96.5	104.6	101.3	104.4
青岛	Qingdao	100.2	100.7	99.0	96.6	103.7	102.8	105.1
郑州	Zhengzhou	102.2	100.1	101.1	97.0	105.7	101.9	109.1
武汉	Wuhan	102.5	101.8	100.4	99.2	103.2	100.1	102.4
长沙	Changsha	101.2	101.2	100.4	98.3	103.7	101.7	103.9
广州	Guangzhou	101.5	100.7	100.8	98.3	101.8	104.0	105.6
深圳	Shenzhen	101.6	101.1	100.7	98.4	104.0	103.9	101.7
南宁	Nanning	104.2	100.9	100.5	97.4	104.7	100.6	101.3
海口	Haikou	102.6	101.4	101.5	98.7	101.8	101.2	104.6
重庆	Chongqing	99.8	101.9	101.5	98.0	100.6	100.7	103.1
成都	Chengdu	104.9	101.6	100.9	92.4	101.0	102.6	104.6
贵阳	Guiyang	100.9	101.2	98.9	98.0	100.4	104.3	102.4
昆明	Kunming	98.5	99.8	100.5	97.7	102.8	100.5	103.1
拉萨	Lasa	108.5	102.2	101.4	98.8	100.0	105.2	103.7
西安	Xi'an	104.5	102.3	100.8	99.4	103.0	100.3	103.6
兰州	Lanzhou	101.8	100.0	101.2	99.9	100.2	102.3	101.3
西宁	Xining	104.0	99.5	100.4	98.6	105.6	101.5	104.3
银川	Yinchuan	98.9	101.3	99.8	97.5	98.5	104.1	103.8
乌鲁木齐	Urumqi	99.3	100.3	102.4	98.4	102.4	101.5	105.4

3-59 36个大中城市居民消费价格分类指数(同比)
Consumer Price Indices by Category for 36 Major Large and Medium-sized Cities
(2019年8月)

(上年同月=100) (same month of preceding year=100)

地 区	City	居民消费价格指数 Consumer Price Index	食品烟酒 Food, Tobacco and Liquor	粮食 Grain	鲜菜 Fresh Vegetables	畜肉 Meat	水产品 Aquatic Products	蛋 Eggs	鲜果 Fresh Fruits
平均指数	**Average Index**	**102.7**	**106.6**	**101.1**	**98.6**	**127.5**	**100.8**	**103.6**	**123.3**
北 京	Beijing	102.4	103.9	100.2	86.8	118.8	98.4	103.2	118.1
天 津	Tianjin	102.4	103.6	102.2	87.0	124.0	97.2	104.3	114.2
石家庄	Shijiazhuang	102.1	103.5	101.1	96.2	123.7	93.7	106.1	96.1
太 原	Taiyuan	103.1	105.9	97.8	101.5	121.2	100.0	107.4	121.6
呼和浩特	Hohhot	102.4	105.2	100.4	92.6	122.4	101.2	121.1	122.3
沈 阳	Shenyang	102.6	106.2	101.3	97.0	126.4	95.4	98.4	129.3
大 连	Dalian	102.0	104.9	101.3	93.0	125.8	101.3	106.6	111.4
长 春	Changchun	102.7	106.9	101.6	95.5	125.2	99.9	102.0	127.5
哈尔滨	Harbin	103.6	110.2	104.7	102.9	129.5	104.0	104.2	135.6
上 海	Shanghai	102.3	105.0	101.5	101.8	116.9	100.6	104.1	118.2
南 京	Nanjing	102.3	105.9	100.4	97.7	127.0	102.1	108.9	112.4
杭 州	Hangzhou	103.2	106.4	101.0	100.2	125.2	100.1	103.8	127.6
宁 波	Ningbo	102.8	106.0	100.6	106.2	131.4	97.9	102.8	126.4
合 肥	Hefei	102.9	108.1	97.8	98.8	136.2	100.1	99.4	138.1
福 州	Fuzhou	102.4	107.5	100.2	92.7	132.4	97.1	98.8	155.5
厦 门	Xiamen	103.4	109.0	99.0	102.0	132.3	104.2	101.1	148.1
南 昌	Nanchang	102.8	108.0	100.4	107.1	125.6	104.1	109.2	149.3
济 南	Jinan	102.8	107.2	102.7	94.5	131.9	100.5	102.4	117.2
青 岛	Qingdao	102.7	107.3	103.2	93.4	136.1	99.0	101.0	129.0
郑 州	Zhengzhou	103.6	108.5	99.1	105.4	131.0	98.8	106.2	137.2
武 汉	Wuhan	103.2	107.1	100.4	103.1	126.5	105.4	105.5	130.4
长 沙	Changsha	103.5	110.8	100.9	105.3	142.7	103.0	101.1	135.5
广 州	Guangzhou	103.1	108.8	100.3	103.9	128.3	104.3	103.5	130.2
深 圳	Shenzhen	103.1	108.0	101.8	103.9	128.6	101.0	107.2	119.5
南 宁	Nanning	104.9	114.5	98.7	106.6	166.2	111.9	103.7	130.8
海 口	Haikou	103.7	110.4	101.5	102.4	136.0	105.2	102.7	142.3
重 庆	Chongqing	102.7	107.1	98.7	98.7	136.9	104.0	100.6	113.3
成 都	Chengdu	102.7	110.1	106.3	93.5	145.9	101.4	100.3	127.4
贵 阳	Guiyang	102.4	107.2	100.0	104.0	119.1	104.6	102.3	137.4
昆 明	Kunming	101.8	107.0	100.8	117.5	110.7	95.1	103.3	144.4
拉 萨	Lasa	102.3	101.9	99.3	99.2	101.9	98.9	94.5	113.7
西 安	Xi'an	102.6	103.9	100.4	92.3	127.4	103.2	100.8	115.4
兰 州	Lanzhou	102.1	105.3	101.6	102.6	117.5	100.9	104.2	133.9
西 宁	Xining	103.0	105.7	100.9	109.2	116.4	97.9	104.9	104.1
银 川	Yinchuan	101.3	104.2	101.2	95.0	111.2	97.0	103.0	132.2
乌鲁木齐	Urumqi	102.4	106.4	100.0	113.5	115.5	98.9	101.1	125.2

3–59 续表 continued

(上年同月=100) (same month of preceding year=100)

地区	City	衣着 Clothing	居住 Residence	生活用品及服务 Household Facilities, Articles and Services	交通通信 Transport and Communications	教育文化娱乐 Education, Cultural and Recreation	医疗保健 Health Care and Medical Services	其他用品及服务 Miscellaneous Goods and Services
平均指数	**Average Index**	**102.1**	**101.2**	**100.5**	**97.3**	**102.4**	**103.4**	**105.0**
北京	Beijing	102.1	101.3	99.4	97.4	100.7	114.0	105.3
天津	Tianjin	101.9	102.2	100.6	99.0	104.2	100.9	107.6
石家庄	Shijiazhuang	103.5	101.2	100.7	96.2	104.2	103.4	103.7
太原	Taiyuan	101.9	102.4	102.1	98.3	106.7	100.2	102.6
呼和浩特	Hohhot	102.1	102.1	100.4	97.2	101.2	104.7	102.4
沈阳	Shenyang	103.9	101.7	101.0	97.2	102.2	100.9	102.5
大连	Dalian	102.7	100.9	100.8	97.9	100.5	101.7	105.3
长春	Changchun	101.1	102.5	100.3	96.0	103.0	100.9	106.6
哈尔滨	Harbin	104.8	97.5	99.7	99.2	101.0	105.1	107.0
上海	Shanghai	103.3	102.2	100.2	95.8	102.1	101.9	104.2
南京	Nanjing	101.5	101.3	99.7	96.4	104.0	100.3	106.8
杭州	Hangzhou	101.8	100.1	103.9	98.5	104.5	110.2	103.4
宁波	Ningbo	100.8	101.0	102.6	98.5	104.4	102.4	106.0
合肥	Hefei	103.3	101.2	101.4	94.2	104.3	101.3	104.6
福州	Fuzhou	98.0	100.0	102.1	97.8	102.7	100.7	105.3
厦门	Xiamen	110.0	101.1	101.2	97.5	99.3	100.4	103.7
南昌	Nanchang	100.1	101.1	99.7	96.9	102.7	101.7	104.3
济南	Jinan	100.6	102.0	99.7	95.7	103.5	101.2	107.2
青岛	Qingdao	100.1	100.6	99.6	97.5	102.6	103.0	106.7
郑州	Zhengzhou	102.2	100.9	101.2	95.8	105.9	101.9	111.3
武汉	Wuhan	102.5	102.3	99.9	98.4	103.9	100.1	104.2
长沙	Changsha	100.7	99.7	100.1	97.8	103.2	101.6	104.8
广州	Guangzhou	101.5	100.0	99.4	97.5	101.5	104.0	104.0
深圳	Shenzhen	101.0	100.5	100.4	97.6	103.6	103.9	103.9
南宁	Nanning	102.1	100.2	99.8	97.3	104.7	101.6	103.8
海口	Haikou	102.6	101.2	101.6	97.1	98.8	101.2	106.3
重庆	Chongqing	99.7	101.6	101.0	98.7	101.5	100.8	104.3
成都	Chengdu	103.0	99.9	100.9	92.3	100.6	102.4	106.0
贵阳	Guiyang	100.5	100.7	99.6	98.8	100.0	103.3	102.8
昆明	Kunming	97.4	99.6	100.8	97.5	102.5	100.5	103.8
拉萨	Lasa	108.5	101.2	101.4	98.9	100.0	107.4	105.2
西安	Xi'an	105.5	102.3	100.8	99.5	102.4	100.6	106.3
兰州	Lanzhou	101.5	100.2	101.0	100.3	100.2	102.0	102.4
西宁	Xining	103.5	99.8	99.8	99.6	105.5	101.4	107.4
银川	Yinchuan	98.3	100.3	100.0	97.8	98.7	104.0	105.0
乌鲁木齐	Urumqi	100.4	100.3	101.4	97.6	102.0	101.4	107.9

3-60 36个大中城市居民消费价格分类指数(同比)

Consumer Price Indices by Category for 36 Major Large and Medium-sized Cities (2019年9月)

(上年同月=100) (same month of preceding year=100)

地区	City	居民消费价格指数 Consumer Price Index	食品烟酒 Food, Tobacco and Liquor	粮食 Grain	鲜菜 Fresh Vegetables	畜肉 Meat	水产品 Aquatic Products	蛋 Eggs	鲜果 Fresh Fruits
平均指数	**Average Index**	**102.7**	**107.2**	**100.8**	**87.3**	**142.3**	**102.9**	**107.2**	**108.5**
北京	Beijing	102.4	104.4	98.9	75.0	128.2	99.9	105.7	103.1
天津	Tianjin	102.8	104.5	102.6	76.3	137.1	99.1	109.9	105.7
石家庄	Shijiazhuang	102.3	104.8	98.8	82.0	139.7	94.1	113.5	93.7
太原	Taiyuan	102.4	105.5	98.3	84.2	136.3	101.8	116.5	104.1
呼和浩特	Hohhot	102.6	104.7	100.8	78.4	134.3	101.1	118.9	106.6
沈阳	Shenyang	102.8	107.2	101.9	90.3	140.5	99.3	105.4	117.0
大连	Dalian	102.1	106.0	101.2	89.0	143.7	104.7	106.8	96.6
长春	Changchun	102.7	108.3	101.2	97.9	137.4	99.5	105.1	113.7
哈尔滨	Harbin	103.4	111.1	103.2	94.7	143.7	103.4	110.7	125.6
上海	Shanghai	102.2	105.4	102.0	94.9	127.3	104.4	105.3	109.5
南京	Nanjing	102.8	106.5	99.2	86.7	142.7	101.7	112.3	102.1
杭州	Hangzhou	103.3	106.9	99.5	92.0	137.7	104.0	104.9	114.4
宁波	Ningbo	102.9	106.5	101.9	91.7	142.9	100.8	102.2	113.8
合肥	Hefei	102.7	106.8	98.1	79.9	149.2	103.2	103.5	109.3
福州	Fuzhou	102.1	106.4	95.5	72.2	148.9	102.8	111.2	124.3
厦门	Xiamen	103.8	109.7	99.4	88.5	151.8	104.2	104.0	129.6
南昌	Nanchang	102.8	106.9	100.7	90.3	142.4	103.8	110.3	120.4
济南	Jinan	103.1	109.6	103.2	79.7	160.4	102.1	108.9	95.2
青岛	Qingdao	103.4	108.4	103.3	81.0	154.4	105.2	106.1	116.6
郑州	Zhengzhou	103.4	109.2	99.6	91.3	152.2	99.6	111.6	106.2
武汉	Wuhan	103.1	107.8	100.4	89.6	146.3	108.0	108.3	107.1
长沙	Changsha	102.7	109.8	100.9	93.8	160.0	101.2	103.4	102.1
广州	Guangzhou	103.0	109.4	101.3	84.9	149.3	104.3	108.9	109.0
深圳	Shenzhen	103.1	108.6	101.4	87.2	142.9	102.3	107.2	110.0
南宁	Nanning	103.8	113.2	97.6	95.0	167.1	111.3	106.6	119.6
海口	Haikou	103.5	110.5	100.0	101.4	141.4	105.6	104.1	134.0
重庆	Chongqing	102.5	108.6	96.1	87.1	156.7	106.5	104.8	98.3
成都	Chengdu	103.5	112.7	104.5	88.4	165.3	102.3	102.4	113.8
贵阳	Guiyang	103.3	111.0	99.8	100.2	145.2	107.0	107.3	118.9
昆明	Kunming	101.4	107.3	99.6	109.2	122.4	97.8	103.0	129.8
拉萨	Lasa	102.5	102.9	99.7	96.7	109.1	98.5	99.5	103.8
西安	Xi'an	102.6	103.6	102.2	83.3	139.9	101.5	115.1	87.4
兰州	Lanzhou	101.9	104.4	102.1	91.2	126.4	101.7	109.3	107.5
西宁	Xining	101.7	103.9	100.4	89.6	118.8	96.9	112.6	97.3
银川	Yinchuan	101.3	103.5	102.7	80.3	123.3	98.7	110.6	103.9
乌鲁木齐	Urumqi	101.9	105.1	100.1	92.4	119.7	100.6	105.1	107.0

3–60 续表 continued

(上年同月=100) (same month of preceding year=100)

地区	City	衣着 Clothing	居住 Residence	生活用品及服务 Household Facilities, Articles and Services	交通通信 Transport and Communications	教育文化娱乐 Education, Cultural and Recreation	医疗保健 Health Care and Medical Services	其他用品及服务 Miscellaneous Goods and Services
平均指数	**Average Index**	**102.3**	**100.9**	**100.4**	**96.7**	**101.9**	**103.3**	**106.1**
北京	Beijing	102.2	101.3	99.1	96.6	99.6	114.6	106.2
天津	Tianjin	102.4	102.3	100.6	98.1	106.0	100.6	109.4
石家庄	Shijiazhuang	103.4	100.7	100.7	96.0	103.7	103.5	104.6
太原	Taiyuan	100.3	102.3	101.8	97.2	103.8	100.2	103.1
呼和浩特	Hohhot	102.4	101.6	101.1	96.7	105.2	104.7	103.0
沈阳	Shenyang	104.3	101.0	100.7	96.6	102.9	100.8	103.5
大连	Dalian	102.6	100.6	100.3	97.2	100.1	101.7	105.5
长春	Changchun	101.1	100.8	100.3	94.4	103.6	101.2	107.6
哈尔滨	Harbin	102.2	95.9	99.0	98.3	102.6	105.0	109.1
上海	Shanghai	104.2	101.9	100.0	95.5	99.8	101.7	105.6
南京	Nanjing	102.4	101.4	100.4	96.4	105.6	100.2	108.0
杭州	Hangzhou	101.1	99.4	103.0	96.9	107.8	109.9	104.5
宁波	Ningbo	104.0	100.8	102.3	96.9	104.6	101.1	106.9
合肥	Hefei	102.5	101.2	101.3	95.6	103.5	101.2	107.5
福州	Fuzhou	98.6	99.8	102.1	97.6	102.1	100.7	106.9
厦门	Xiamen	110.6	101.2	101.8	97.2	100.1	100.6	104.2
南昌	Nanchang	101.8	100.7	100.2	96.6	104.7	101.7	105.6
济南	Jinan	100.6	101.7	99.2	95.2	101.3	101.1	108.4
青岛	Qingdao	100.5	101.2	99.9	97.3	104.3	102.9	108.3
郑州	Zhengzhou	102.6	100.8	101.5	93.6	103.7	101.9	110.6
武汉	Wuhan	102.2	102.1	100.4	99.0	100.5	100.1	106.1
长沙	Changsha	100.6	98.7	99.9	97.2	101.1	101.7	106.8
广州	Guangzhou	100.1	99.7	99.7	96.6	100.5	103.9	105.9
深圳	Shenzhen	103.0	100.2	100.0	96.1	103.3	103.4	105.2
南宁	Nanning	100.3	99.4	100.3	97.5	101.0	101.3	106.0
海口	Haikou	101.1	100.3	101.8	95.9	99.4	100.8	110.3
重庆	Chongqing	100.4	100.7	100.1	98.0	98.3	100.5	104.1
成都	Chengdu	101.7	100.1	100.7	94.6	99.6	102.3	104.8
贵阳	Guiyang	101.3	98.3	100.7	97.6	101.1	103.3	103.9
昆明	Kunming	97.9	99.6	100.5	97.1	98.0	100.3	106.6
拉萨	Lasa	108.5	101.2	101.4	98.0	100.0	107.4	104.8
西安	Xi'an	104.6	102.1	100.7	99.0	104.6	100.2	108.3
兰州	Lanzhou	100.8	100.3	101.0	99.5	101.2	101.7	105.7
西宁	Xining	102.3	99.5	100.4	99.4	101.1	100.8	108.3
银川	Yinchuan	99.9	99.4	99.5	97.4	100.2	104.0	106.9
乌鲁木齐	Urumqi	101.0	100.2	100.8	97.7	102.0	101.6	102.5

3–61 36个大中城市居民消费价格分类指数(同比)

Consumer Price Indices by Category for 36 Major Large and Medium-sized Cities

(2019年10月)

(上年同月=100) (same month of preceding year=100)

地区	City	居民消费价格指数 Consumer Price Index	食品烟酒 Food, Tobacco and Liquor	粮食 Grain	鲜菜 Fresh Vegetables	畜肉 Meat	水产品 Aquatic Products	蛋 Eggs	鲜果 Fresh Fruits
平均指数	**Average Index**	**103.2**	**109.4**	**100.8**	**89.3**	**159.4**	**102.9**	**109.0**	**100.2**
北京	Beijing	102.3	105.6	99.4	83.2	143.0	99.5	108.1	96.9
天津	Tianjin	103.3	107.1	101.8	84.2	151.9	101.1	114.2	99.2
石家庄	Shijiazhuang	103.8	109.4	97.8	92.1	159.9	96.5	114.7	95.5
太原	Taiyuan	102.8	108.2	97.5	80.1	160.5	101.4	123.0	91.6
呼和浩特	Hohhot	102.5	105.7	100.8	78.8	140.9	100.6	119.4	94.5
沈阳	Shenyang	103.8	110.9	102.1	95.3	161.5	101.7	109.1	109.6
大连	Dalian	103.0	109.9	100.9	94.8	166.2	104.7	103.8	98.9
长春	Changchun	103.6	111.6	101.4	102.4	156.5	99.6	106.8	107.1
哈尔滨	Harbin	103.8	113.8	102.7	97.6	167.4	102.1	110.7	107.6
上海	Shanghai	102.6	107.4	101.1	97.3	142.4	103.8	107.0	106.5
南京	Nanjing	103.5	109.7	100.1	90.6	163.5	100.4	111.7	98.2
杭州	Hangzhou	103.4	108.4	101.4	91.0	153.1	103.5	106.5	98.7
宁波	Ningbo	103.1	106.9	102.0	91.3	151.1	102.4	103.6	96.5
合肥	Hefei	103.4	110.0	99.0	87.2	171.6	103.4	103.2	91.2
福州	Fuzhou	102.7	109.2	99.4	75.6	174.0	104.6	111.0	90.3
厦门	Xiamen	104.1	112.7	99.6	90.7	175.1	105.6	106.0	107.7
南昌	Nanchang	102.9	107.7	100.3	87.5	158.7	102.4	106.7	100.2
济南	Jinan	104.4	114.6	102.9	85.8	186.0	102.0	110.6	93.8
青岛	Qingdao	104.9	113.7	103.2	92.0	180.9	106.4	110.4	110.5
郑州	Zhengzhou	104.0	112.1	99.7	91.1	175.4	100.6	112.9	92.0
武汉	Wuhan	103.8	110.4	100.4	88.4	167.0	108.2	112.8	104.9
长沙	Changsha	103.2	111.8	100.9	90.8	181.1	100.8	106.2	93.3
广州	Guangzhou	103.1	110.8	99.7	86.8	166.7	102.8	112.4	88.1
深圳	Shenzhen	104.0	110.8	100.9	90.6	158.8	101.9	108.3	101.3
南宁	Nanning	104.1	114.8	97.7	90.1	179.7	111.3	107.4	110.8
海口	Haikou	103.3	111.1	98.7	99.1	148.9	103.8	104.7	124.0
重庆	Chongqing	103.3	110.1	97.1	81.0	169.4	106.2	105.7	95.7
成都	Chengdu	104.1	115.1	105.5	86.1	180.4	102.4	101.9	109.2
贵阳	Guiyang	103.5	112.9	99.7	93.7	163.7	107.1	110.3	109.3
昆明	Kunming	101.4	108.8	100.1	94.9	148.1	94.3	107.2	118.0
拉萨	Lasa	102.6	103.5	99.9	95.6	114.2	98.9	101.8	98.9
西安	Xi'an	103.2	106.7	101.9	90.1	159.7	101.4	120.0	78.4
兰州	Lanzhou	102.4	105.9	101.9	89.9	140.9	102.6	111.6	97.5
西宁	Xining	102.4	107.0	100.0	91.2	136.8	97.5	111.3	89.2
银川	Yinchuan	101.8	105.8	103.9	87.5	131.6	99.4	109.8	96.4
乌鲁木齐	Urumqi	102.1	107.0	100.6	93.7	128.2	102.8	110.1	106.2

3-61 续表 continued

(上年同月=100) (same month of preceding year=100)

地区	City	衣着 Clothing	居住 Residence	生活用品及服务 Household Facilities, Articles and Services	交通通信 Transport and Communications	教育文化娱乐 Education, Cultural and Recreation	医疗保健 Health Care and Medical Services	其他用品及服务 Miscellaneous Goods and Services
平均指数	**Average Index**	**101.4**	**100.8**	**100.4**	**96.3**	**102.2**	**103.1**	**105.8**
北京	Beijing	100.6	101.0	99.1	96.3	99.2	114.2	106.0
天津	Tianjin	101.7	102.1	100.7	97.2	105.9	100.5	109.3
石家庄	Shijiazhuang	104.2	101.2	99.8	96.3	105.3	103.1	103.6
太原	Taiyuan	97.0	102.1	102.0	97.8	103.9	100.2	103.5
呼和浩特	Hohhot	101.5	101.2	101.1	95.1	104.9	104.7	102.4
沈阳	Shenyang	103.2	100.7	100.8	96.4	103.9	100.7	104.3
大连	Dalian	99.8	100.4	100.8	96.8	101.1	101.5	106.4
长春	Changchun	101.4	100.1	100.9	94.3	103.8	101.4	107.4
哈尔滨	Harbin	97.8	97.3	99.3	97.1	101.7	105.0	107.6
上海	Shanghai	103.8	101.8	99.9	96.1	99.2	101.8	105.7
南京	Nanjing	102.3	101.0	100.3	96.0	106.1	100.2	107.1
杭州	Hangzhou	100.6	99.2	103.3	95.9	107.8	109.4	103.7
宁波	Ningbo	104.0	101.7	101.7	95.9	104.7	101.5	106.6
合肥	Hefei	102.2	101.1	101.1	94.3	104.2	100.9	106.4
福州	Fuzhou	98.2	100.0	101.1	97.1	101.2	100.7	106.4
厦门	Xiamen	104.0	101.3	102.2	96.7	99.0	100.4	104.0
南昌	Nanchang	100.4	101.0	100.1	95.9	104.6	101.7	105.1
济南	Jinan	100.8	101.6	99.6	94.0	102.1	100.2	107.6
青岛	Qingdao	101.0	100.9	100.7	95.7	106.3	102.1	108.0
郑州	Zhengzhou	102.6	100.7	101.1	92.1	103.8	101.9	111.1
武汉	Wuhan	102.4	102.1	100.2	98.5	100.7	100.2	104.8
长沙	Changsha	100.6	98.7	100.0	96.6	101.0	101.7	106.1
广州	Guangzhou	96.9	99.2	100.0	96.4	101.3	103.8	105.0
深圳	Shenzhen	103.5	100.3	99.8	95.9	104.9	103.2	104.8
南宁	Nanning	99.6	99.3	100.0	97.2	100.7	101.3	105.1
海口	Haikou	99.6	99.7	100.5	95.4	99.9	100.8	106.9
重庆	Chongqing	100.9	100.5	100.3	97.9	101.1	100.7	104.8
成都	Chengdu	101.3	100.1	100.6	93.8	100.1	102.2	104.4
贵阳	Guiyang	100.7	98.3	100.9	96.2	100.8	102.1	103.5
昆明	Kunming	97.6	99.6	100.3	95.1	97.1	100.3	106.5
拉萨	Lasa	108.5	101.2	101.2	97.6	100.0	107.4	103.9
西安	Xi'an	101.1	102.1	99.9	98.5	105.1	100.2	108.1
兰州	Lanzhou	100.2	100.8	100.9	99.2	101.5	101.6	105.0
西宁	Xining	100.6	99.5	100.8	99.3	100.9	100.7	107.6
银川	Yinchuan	100.3	98.8	99.9	97.7	100.7	103.6	101.9
乌鲁木齐	Urumqi	99.3	100.5	100.4	97.1	101.1	101.1	101.4

3-62 36个大中城市居民消费价格分类指数(同比)

Consumer Price Indices by Category for 36 Major Large and Medium-sized Cities

(2019年11月)

(上年同月=100) (same month of preceding year=100)

地区	City	居民消费价格指数 Consumer Price Index	食品烟酒 Food, Tobacco and Liquor	粮食 Grain	鲜菜 Fresh Vegetables	畜肉 Meat	水产品 Aquatic Products	蛋 Eggs	鲜果 Fresh Fruits
平均指数	**Average Index**	**103.9**	**112.0**	**101.1**	**103.6**	**167.3**	**102.8**	**109.5**	**94.4**
北京	Beijing	103.2	109.0	100.2	107.3	154.7	100.3	109.3	89.3
天津	Tianjin	104.0	110.3	102.1	106.8	160.6	102.0	111.9	94.4
石家庄	Shijiazhuang	104.9	113.3	98.9	117.3	173.0	97.4	112.6	81.9
太原	Taiyuan	103.5	111.2	99.4	101.4	180.8	100.4	114.7	75.1
呼和浩特	Hohhot	102.8	106.0	100.8	83.5	140.8	101.1	117.0	87.6
沈阳	Shenyang	104.4	113.3	102.1	108.0	164.8	103.8	110.0	107.0
大连	Dalian	103.3	112.3	101.6	110.8	176.0	106.3	106.6	94.2
长春	Changchun	104.0	113.4	101.8	111.5	163.2	102.7	106.9	96.0
哈尔滨	Harbin	103.7	114.4	104.9	101.3	171.2	103.0	111.4	100.4
上海	Shanghai	103.2	109.1	101.7	102.3	153.0	101.6	107.6	100.5
南京	Nanjing	104.6	113.9	101.3	104.8	176.3	102.3	111.5	94.3
杭州	Hangzhou	104.4	110.8	101.3	106.7	163.8	100.7	107.0	88.6
宁波	Ningbo	103.9	109.9	102.9	106.6	162.6	100.2	102.5	94.3
合肥	Hefei	104.5	113.9	99.4	111.7	179.6	101.8	101.4	88.6
福州	Fuzhou	103.7	112.3	96.9	96.5	183.9	105.1	114.4	79.5
厦门	Xiamen	105.1	116.1	99.4	107.2	188.6	105.8	107.8	96.9
南昌	Nanchang	103.7	111.0	98.6	107.4	168.0	103.0	104.1	87.1
济南	Jinan	105.7	119.5	99.2	107.9	203.0	104.7	109.2	88.2
青岛	Qingdao	105.9	117.8	104.9	112.8	190.8	109.7	109.5	101.9
郑州	Zhengzhou	104.5	114.6	100.3	100.8	181.8	98.6	110.5	86.6
武汉	Wuhan	104.3	112.6	100.4	100.5	175.0	105.6	111.2	102.6
长沙	Changsha	103.6	113.0	100.9	100.6	183.3	99.5	106.7	85.7
广州	Guangzhou	103.3	113.5	99.2	101.4	175.1	103.6	117.3	85.5
深圳	Shenzhen	105.0	113.2	100.1	104.3	167.1	102.2	108.5	97.0
南宁	Nanning	104.8	118.6	96.5	102.8	197.8	111.1	108.3	104.2
海口	Haikou	105.9	117.6	100.3	108.6	178.9	103.7	105.3	118.2
重庆	Chongqing	103.7	111.9	98.3	95.6	165.0	105.9	109.0	92.6
成都	Chengdu	104.6	116.7	108.5	99.3	175.1	103.1	102.3	100.3
贵阳	Guiyang	103.9	114.2	99.9	102.4	163.9	106.8	110.9	99.1
昆明	Kunming	102.9	112.7	100.1	100.2	164.5	93.7	110.7	111.4
拉萨	Lasa	102.4	104.2	100.0	91.8	118.7	106.0	101.0	96.6
西安	Xi'an	103.6	108.6	100.9	110.1	162.8	100.3	119.4	74.2
兰州	Lanzhou	103.2	108.7	101.8	100.9	149.0	104.0	112.4	94.2
西宁	Xining	103.1	109.4	100.3	99.4	144.1	98.5	112.0	92.0
银川	Yinchuan	103.4	109.6	102.6	110.7	140.3	99.8	111.0	95.1
乌鲁木齐	Urumqi	102.6	108.0	100.7	101.5	129.9	103.4	108.5	102.1

3-62 续表 continued

(上年同月=100) (same month of preceding year=100)

地区 City	衣着 Clothing	居住 Residence	生活用品及服务 Household Facilities, Articles and Services	交通通信 Transport and Communications	教育文化娱乐 Education, Cultural and Recreation	医疗保健 Health Care and Medical Services	其他用品及服务 Miscellaneous Goods and Services
平均指数 Average Index	**101.4**	**100.6**	**100.1**	**96.9**	**102.1**	**103.0**	**104.5**
北京 Beijing	100.8	101.0	98.7	96.4	99.6	113.7	104.6
天津 Tianjin	101.9	102.1	100.2	97.4	105.3	100.8	107.0
石家庄 Shijiazhuang	105.3	101.4	100.3	97.4	102.2	103.1	103.0
太原 Taiyuan	99.5	101.8	102.2	97.5	102.0	100.2	103.4
呼和浩特 Hohhot	101.3	101.2	101.1	96.7	104.9	104.3	102.1
沈阳 Shenyang	101.8	101.3	100.6	96.6	103.2	100.6	103.7
大连 Dalian	98.1	100.0	100.4	97.2	100.0	101.5	104.1
长春 Changchun	100.6	100.0	100.4	96.3	101.8	101.2	106.5
哈尔滨 Harbin	98.7	96.4	99.3	96.2	101.5	105.0	104.9
上海 Shanghai	103.9	101.6	99.9	96.9	100.2	102.3	104.3
南京 Nanjing	101.8	101.1	100.0	97.9	104.9	100.1	107.0
杭州 Hangzhou	102.6	99.7	103.2	96.8	107.2	109.0	103.7
宁波 Ningbo	105.0	101.8	100.9	96.0	104.5	101.5	105.9
合肥 Hefei	101.6	100.9	100.6	96.2	103.4	101.1	105.3
福州 Fuzhou	98.0	100.2	100.9	98.2	101.2	100.9	105.5
厦门 Xiamen	103.3	101.1	102.1	97.3	100.0	100.6	104.2
南昌 Nanchang	99.1	100.2	99.9	96.6	104.7	102.1	105.2
济南 Jinan	100.8	101.4	98.9	95.5	101.9	100.3	105.3
青岛 Qingdao	100.4	100.6	100.4	96.8	105.0	102.0	105.9
郑州 Zhengzhou	102.3	100.5	100.5	92.7	102.6	101.6	109.3
武汉 Wuhan	102.7	101.8	99.6	98.3	100.8	100.2	103.7
长沙 Changsha	100.3	98.9	100.0	97.2	100.7	101.4	105.0
广州 Guangzhou	97.3	97.8	97.8	96.8	101.0	101.7	103.7
深圳 Shenzhen	104.8	100.5	100.2	97.1	105.0	103.0	103.5
南宁 Nanning	95.4	99.4	99.8	98.1	100.9	101.3	103.7
海口 Haikou	99.1	100.0	100.2	95.7	103.4	101.4	105.6
重庆 Chongqing	99.6	100.5	100.1	98.6	101.2	100.5	102.7
成都 Chengdu	101.2	99.3	100.9	95.0	100.7	102.1	103.3
贵阳 Guiyang	97.7	98.4	100.8	97.2	102.3	101.6	102.5
昆明 Kunming	100.7	100.0	100.3	94.9	98.0	100.4	106.1
拉萨 Lasa	106.8	98.9	101.2	98.8	100.0	107.4	104.9
西安 Xi'an	102.1	100.8	101.0	99.5	104.7	100.3	104.7
兰州 Lanzhou	100.5	101.0	100.9	99.0	101.6	101.5	103.2
西宁 Xining	98.0	100.9	100.8	98.5	101.2	100.6	105.8
银川 Yinchuan	99.6	101.8	100.0	97.6	100.6	103.9	100.4
乌鲁木齐 Urumqi	100.2	100.7	100.2	97.9	101.5	100.8	101.1

3-63 36个大中城市居民消费价格分类指数(同比)

Consumer Price Indices by Category for 36 Major Large and Medium-sized Cities (2019年12月)

(上年同月=100) (same month of preceding year=100)

地区	City	居民消费价格指数 Consumer Price Index	食品烟酒 Food, Tobacco and Liquor	粮食 Grain	鲜菜 Fresh Vegetables	畜肉 Meat	水产品 Aquatic Products	蛋 Eggs	鲜果 Fresh Fruits
平均指数	**Average Index**	**103.9**	**111.3**	**100.6**	**110.9**	**160.0**	**101.3**	**105.8**	**93.8**
北京	Beijing	103.3	109.1	99.1	116.0	148.6	99.3	103.6	90.9
天津	Tianjin	104.1	109.6	101.9	117.0	153.3	101.2	105.6	93.4
石家庄	Shijiazhuang	105.0	112.6	101.2	129.2	161.9	97.6	106.4	83.6
太原	Taiyuan	103.7	110.0	98.6	108.9	170.9	99.5	106.0	71.4
呼和浩特	Hohhot	104.3	106.7	100.8	101.6	132.5	100.0	112.6	93.8
沈阳	Shenyang	104.4	113.2	102.0	119.5	162.5	102.0	104.5	104.7
大连	Dalian	103.3	111.1	101.1	116.2	165.8	103.2	116.3	95.1
长春	Changchun	104.0	113.0	101.4	114.1	160.0	102.6	102.0	97.9
哈尔滨	Harbin	103.2	113.2	104.1	104.4	167.6	101.9	105.9	99.2
上海	Shanghai	103.8	109.9	100.8	112.9	151.2	100.0	105.5	103.8
南京	Nanjing	104.5	112.7	101.5	113.5	166.6	100.5	107.8	94.4
杭州	Hangzhou	104.4	109.8	99.9	104.8	159.7	98.5	104.3	92.8
宁波	Ningbo	103.8	108.6	99.7	106.8	157.4	97.6	102.1	92.4
合肥	Hefei	104.5	113.1	99.3	119.3	171.3	100.4	98.7	89.0
福州	Fuzhou	104.0	112.2	97.3	108.9	176.7	106.3	105.9	82.7
厦门	Xiamen	105.3	114.7	100.8	115.0	173.0	105.5	104.3	94.5
南昌	Nanchang	103.9	109.7	100.6	106.4	162.9	101.2	100.3	87.8
济南	Jinan	105.5	117.1	102.0	116.2	190.3	105.7	105.2	82.5
青岛	Qingdao	105.3	114.3	101.9	114.8	177.9	106.3	105.1	92.4
郑州	Zhengzhou	104.3	113.3	100.5	105.7	172.4	97.4	107.6	89.7
武汉	Wuhan	104.2	110.9	100.4	103.8	165.8	102.9	108.1	98.3
长沙	Changsha	103.6	110.9	100.9	103.0	171.1	100.4	102.5	82.4
广州	Guangzhou	102.6	111.0	99.1	98.2	165.2	101.1	110.1	80.1
深圳	Shenzhen	104.9	112.4	102.6	108.2	159.8	101.8	106.8	97.2
南宁	Nanning	104.5	117.0	98.4	104.6	186.2	110.1	106.6	104.0
海口	Haikou	105.5	115.6	99.7	102.4	172.6	100.4	104.7	114.8
重庆	Chongqing	104.0	112.5	94.9	111.6	165.1	105.1	105.6	84.8
成都	Chengdu	104.4	114.9	106.7	111.5	157.7	102.7	100.7	97.2
贵阳	Guiyang	103.9	113.3	99.7	110.8	154.3	105.5	109.1	100.5
昆明	Kunming	104.0	112.8	98.6	115.9	158.3	92.9	107.9	110.4
拉萨	Lasa	102.3	103.4	100.0	93.0	115.1	104.2	97.2	93.5
西安	Xi'an	103.4	107.7	101.4	117.1	153.5	99.1	107.2	73.2
兰州	Lanzhou	102.9	107.5	101.8	113.1	133.8	104.4	108.8	90.8
西宁	Xining	103.7	108.8	100.8	111.4	136.3	98.4	103.4	92.5
银川	Yinchuan	103.4	109.6	101.5	120.7	135.4	100.9	105.8	95.9
乌鲁木齐	Urumqi	102.6	107.4	100.1	108.1	128.1	100.7	109.0	97.9

3-63 续表 continued

(上年同月=100) (same month of preceding year=100)

地 区	City	衣着 Clothing	居住 Residence	生活用品及服务 Household Facilities, Articles and Services	交通通信 Transport and Communications	教育文化娱乐 Education, Cultural and Recreation	医疗保健 Health Care and Medical Services	其他用品及服务 Miscellaneous Goods and Services
平均指数	**Average Index**	**101.1**	**100.6**	**100.1**	**99.0**	**102.2**	**103.1**	**104.5**
北 京	Beijing	100.3	100.5	98.0	98.9	100.1	113.4	104.3
天 津	Tianjin	100.7	102.4	100.2	99.9	104.6	101.0	107.9
石家庄	Shijiazhuang	103.4	102.0	100.0	99.9	102.2	103.2	103.3
太 原	Taiyuan	100.3	101.7	102.2	100.9	102.1	100.1	102.1
呼和浩特	Hohhot	100.7	101.2	100.3	99.8	105.7	117.0	101.7
沈 阳	Shenyang	101.5	101.5	101.0	98.1	102.0	100.4	103.5
大 连	Dalian	98.5	100.2	101.0	98.9	99.8	101.0	104.9
长 春	Changchun	100.2	100.0	101.0	97.5	101.9	101.2	107.0
哈尔滨	Harbin	98.8	93.2	98.9	98.1	103.1	104.9	106.6
上 海	Shanghai	104.1	101.9	100.0	99.1	100.4	102.4	104.0
南 京	Nanjing	101.7	101.1	100.3	99.2	104.8	100.1	106.3
杭 州	Hangzhou	102.4	99.5	103.4	99.3	107.2	109.0	104.8
宁 波	Ningbo	102.9	102.1	100.6	98.1	104.8	101.6	104.5
合 肥	Hefei	101.3	100.9	100.5	98.6	102.3	101.2	105.4
福 州	Fuzhou	99.3	100.0	101.5	100.0	100.7	100.9	105.0
厦 门	Xiamen	103.5	101.1	102.0	101.4	100.8	100.6	103.4
南 昌	Nanchang	100.1	100.7	99.5	98.9	105.0	102.2	105.3
济 南	Jinan	100.7	101.3	99.3	97.9	102.6	100.3	105.3
青 岛	Qingdao	99.8	100.7	101.0	98.7	105.1	102.0	106.5
郑 州	Zhengzhou	102.2	100.9	100.9	94.3	101.4	101.5	109.3
武 汉	Wuhan	102.7	101.8	99.5	99.8	101.1	101.1	104.3
长 沙	Changsha	100.2	101.1	100.0	99.2	100.4	100.7	105.5
广 州	Guangzhou	96.8	97.4	98.3	98.5	100.5	101.8	103.7
深 圳	Shenzhen	104.0	100.7	100.3	99.1	104.7	101.7	103.7
南 宁	Nanning	93.4	100.0	98.9	100.1	100.7	101.3	104.3
海 口	Haikou	97.8	99.3	100.0	98.3	104.3	101.7	106.7
重 庆	Chongqing	99.5	100.5	100.0	100.0	100.6	100.9	102.6
成 都	Chengdu	100.3	98.5	101.4	97.9	101.1	102.4	103.0
贵 阳	Guiyang	97.3	97.8	100.0	99.1	103.7	102.1	102.5
昆 明	Kunming	100.2	100.0	99.2	98.7	103.2	100.4	105.0
拉 萨	Lasa	105.9	98.9	101.1	100.5	100.0	107.4	105.1
西 安	Xi'an	102.4	100.7	100.9	100.3	104.4	100.6	105.0
兰 州	Lanzhou	100.6	100.7	101.2	99.4	101.8	101.4	104.3
西 宁	Xining	98.7	102.4	101.8	101.6	101.3	101.0	105.8
银 川	Yinchuan	99.2	101.6	100.5	98.8	100.8	102.6	99.9
乌鲁木齐	Urumqi	99.9	100.6	100.6	98.6	101.8	100.7	101.7

3-64 36个大中城市居民消费价格分类指数(累计比)
Consumer Price Indices by Category for 36 Major Large and Medium-sized Cities (2019年1月)

(上年同期=100) (same period of preceding year=100)

地 区	City	居民消费价格指数 Consumer Price Index	食品烟酒 Food, Tobacco and Liquor	粮食 Grain	鲜菜 Fresh Vegetables	畜肉 Meat	水产品 Aquatic Products	蛋 Eggs	鲜果 Fresh Fruits
平均指数	**Average Index**	**101.8**	**102.5**	**100.5**	**104.3**	**101.7**	**101.3**	**100.7**	**102.7**
北 京	Beijing	101.9	102.9	100.0	107.1	101.9	100.8	100.1	103.6
天 津	Tianjin	101.7	101.8	101.0	106.7	102.4	95.2	97.1	101.8
石 家 庄	Shijiazhuang	101.8	102.3	102.4	108.0	98.7	94.5	98.9	105.1
太 原	Taiyuan	101.9	102.3	98.9	111.8	92.2	101.2	92.4	113.7
呼和浩特	Hohhot	101.9	102.7	100.0	103.4	109.4	103.8	101.6	102.6
沈 阳	Shenyang	100.4	99.2	100.9	103.1	92.2	103.5	92.3	91.5
大 连	Dalian	101.6	102.0	99.5	100.7	100.3	105.4	93.8	103.9
长 春	Changchun	101.8	101.4	102.6	106.3	96.5	104.2	101.0	97.9
哈 尔 滨	Harbin	101.0	100.7	104.2	105.5	92.9	99.8	95.7	93.0
上 海	Shanghai	101.1	100.8	99.8	100.0	101.1	100.0	101.6	92.9
南 京	Nanjing	101.8	103.0	101.7	104.2	100.7	98.6	110.2	107.7
杭 州	Hangzhou	102.0	103.3	102.3	106.4	99.2	98.5	104.6	104.8
宁 波	Ningbo	102.3	103.4	98.9	110.7	102.7	104.1	107.0	97.5
合 肥	Hefei	101.0	100.8	101.8	99.3	97.4	95.3	103.5	107.5
福 州	Fuzhou	101.8	103.1	102.3	107.2	102.2	99.8	98.4	112.2
厦 门	Xiamen	101.5	102.7	102.5	107.4	104.2	103.5	99.5	108.0
南 昌	Nanchang	101.8	103.4	101.4	105.1	97.2	98.2	112.9	116.0
济 南	Jinan	102.3	104.5	101.4	121.2	100.9	102.0	104.6	100.7
青 岛	Qingdao	102.1	104.3	102.3	109.5	100.9	104.7	97.3	122.2
郑 州	Zhengzhou	101.5	103.1	97.5	112.0	98.5	103.0	98.0	118.4
武 汉	Wuhan	102.1	102.8	100.1	108.0	99.3	97.0	101.4	110.2
长 沙	Changsha	101.8	102.3	100.1	100.0	100.7	101.8	105.6	105.4
广 州	Guangzhou	102.7	103.2	99.3	106.1	101.3	104.1	96.8	104.3
深 圳	Shenzhen	103.0	104.3	102.5	106.5	101.4	105.3	105.4	108.2
南 宁	Nanning	102.4	103.1	98.0	110.4	95.2	104.7	101.6	126.4
海 口	Haikou	102.5	101.8	99.7	109.0	99.4	102.4	107.1	99.2
重 庆	Chongqing	102.2	102.9	99.4	100.3	105.0	99.0	105.6	113.6
成 都	Chengdu	102.1	104.4	98.8	99.5	116.2	99.2	100.3	105.6
贵 阳	Guiyang	102.4	103.3	102.9	97.7	111.0	102.1	104.3	104.1
昆 明	Kunming	102.1	102.2	104.4	100.0	101.8	98.9	103.1	105.4
拉 萨	Lasa	101.5	102.0	100.1	105.0	101.4	102.8	103.6	103.6
西 安	Xi'an	101.7	99.7	99.3	91.7	101.5	95.0	96.4	96.7
兰 州	Lanzhou	101.2	103.3	99.6	106.5	107.4	100.1	97.7	112.9
西 宁	Xining	102.2	103.4	104.0	99.8	107.1	102.3	106.0	99.7
银 川	Yinchuan	102.5	102.1	101.4	95.2	102.3	101.0	99.9	117.5
乌鲁木齐	Urumqi	100.4	101.8	99.3	99.6	103.9	100.0	96.2	107.4

3-64 续表 continued

(上年同期=100) (same period of preceding year=100)

地区	City	衣着 Clothing	居住 Residence	生活用品及服务 Household Facilities, Articles and Services	交通通信 Transport and Communications	教育文化娱乐 Education, Cultural and Recreation	医疗保健 Health Care and Medical Services	其他用品及服务 Miscellaneous Goods and Services
平均指数	**Average Index**	**101.7**	**101.7**	**101.8**	**98.5**	**103.4**	**102.7**	**102.2**
北京	Beijing	102.1	102.1	102.0	96.2	105.3	101.8	101.6
天津	Tianjin	102.5	102.3	101.0	99.5	102.7	101.4	101.1
石家庄	Shijiazhuang	102.5	101.0	100.9	97.9	105.3	102.8	100.4
太原	Taiyuan	104.5	101.5	100.5	99.0	103.6	100.9	102.3
呼和浩特	Hohhot	103.2	103.5	101.1	98.0	101.3	101.0	102.1
沈阳	Shenyang	100.4	102.3	100.1	99.3	100.7	101.3	101.5
大连	Dalian	102.4	101.8	100.6	98.3	103.5	103.0	98.6
长春	Changchun	104.2	104.7	103.8	95.7	101.8	100.9	101.8
哈尔滨	Harbin	99.4	100.6	100.3	100.5	105.1	100.9	99.9
上海	Shanghai	100.2	101.0	102.1	99.4	101.3	103.4	102.3
南京	Nanjing	102.5	102.3	102.9	97.5	102.8	101.2	99.7
杭州	Hangzhou	99.8	101.5	103.0	100.2	101.8	104.2	102.3
宁波	Ningbo	99.8	100.1	103.9	99.7	104.0	107.4	105.9
合肥	Hefei	101.4	101.1	101.4	96.7	104.1	103.2	102.1
福州	Fuzhou	103.3	101.1	101.0	98.9	103.1	100.6	102.4
厦门	Xiamen	106.9	101.1	101.3	97.0	100.0	103.2	100.5
南昌	Nanchang	101.1	102.8	100.2	98.5	102.5	100.4	100.6
济南	Jinan	102.5	101.1	101.7	99.1	100.9	105.1	102.0
青岛	Qingdao	101.5	100.1	101.7	97.3	104.2	103.6	103.0
郑州	Zhengzhou	101.4	98.1	102.0	97.4	105.7	102.2	104.9
武汉	Wuhan	102.8	102.2	102.1	100.7	103.4	100.0	100.7
长沙	Changsha	102.8	100.7	101.7	98.5	104.7	102.5	102.9
广州	Guangzhou	104.1	101.6	101.7	99.9	104.0	104.8	104.8
深圳	Shenzhen	99.3	103.1	102.4	100.2	103.8	104.8	102.9
南宁	Nanning	104.8	103.0	101.0	96.7	105.8	100.3	101.2
海口	Haikou	108.8	103.1	102.5	101.6	101.7	101.9	103.2
重庆	Chongqing	100.7	103.4	101.4	97.7	104.9	100.6	101.9
成都	Chengdu	104.2	101.2	100.9	94.1	104.2	103.6	103.6
贵阳	Guiyang	103.0	102.2	100.8	100.8	102.3	103.4	99.9
昆明	Kunming	107.0	99.4	101.2	100.2	105.4	102.5	102.8
拉萨	Lasa	103.1	102.4	101.0	99.9	100.0	100.3	100.6
西安	Xi'an	102.3	103.2	103.3	98.9	105.7	101.8	101.3
兰州	Lanzhou	101.0	98.9	101.7	99.0	100.5	103.7	100.5
西宁	Xining	101.9	100.3	99.5	98.1	108.3	101.8	100.5
银川	Yinchuan	105.7	104.2	101.6	99.1	101.0	104.4	100.4
乌鲁木齐	Urumqi	96.1	100.4	104.4	97.6	100.0	101.3	103.3

3-65 36个大中城市居民消费价格分类指数(累计比)

Consumer Price Indices by Category for 36 Major Large and Medium-sized Cities (2019年1-2月)

(上年同期=100) (same period of preceding year=100)

地区	City	居民消费价格指数 Consumer Price Index	食品烟酒 Food, Tobacco and Liquor	粮食 Grain	鲜菜 Fresh Vegetables	畜肉 Meat	水产品 Aquatic Products	蛋 Eggs	鲜果 Fresh Fruits
平均指数	**Average Index**	**101.8**	**102.2**	**100.6**	**102.6**	**101.0**	**99.3**	**98.7**	**103.5**
北京	Beijing	101.7	102.6	99.6	104.1	101.5	99.8	96.7	105.3
天津	Tianjin	101.7	101.2	101.3	104.1	102.0	92.3	93.4	101.4
石家庄	Shijiazhuang	101.7	102.2	101.4	107.9	98.5	93.9	96.5	106.1
太原	Taiyuan	101.8	101.8	99.1	110.4	92.7	98.5	89.1	110.5
呼和浩特	Hohhot	102.0	102.3	100.0	103.7	107.9	101.9	100.4	101.3
沈阳	Shenyang	100.3	98.9	100.9	100.2	93.2	101.2	89.8	92.6
大连	Dalian	101.9	102.3	100.0	102.5	100.3	104.5	93.3	106.7
长春	Changchun	101.8	101.4	103.3	104.8	96.8	102.1	97.9	97.9
哈尔滨	Harbin	101.1	100.7	104.5	106.3	94.0	97.9	93.2	92.1
上海	Shanghai	101.4	101.4	100.2	101.0	100.8	98.9	101.7	98.8
南京	Nanjing	102.1	103.1	102.3	107.9	100.9	97.7	107.4	105.5
杭州	Hangzhou	101.6	102.7	102.8	100.6	99.7	95.9	104.1	106.8
宁波	Ningbo	102.3	102.4	99.2	106.9	101.8	100.0	105.3	97.3
合肥	Hefei	101.2	101.2	100.4	105.2	98.2	93.3	99.3	107.5
福州	Fuzhou	101.2	102.2	102.6	99.6	101.8	99.2	94.3	110.2
厦门	Xiamen	101.0	101.6	102.5	102.3	101.6	101.3	97.9	105.6
南昌	Nanchang	102.0	103.6	101.5	110.3	97.3	97.5	111.2	115.1
济南	Jinan	102.1	103.9	101.6	114.6	102.3	100.3	99.5	98.7
青岛	Qingdao	102.0	103.6	102.6	106.6	100.5	103.9	94.0	120.9
郑州	Zhengzhou	101.5	103.1	97.5	113.1	98.3	100.8	96.3	119.0
武汉	Wuhan	102.0	102.7	100.1	109.6	98.3	95.3	101.5	109.9
长沙	Changsha	101.7	102.0	100.1	102.1	99.7	100.4	104.5	101.3
广州	Guangzhou	102.4	102.8	99.1	101.6	100.5	101.7	93.3	105.4
深圳	Shenzhen	102.5	103.5	102.5	102.4	99.9	100.3	103.8	107.1
南宁	Nanning	102.1	102.2	97.6	108.0	94.3	104.7	99.7	122.5
海口	Haikou	102.1	100.5	100.5	102.4	97.2	97.9	106.2	97.9
重庆	Chongqing	101.7	101.9	98.8	97.0	103.2	97.9	103.4	108.1
成都	Chengdu	101.8	103.3	99.3	96.0	112.2	98.3	99.7	104.3
贵阳	Guiyang	102.0	102.1	101.6	93.5	108.4	97.6	102.7	103.7
昆明	Kunming	102.0	101.7	104.4	98.4	100.2	97.6	102.6	103.7
拉萨	Lasa	101.8	102.1	100.2	106.9	100.2	100.5	104.9	102.7
西安	Xi'an	102.0	99.8	99.2	92.9	101.6	95.3	93.7	95.6
兰州	Lanzhou	101.4	103.4	99.6	107.1	107.6	100.2	97.5	112.4
西宁	Xining	101.8	102.3	103.6	97.3	104.0	99.9	102.6	97.9
银川	Yinchuan	102.5	102.3	101.0	98.1	102.4	99.0	100.2	117.2
乌鲁木齐	Urumqi	100.8	102.2	99.5	100.8	104.8	98.3	96.3	105.1

3-65 续表 continued

(上年同期=100) (same period of preceding year=100)

地区	City	衣着 Clothing	居住 Residence	生活用品及服务 Household Facilities, Articles and Services	交通通信 Transport and Communications	教育文化娱乐 Education, Cultural and Recreation	医疗保健 Health Care and Medical Services	其他用品及服务 Miscellaneous Goods and Services
平均指数	**Average Index**	**102.1**	**101.9**	**101.6**	**98.4**	**103.0**	**102.7**	**102.3**
北京	Beijing	102.7	102.5	101.1	95.8	103.9	101.7	101.7
天津	Tianjin	102.6	102.6	101.0	99.8	103.3	101.3	101.7
石家庄	Shijiazhuang	102.9	101.0	101.5	97.9	103.4	102.9	100.8
太原	Taiyuan	104.3	101.7	100.3	99.3	104.3	100.9	102.3
呼和浩特	Hohhot	103.2	103.5	100.9	98.4	102.8	101.0	101.4
沈阳	Shenyang	100.7	102.4	100.0	99.2	100.3	101.3	101.9
大连	Dalian	103.1	101.8	100.7	98.6	104.1	102.9	98.7
长春	Changchun	104.1	104.6	103.7	96.0	102.2	101.0	101.6
哈尔滨	Harbin	100.0	100.6	100.4	100.9	104.1	101.0	100.9
上海	Shanghai	101.1	101.2	102.2	99.6	101.4	103.7	102.3
南京	Nanjing	102.7	102.4	102.5	97.8	104.2	101.3	100.5
杭州	Hangzhou	99.5	101.8	103.1	99.5	99.8	104.9	102.4
宁波	Ningbo	102.0	100.3	103.9	99.7	104.3	107.7	106.1
合肥	Hefei	101.5	101.2	101.5	96.9	104.1	103.2	101.7
福州	Fuzhou	103.9	101.1	100.4	99.0	100.3	100.8	102.3
厦门	Xiamen	107.4	101.0	101.2	96.6	99.1	103.1	101.3
南昌	Nanchang	100.6	103.0	100.2	98.8	102.7	100.4	100.8
济南	Jinan	102.4	100.8	101.8	99.2	101.4	104.7	102.7
青岛	Qingdao	101.4	100.2	101.5	97.2	105.2	103.5	103.1
郑州	Zhengzhou	101.4	98.1	101.6	97.7	105.8	102.1	105.2
武汉	Wuhan	102.8	102.0	101.3	100.7	103.3	100.0	100.1
长沙	Changsha	102.7	101.1	101.4	98.6	104.3	102.8	102.7
广州	Guangzhou	104.3	101.6	101.5	99.1	103.9	104.8	104.1
深圳	Shenzhen	99.4	103.1	102.2	99.3	103.2	104.8	103.0
南宁	Nanning	104.7	102.9	100.6	96.9	106.0	100.4	99.9
海口	Haikou	108.6	103.1	101.6	101.8	102.1	101.9	104.1
重庆	Chongqing	100.6	103.4	101.4	97.7	103.8	100.6	101.6
成都	Chengdu	103.0	102.1	101.2	94.8	102.2	103.5	103.7
贵阳	Guiyang	103.6	102.5	100.9	101.3	100.9	103.2	99.8
昆明	Kunming	106.9	99.7	101.0	100.3	106.1	102.1	103.1
拉萨	Lasa	105.9	102.3	101.0	99.6	100.0	101.4	101.1
西安	Xi'an	103.3	104.0	103.5	98.9	105.1	101.9	101.7
兰州	Lanzhou	101.0	98.9	101.7	99.9	100.5	103.8	100.5
西宁	Xining	101.1	100.1	98.8	99.0	108.2	101.6	100.2
银川	Yinchuan	105.7	104.3	101.3	99.6	100.6	104.4	99.7
乌鲁木齐	Urumqi	98.1	100.4	104.3	98.3	100.0	101.4	104.0

3-66 36个大中城市居民消费价格分类指数(累计比)
Consumer Price Indices by Category for 36 Major Large and Medium-sized Cities
(2019年1-3月)

(上年同期=100) (same period of preceding year=100)

地 区	City	居民消费价格指数 Consumer Price Index	食品烟酒 Food, Tobacco and Liquor	粮食 Grain	鲜菜 Fresh Vegetables	畜肉 Meat	水产品 Aquatic Products	蛋 Eggs	鲜果 Fresh Fruits
平均指数	**Average Index**	**101.9**	**102.7**	**100.5**	**106.8**	**102.1**	**98.4**	**98.7**	**104.8**
北 京	Beijing	101.8	103.1	99.3	108.7	102.7	98.8	96.8	107.4
天 津	Tianjin	101.9	101.7	101.4	107.6	102.9	91.8	94.1	103.3
石 家 庄	Shijiazhuang	101.8	102.7	101.8	110.2	100.1	91.2	97.1	110.3
太 原	Taiyuan	101.9	102.2	99.0	113.9	94.4	98.1	89.4	109.9
呼和浩特	Hohhot	102.1	102.5	100.0	107.1	107.4	100.7	100.7	100.6
沈 阳	Shenyang	100.6	99.5	100.8	101.9	96.3	99.6	90.8	93.0
大 连	Dalian	102.0	102.4	100.2	103.0	102.7	101.8	93.9	107.4
长 春	Changchun	102.1	102.4	103.3	107.9	99.8	101.0	97.1	99.4
哈 尔 滨	Harbin	101.2	101.2	104.3	107.4	96.6	98.2	93.0	92.9
上 海	Shanghai	101.6	102.0	100.4	104.1	101.5	98.0	102.0	102.6
南 京	Nanjing	102.3	103.8	102.2	112.6	102.4	97.8	106.9	106.2
杭 州	Hangzhou	102.0	103.1	102.0	104.4	100.0	95.8	103.8	109.2
宁 波	Ningbo	102.6	102.6	99.7	109.8	102.3	98.7	104.4	99.4
合 肥	Hefei	101.7	102.6	99.6	112.6	102.1	93.1	98.0	109.8
福 州	Fuzhou	101.5	102.8	102.3	106.7	103.4	97.7	93.7	112.8
厦 门	Xiamen	101.3	102.2	102.5	110.1	102.2	100.9	96.7	105.5
南 昌	Nanchang	102.3	104.3	101.5	118.3	98.2	97.1	110.4	116.0
济 南	Jinan	102.3	104.5	101.0	115.7	107.1	99.7	99.2	98.5
青 岛	Qingdao	102.2	104.5	102.6	111.1	104.0	103.1	95.2	120.2
郑 州	Zhengzhou	101.7	103.6	98.1	116.7	100.4	99.4	97.1	117.8
武 汉	Wuhan	102.2	103.3	100.2	113.2	100.4	94.5	101.2	111.1
长 沙	Changsha	101.9	102.4	100.1	105.4	101.0	100.1	103.9	100.7
广 州	Guangzhou	102.6	103.2	99.0	106.8	101.0	101.0	92.8	105.6
深 圳	Shenzhen	102.6	103.6	101.8	107.1	100.1	99.6	103.6	105.9
南 宁	Nanning	102.1	102.7	97.5	113.6	95.1	104.4	98.5	122.2
海 口	Haikou	101.9	100.6	100.8	104.2	95.6	98.1	105.2	99.1
重 庆	Chongqing	101.9	102.4	98.1	101.3	104.6	97.5	102.7	107.5
成 都	Chengdu	102.0	104.0	100.3	103.0	111.6	97.9	99.6	103.5
贵 阳	Guiyang	102.0	102.4	101.2	97.3	107.1	97.1	101.6	103.0
昆 明	Kunming	102.2	102.0	104.4	101.9	100.2	96.2	102.0	105.2
拉 萨	Lasa	102.0	102.1	100.2	107.5	99.6	99.1	105.1	102.9
西 安	Xi'an	102.2	100.7	99.1	100.9	103.6	94.7	92.5	95.7
兰 州	Lanzhou	101.5	103.9	99.6	111.5	107.6	99.7	97.4	112.7
西 宁	Xining	102.0	102.6	103.2	101.6	103.3	98.2	101.8	98.5
银 川	Yinchuan	102.5	103.2	100.8	105.1	102.8	98.9	99.8	117.1
乌鲁木齐	Urumqi	101.3	103.2	99.7	107.7	104.8	98.2	96.7	107.9

3-66 续表 continued

(上年同期=100) (same period of preceding year=100)

地 区	City	衣着 Clothing	居住 Residence	生活用品及服务 Household Facilities, Articles and Services	交通通信 Transport and Communications	教育文化娱乐 Education, Cultural and Recreation	医疗保健 Health Care and Medical Services	其他用品及服务 Miscellaneous Goods and Services
平均指数	**Average Index**	**102.2**	**101.8**	**101.5**	**98.9**	**102.9**	**102.7**	**102.2**
北 京	Beijing	102.7	102.2	100.6	97.0	103.1	101.6	101.4
天 津	Tianjin	102.7	102.6	101.4	100.2	103.1	101.3	101.9
石家庄	Shijiazhuang	102.0	101.0	101.3	98.2	103.9	102.9	100.8
太 原	Taiyuan	103.9	101.9	100.1	99.5	103.9	100.9	102.2
呼和浩特	Hohhot	103.2	103.3	100.8	99.3	102.7	101.0	101.5
沈 阳	Shenyang	101.1	101.7	100.3	99.4	101.6	101.3	102.2
大 连	Dalian	103.4	101.6	100.8	98.9	103.8	102.9	98.9
长 春	Changchun	104.1	104.5	103.7	96.2	101.7	100.9	101.8
哈尔滨	Harbin	100.6	100.5	100.2	100.7	103.8	101.1	101.2
上 海	Shanghai	101.7	101.4	101.8	99.9	101.2	103.7	102.2
南 京	Nanjing	102.3	102.3	102.8	98.4	103.5	101.3	101.3
杭 州	Hangzhou	99.6	102.1	102.9	100.2	100.3	105.2	102.2
宁 波	Ningbo	103.2	100.5	104.2	100.2	104.2	107.6	105.1
合 肥	Hefei	101.8	101.2	101.6	97.5	104.2	103.2	102.2
福 州	Fuzhou	104.3	101.0	100.7	99.4	100.4	100.9	102.2
厦 门	Xiamen	107.5	101.0	101.1	97.1	99.7	103.1	101.1
南 昌	Nanchang	100.5	103.2	100.1	99.2	102.7	100.9	101.1
济 南	Jinan	102.3	100.7	101.9	99.6	102.0	103.9	102.5
青 岛	Qingdao	101.3	100.3	101.3	97.8	104.9	103.3	103.1
郑 州	Zhengzhou	101.5	98.4	101.5	98.1	106.1	101.6	105.5
武 汉	Wuhan	103.0	101.9	101.3	101.1	103.3	100.0	100.1
长 沙	Changsha	102.5	101.2	101.4	98.9	104.3	102.8	102.5
广 州	Guangzhou	104.7	101.8	101.5	99.3	104.0	104.7	104.1
深 圳	Shenzhen	99.2	103.0	101.7	99.7	103.4	104.8	102.9
南 宁	Nanning	104.2	102.2	100.2	97.8	105.6	100.4	100.1
海 口	Haikou	107.3	103.0	101.1	101.3	102.2	101.7	104.5
重 庆	Chongqing	100.5	103.3	101.1	98.2	103.7	100.6	101.8
成 都	Chengdu	102.9	102.3	101.1	95.3	102.3	103.2	103.2
贵 阳	Guiyang	103.1	102.5	100.6	101.6	100.7	103.2	99.8
昆 明	Kunming	106.5	99.7	101.0	100.8	106.2	101.7	103.2
拉 萨	Lasa	106.8	102.3	100.7	99.7	100.0	101.7	100.9
西 安	Xi'an	102.9	104.0	103.0	99.0	104.9	102.0	101.9
兰 州	Lanzhou	101.3	99.0	101.6	99.9	100.5	103.6	100.3
西 宁	Xining	100.9	100.7	98.8	99.5	108.0	101.4	100.6
银 川	Yinchuan	104.1	103.8	101.0	99.7	100.0	104.3	99.9
乌鲁木齐	Urumqi	98.8	100.3	104.2	99.0	99.9	101.4	104.2

3-67 36个大中城市居民消费价格分类指数(累计比)
Consumer Price Indices by Category for 36 Major Large and Medium-sized Cities
(2019年1-4月)

(上年同期=100) (same period of preceding year=100)

地区	City	居民消费价格指数 Consumer Price Index	食品烟酒 Food, Tobacco and Liquor	粮食 Grain	鲜菜 Fresh Vegetables	畜肉 Meat	水产品 Aquatic Products	蛋 Eggs	鲜果 Fresh Fruits
平均指数	**Average Index**	**102.1**	**103.2**	**100.5**	**109.2**	**103.5**	**98.6**	**99.9**	**106.2**
北京	Beijing	101.7	103.5	99.5	110.4	104.2	98.3	98.4	108.9
天津	Tianjin	102.2	102.2	101.4	109.5	104.5	92.4	96.7	105.0
石家庄	Shijiazhuang	101.9	103.0	101.9	110.3	102.2	90.9	98.8	113.2
太原	Taiyuan	102.1	102.9	98.8	116.6	97.3	97.6	92.3	109.8
呼和浩特	Hohhot	102.2	102.9	100.0	108.8	108.0	100.0	104.1	102.0
沈阳	Shenyang	100.8	100.1	100.7	103.1	98.9	99.1	92.5	94.7
大连	Dalian	102.0	102.7	100.3	103.0	105.0	101.4	94.9	108.4
长春	Changchun	102.3	103.2	103.5	109.0	102.8	100.9	98.3	100.7
哈尔滨	Harbin	101.4	102.1	104.3	108.1	100.4	98.3	95.1	94.5
上海	Shanghai	101.8	102.5	100.2	105.9	102.4	98.4	102.7	104.2
南京	Nanjing	102.4	104.4	102.5	115.3	104.3	98.2	107.9	107.9
杭州	Hangzhou	102.3	103.6	101.4	106.7	101.1	97.0	104.6	110.8
宁波	Ningbo	102.7	102.8	99.8	110.9	103.4	98.7	104.1	100.8
合肥	Hefei	102.1	103.5	99.7	114.6	105.9	93.9	98.6	113.9
福州	Fuzhou	101.8	103.6	101.8	111.4	105.1	97.8	95.9	116.8
厦门	Xiamen	101.6	102.9	102.1	114.0	103.8	101.5	97.4	106.6
南昌	Nanchang	102.5	104.7	101.4	121.6	99.6	97.1	110.8	119.1
济南	Jinan	102.4	104.8	100.8	115.1	110.0	99.4	100.2	99.1
青岛	Qingdao	102.3	104.9	101.9	112.1	107.4	102.1	97.1	120.6
郑州	Zhengzhou	101.9	104.2	98.4	118.2	102.3	99.4	99.2	118.3
武汉	Wuhan	102.4	103.8	100.3	115.6	102.1	94.6	101.7	112.9
长沙	Changsha	102.2	103.3	100.1	110.5	102.6	100.5	104.3	101.6
广州	Guangzhou	102.8	103.7	99.4	110.7	101.3	101.4	94.7	107.2
深圳	Shenzhen	102.6	103.8	101.2	110.3	100.6	99.8	103.9	105.3
南宁	Nanning	102.2	103.1	97.8	115.6	96.3	104.7	98.2	123.5
海口	Haikou	102.0	101.1	100.9	107.0	95.4	98.9	104.8	101.1
重庆	Chongqing	102.1	103.1	98.1	105.1	107.0	97.6	102.9	108.1
成都	Chengdu	102.1	104.4	100.4	107.3	111.8	97.6	99.7	104.7
贵阳	Guiyang	102.1	102.9	101.0	101.0	106.9	97.8	102.3	104.6
昆明	Kunming	102.2	102.8	104.4	105.7	101.2	96.3	102.4	106.9
拉萨	Lasa	102.0	102.0	100.3	107.0	99.5	98.2	105.3	102.7
西安	Xi'an	102.2	101.3	99.3	104.0	105.4	94.3	95.6	97.0
兰州	Lanzhou	101.7	104.2	99.7	112.9	108.2	99.2	98.9	114.3
西宁	Xining	102.0	102.9	103.4	103.5	103.6	97.8	103.3	99.2
银川	Yinchuan	102.2	103.4	100.6	106.8	103.0	98.6	99.8	118.8
乌鲁木齐	Urumqi	101.5	103.7	99.7	110.0	105.5	97.8	97.3	109.1

3-67 续表 continued

(上年同期=100) (same period of preceding year=100)

地 区	City	衣着 Clothing	居住 Residence	生活用品及服务 Household Facilities, Articles and Services	交通通信 Transport and Communications	教育文化娱乐 Education, Cultural and Recreation	医疗保健 Health Care and Medical Services	其他用品及服务 Miscellaneous Goods and Services
平均指数	**Average Index**	**102.2**	**101.8**	**101.4**	**99.0**	**102.9**	**102.6**	**102.1**
北 京	Beijing	102.5	101.9	100.5	97.3	102.4	101.5	101.3
天 津	Tianjin	102.7	102.8	101.4	100.4	103.5	101.2	101.8
石家庄	Shijiazhuang	101.9	101.0	101.0	98.2	104.5	102.9	100.9
太 原	Taiyuan	103.3	101.8	100.2	99.8	103.7	100.9	102.0
呼和浩特	Hohhot	103.2	103.2	100.7	99.4	102.3	101.0	101.6
沈 阳	Shenyang	101.4	101.2	100.5	99.4	102.0	101.2	102.1
大 连	Dalian	103.6	101.5	100.9	99.2	103.5	102.9	99.2
长 春	Changchun	104.0	104.4	103.4	96.2	101.8	101.1	101.9
哈尔滨	Harbin	101.2	100.1	100.1	100.6	103.5	101.3	101.4
上 海	Shanghai	102.0	101.6	101.8	99.6	101.4	103.7	102.0
南 京	Nanjing	101.8	102.4	102.9	98.5	103.4	101.2	101.3
杭 州	Hangzhou	99.9	102.2	102.8	100.3	101.0	105.3	102.0
宁 波	Ningbo	103.3	100.6	104.3	100.3	104.4	107.6	104.6
合 肥	Hefei	102.0	101.3	101.5	97.7	104.4	103.2	102.3
福 州	Fuzhou	104.4	100.9	100.8	99.5	100.5	101.0	102.2
厦 门	Xiamen	108.0	101.0	100.8	97.4	100.0	102.7	101.1
南 昌	Nanchang	100.2	103.4	100.0	99.2	102.6	101.2	101.2
济 南	Jinan	102.1	100.7	101.7	99.6	102.2	103.5	102.6
青 岛	Qingdao	101.2	100.3	101.3	97.8	104.9	103.1	103.4
郑 州	Zhengzhou	101.6	98.7	101.5	98.1	106.2	101.3	105.6
武 汉	Wuhan	103.1	101.9	101.3	101.2	103.4	100.0	100.4
长 沙	Changsha	102.2	101.2	101.3	99.0	104.5	102.8	102.4
广 州	Guangzhou	104.4	101.9	101.5	99.5	104.1	104.5	104.2
深 圳	Shenzhen	99.1	102.8	101.4	99.9	103.5	104.8	102.5
南 宁	Nanning	104.5	101.9	99.9	98.2	104.9	100.4	100.1
海 口	Haikou	106.2	102.9	101.0	101.1	102.2	101.7	104.3
重 庆	Chongqing	100.4	103.3	100.9	98.6	103.6	100.7	101.6
成 都	Chengdu	102.8	102.1	101.0	95.3	102.3	103.1	103.0
贵 阳	Guiyang	102.9	102.4	100.3	101.2	100.7	103.5	99.7
昆 明	Kunming	105.4	99.8	100.6	100.9	106.0	101.6	103.1
拉 萨	Lasa	107.3	102.3	100.6	99.6	100.0	101.7	100.9
西 安	Xi'an	102.7	103.9	102.8	99.0	104.6	101.8	101.6
兰 州	Lanzhou	101.4	99.1	101.5	99.8	100.6	103.4	100.8
西 宁	Xining	101.0	101.0	99.1	99.4	107.2	101.4	100.9
银 川	Yinchuan	102.6	103.4	100.8	99.4	99.8	104.3	100.2
乌鲁木齐	Urumqi	99.0	100.3	104.1	99.2	99.9	101.5	104.2

3-68 36个大中城市居民消费价格分类指数(累计比)

Consumer Price Indices by Category for 36 Major Large and Medium-sized Cities

(2019年1-5月)

(上年同期=100) (same period of preceding year=100)

地区	City	居民消费价格指数 Consumer Price Index	食品烟酒 Food, Tobacco and Liquor	粮食 Grain	鲜菜 Fresh Vegetables	畜肉 Meat	水产品 Aquatic Products	蛋 Eggs	鲜果 Fresh Fruits
平均指数	**Average Index**	**102.2**	**103.7**	**100.5**	**109.9**	**104.7**	**98.9**	**101.6**	**109.7**
北京	Beijing	101.8	103.9	99.7	109.7	105.3	98.0	100.0	112.8
天津	Tianjin	102.2	102.4	101.4	108.7	105.6	93.1	99.5	108.0
石家庄	Shijiazhuang	102.0	103.3	101.8	108.8	104.2	90.9	100.6	117.9
太原	Taiyuan	102.2	103.3	99.0	115.2	99.9	97.6	96.3	111.9
呼和浩特	Hohhot	102.3	103.4	100.0	108.9	108.5	99.9	107.7	106.6
沈阳	Shenyang	101.0	100.8	100.7	103.9	100.3	99.0	94.6	99.0
大连	Dalian	102.2	103.2	100.3	102.9	106.4	101.4	97.1	110.8
长春	Changchun	102.3	103.7	103.1	109.5	104.7	100.4	100.1	104.2
哈尔滨	Harbin	101.6	102.9	104.2	107.8	103.1	98.6	97.7	98.5
上海	Shanghai	102.0	102.8	100.1	106.9	103.1	98.7	103.8	106.2
南京	Nanjing	102.6	105.0	102.3	115.8	105.8	98.3	109.6	113.0
杭州	Hangzhou	102.5	104.2	101.0	108.1	102.1	97.6	105.3	115.2
宁波	Ningbo	102.8	103.1	99.7	111.1	104.5	98.5	104.6	105.6
合肥	Hefei	102.3	104.4	99.4	115.7	108.6	94.7	100.2	120.5
福州	Fuzhou	102.1	104.4	101.2	111.1	106.6	98.8	98.2	125.3
厦门	Xiamen	101.7	103.3	101.6	113.6	105.3	101.9	97.8	110.0
南昌	Nanchang	102.5	104.9	101.2	122.9	100.7	97.4	111.1	122.5
济南	Jinan	102.4	105.1	101.1	113.2	111.7	99.3	101.5	104.0
青岛	Qingdao	102.4	105.3	102.6	110.9	110.1	101.4	99.3	124.4
郑州	Zhengzhou	102.1	104.7	98.6	118.3	103.8	99.4	101.7	121.4
武汉	Wuhan	102.6	104.3	100.3	116.6	103.3	95.0	103.1	117.7
长沙	Changsha	102.4	104.1	100.2	113.4	103.9	100.8	105.3	105.1
广州	Guangzhou	102.9	104.3	99.6	112.7	101.6	102.0	98.0	111.3
深圳	Shenzhen	102.7	104.3	101.3	112.0	101.4	100.2	104.7	107.6
南宁	Nanning	102.3	103.7	97.6	116.5	97.1	105.2	99.2	127.8
海口	Haikou	102.3	102.2	101.1	109.4	97.6	99.6	105.0	104.6
重庆	Chongqing	102.3	103.8	98.4	107.3	109.4	97.8	104.0	110.4
成都	Chengdu	102.1	104.8	100.5	108.3	112.4	97.7	100.3	109.4
贵阳	Guiyang	102.2	103.7	100.9	103.9	107.4	98.6	103.2	110.0
昆明	Kunming	102.3	103.5	104.0	108.4	102.2	96.3	103.4	112.2
拉萨	Lasa	101.9	101.9	100.3	105.6	99.7	98.6	105.3	102.9
西安	Xi'an	102.3	101.8	99.4	104.8	106.7	94.6	99.0	99.4
兰州	Lanzhou	101.8	104.6	99.8	112.3	109.2	99.1	101.5	118.3
西宁	Xining	102.1	103.2	103.7	103.8	104.3	97.7	105.1	100.6
银川	Yinchuan	102.1	103.7	100.6	107.5	103.4	98.3	100.4	122.8
乌鲁木齐	Urumqi	101.6	104.1	99.6	110.8	106.3	98.2	99.0	111.6

3-68 续表 continued

(上年同期=100) (same period of preceding year=100)

地区	City	衣着 Clothing	居住 Residence	生活用品及服务 Household Facilities, Articles and Services	交通通信 Transport and Communications	教育文化娱乐 Education, Cultural and Recreation	医疗保健 Health Care and Medical Services	其他用品及服务 Miscellaneous Goods and Services
平均指数	**Average Index**	**102.2**	**101.8**	**101.4**	**99.0**	**102.9**	**102.6**	**102.2**
北　京	Beijing	102.4	101.7	100.4	97.4	102.1	101.5	101.2
天　津	Tianjin	102.5	102.7	101.3	100.3	103.6	101.0	101.9
石家庄	Shijiazhuang	101.9	101.0	101.0	98.2	104.6	103.0	100.8
太　原	Taiyuan	103.1	101.8	100.3	100.1	103.6	100.9	101.9
呼和浩特	Hohhot	103.3	103.1	100.7	99.4	101.9	101.2	101.9
沈　阳	Shenyang	101.6	101.1	100.7	99.2	102.6	101.1	102.2
大　连	Dalian	103.5	101.3	101.0	99.5	103.2	102.9	99.5
长　春	Changchun	103.8	104.3	102.9	95.8	101.8	101.1	102.0
哈尔滨	Harbin	101.4	99.6	100.0	100.6	103.4	101.5	101.4
上　海	Shanghai	102.3	101.7	101.8	99.3	101.6	103.8	102.1
南　京	Nanjing	101.9	102.3	102.8	98.7	103.6	101.2	101.6
杭　州	Hangzhou	100.3	102.2	102.7	100.4	101.8	105.3	101.8
宁　波	Ningbo	103.2	100.6	104.2	100.4	104.5	107.7	104.2
合　肥	Hefei	102.5	101.3	101.5	97.2	104.3	103.3	102.3
福　州	Fuzhou	104.2	100.9	101.0	99.6	100.9	101.1	102.2
厦　门	Xiamen	107.8	101.1	100.8	97.5	100.1	102.3	101.2
南　昌	Nanchang	100.0	103.3	100.0	99.1	102.5	101.3	101.2
济　南	Jinan	101.9	100.8	101.5	99.2	102.4	103.0	102.6
青　岛	Qingdao	101.0	100.2	101.2	97.7	104.9	103.1	103.8
郑　州	Zhengzhou	101.7	98.8	101.4	97.9	106.2	101.3	105.5
武　汉	Wuhan	103.1	102.0	101.2	101.1	103.5	100.0	100.7
长　沙	Changsha	102.1	101.4	101.3	99.0	104.7	102.8	102.4
广　州	Guangzhou	103.6	101.8	101.6	99.5	104.2	104.5	104.4
深　圳	Shenzhen	99.3	102.8	101.3	99.8	103.6	104.7	102.2
南　宁	Nanning	104.7	101.8	99.8	98.3	104.7	100.5	100.4
海　口	Haikou	105.5	102.6	101.0	101.0	102.1	101.6	104.2
重　庆	Chongqing	100.4	103.2	100.8	98.8	103.4	100.7	101.8
成　都	Chengdu	102.9	101.9	100.8	95.1	102.2	103.0	103.0
贵　阳	Guiyang	102.7	102.2	100.1	100.9	100.6	103.6	100.0
昆　明	Kunming	104.5	99.8	100.3	100.7	105.8	101.4	102.9
拉　萨	Lasa	107.5	102.3	100.6	99.7	100.0	101.7	100.4
西　安	Xi'an	102.6	103.6	102.6	99.1	104.5	101.6	101.6
兰　州	Lanzhou	101.5	99.3	101.4	99.8	100.6	103.3	101.1
西　宁	Xining	101.3	100.7	99.4	99.4	106.5	101.4	100.9
银　川	Yinchuan	101.7	103.0	100.6	99.2	99.7	104.3	100.4
乌鲁木齐	Urumqi	99.1	100.2	103.8	99.3	99.9	101.4	104.4

3-69 36个大中城市居民消费价格分类指数(累计比)
Consumer Price Indices by Category for 36 Major Large and Medium-sized Cities
(2019年1-6月)

(上年同期=100) (same period of preceding year=100)

地区	City	居民消费价格指数 Consumer Price Index	食品烟酒 Food, Tobacco and Liquor	粮食 Grain	鲜菜 Fresh Vegetables	畜肉 Meat	水产品 Aquatic Products	蛋 Eggs	鲜果 Fresh Fruits
平均指数	**Average Index**	**102.3**	**104.1**	**100.5**	**108.9**	**105.9**	**99.0**	**102.3**	**114.4**
北京	Beijing	101.9	104.2	99.7	108.1	106.5	97.8	100.8	117.2
天津	Tianjin	102.2	102.7	101.5	107.0	106.9	93.5	100.5	112.7
石家庄	Shijiazhuang	102.1	103.7	101.7	106.9	106.0	91.2	101.4	124.3
太原	Taiyuan	102.3	103.6	98.6	112.8	102.0	98.2	98.3	115.7
呼和浩特	Hohhot	102.3	103.8	100.1	107.2	109.3	99.9	109.5	111.9
沈阳	Shenyang	101.3	101.7	100.7	104.8	102.4	98.6	95.5	103.9
大连	Dalian	102.2	103.5	100.3	103.4	107.8	101.4	98.1	112.4
长春	Changchun	102.5	104.5	103.0	110.1	106.9	100.3	100.9	109.8
哈尔滨	Harbin	101.8	103.7	104.2	107.1	105.4	99.0	99.3	103.9
上海	Shanghai	102.1	103.1	100.1	105.8	103.7	98.7	104.2	110.0
南京	Nanjing	102.7	105.4	102.4	114.1	107.0	98.7	110.2	119.7
杭州	Hangzhou	102.6	104.5	101.2	106.9	103.3	97.8	105.7	119.6
宁波	Ningbo	102.7	103.3	99.9	109.3	105.6	98.1	104.3	111.0
合肥	Hefei	102.4	104.9	99.5	113.5	110.4	95.0	100.8	126.8
福州	Fuzhou	102.1	104.9	100.8	108.4	107.9	99.4	98.9	135.6
厦门	Xiamen	101.8	103.9	101.2	112.0	106.3	102.2	98.5	117.6
南昌	Nanchang	102.4	104.9	101.1	120.4	101.3	97.5	110.8	128.0
济南	Jinan	102.5	105.5	100.8	111.9	113.3	99.5	101.7	108.6
青岛	Qingdao	102.4	105.5	102.9	108.1	112.2	101.0	99.8	128.4
郑州	Zhengzhou	102.2	105.1	98.7	118.0	105.3	99.0	103.1	126.0
武汉	Wuhan	102.7	104.9	100.3	116.1	104.6	95.8	104.3	124.5
长沙	Changsha	102.5	104.5	100.2	113.2	105.2	100.7	105.9	109.0
广州	Guangzhou	103.0	104.8	100.0	112.4	102.3	102.3	100.3	116.8
深圳	Shenzhen	102.9	104.8	101.3	111.6	102.4	100.3	105.3	112.5
南宁	Nanning	102.4	104.3	97.8	115.9	97.8	105.7	99.9	134.1
海口	Haikou	102.4	102.9	101.0	109.9	98.8	99.8	104.8	111.2
重庆	Chongqing	102.3	104.1	98.3	106.9	111.0	98.1	104.1	113.5
成都	Chengdu	102.0	104.9	100.7	106.3	113.0	98.0	100.4	114.5
贵阳	Guiyang	102.2	104.2	101.0	104.6	108.0	99.0	103.5	114.4
昆明	Kunming	102.3	104.1	103.7	109.8	103.0	96.5	104.4	119.1
拉萨	Lasa	102.0	102.0	100.2	105.3	99.8	98.7	104.6	103.8
西安	Xi'an	102.4	102.2	99.5	104.2	108.1	95.1	100.6	103.3
兰州	Lanzhou	101.9	104.8	99.9	110.6	109.9	99.1	102.6	124.0
西宁	Xining	102.1	103.5	103.4	104.0	105.2	97.6	106.2	103.8
银川	Yinchuan	102.1	104.0	100.7	106.8	103.9	98.2	101.0	128.9
乌鲁木齐	Urumqi	101.6	104.2	99.6	109.0	106.8	98.2	99.8	113.5

3-69 续表 continued

(上年同期=100) (same period of preceding year=100)

地区	City	衣着 Clothing	居住 Residence	生活用品及服务 Household Facilities, Articles and Services	交通通信 Transport and Communications	教育文化娱乐 Education, Cultural and Recreation	医疗保健 Health Care and Medical Services	其他用品及服务 Miscellaneous Goods and Services
平均指数	**Average Index**	**102.3**	**101.7**	**101.3**	**98.8**	**102.9**	**102.7**	**102.3**
北京	Beijing	102.5	101.6	100.4	97.5	102.0	102.6	101.4
天津	Tianjin	102.5	102.6	101.2	100.1	103.5	101.0	102.3
石家庄	Shijiazhuang	102.1	100.9	100.9	98.0	104.8	103.0	100.9
太原	Taiyuan	102.9	101.9	100.5	100.1	103.5	100.9	101.9
呼和浩特	Hohhot	103.3	103.0	100.7	99.3	101.5	101.4	102.0
沈阳	Shenyang	101.9	101.1	100.7	99.1	102.7	101.0	102.1
大连	Dalian	103.4	101.2	100.7	99.5	102.8	102.9	99.7
长春	Changchun	103.4	104.3	102.5	95.7	101.7	101.2	102.0
哈尔滨	Harbin	101.4	99.3	99.9	100.6	103.2	102.1	101.4
上海	Shanghai	102.6	101.8	101.7	99.0	101.6	104.0	102.3
南京	Nanjing	102.3	102.2	102.7	98.6	103.8	101.2	101.9
杭州	Hangzhou	100.7	102.0	102.6	100.2	102.3	105.2	101.8
宁波	Ningbo	103.0	100.7	104.0	100.3	104.5	106.9	104.2
合肥	Hefei	102.8	101.3	101.4	96.5	104.4	103.3	102.4
福州	Fuzhou	104.0	100.8	101.1	99.4	101.0	101.1	102.4
厦门	Xiamen	107.9	101.1	100.7	97.4	100.0	102.1	101.4
南昌	Nanchang	100.1	103.2	99.9	98.8	102.5	101.5	101.3
济南	Jinan	101.8	100.8	101.2	98.8	102.7	102.8	102.7
青岛	Qingdao	100.8	100.3	100.9	97.4	104.8	103.1	103.9
郑州	Zhengzhou	101.7	99.0	101.3	97.6	106.3	101.4	105.9
武汉	Wuhan	103.0	101.9	101.1	100.8	103.5	100.1	101.0
长沙	Changsha	101.9	101.5	101.2	98.8	104.7	102.6	102.5
广州	Guangzhou	103.2	101.8	101.7	99.4	104.0	104.4	104.6
深圳	Shenzhen	99.7	102.6	101.2	99.6	103.7	104.6	102.0
南宁	Nanning	104.6	101.6	99.9	98.3	104.6	100.5	100.5
海口	Haikou	105.0	102.4	101.1	100.7	102.1	101.6	104.0
重庆	Chongqing	100.4	103.0	100.7	98.6	103.2	100.7	102.0
成都	Chengdu	103.2	101.9	100.8	94.7	102.1	103.0	103.1
贵阳	Guiyang	102.4	102.0	99.8	100.4	100.4	103.8	100.1
昆明	Kunming	103.7	99.8	100.1	100.3	105.8	101.3	102.7
拉萨	Lasa	107.7	102.2	100.5	99.6	100.0	102.4	100.3
西安	Xi'an	102.8	103.4	102.4	99.2	104.3	101.4	101.9
兰州	Lanzhou	101.6	99.4	101.4	99.7	100.6	103.2	101.4
西宁	Xining	101.7	100.6	99.5	99.2	106.2	101.4	101.2
银川	Yinchuan	101.4	102.7	100.5	99.0	99.7	104.3	100.9
乌鲁木齐	Urumqi	99.1	100.2	103.5	99.0	100.1	101.4	104.4

3-70 36个大中城市居民消费价格分类指数(累计比)
Consumer Price Indices by Category for 36 Major Large and Medium-sized Cities (2019年1-7月)

(上年同期=100) (same period of preceding year=100)

地区	City	居民消费价格指数 Consumer Price Index	食品烟酒 Food, Tobacco and Liquor	粮食 Grain	鲜菜 Fresh Vegetables	畜肉 Meat	水产品 Aquatic Products	蛋 Eggs	鲜果 Fresh Fruits
平均指数	**Average Index**	**102.4**	**104.4**	**100.6**	**108.2**	**107.2**	**99.1**	**103.3**	**117.2**
北京	Beijing	102.0	104.4	99.6	106.3	107.6	97.7	102.1	119.5
天津	Tianjin	102.2	102.9	101.6	105.6	108.3	94.1	102.0	114.3
石家庄	Shijiazhuang	102.1	103.7	101.7	105.4	107.5	91.4	102.8	122.8
太原	Taiyuan	102.4	104.1	98.5	111.9	104.1	98.6	102.3	118.4
呼和浩特	Hohhot	102.4	104.2	100.1	106.7	110.4	100.1	111.4	115.6
沈阳	Shenyang	101.5	102.3	100.7	105.0	104.8	97.8	96.9	107.2
大连	Dalian	102.2	103.8	100.4	103.5	109.4	101.4	99.6	113.3
长春	Changchun	102.6	105.1	102.8	109.8	109.0	100.3	101.9	113.5
哈尔滨	Harbin	101.9	104.5	104.2	106.2	108.0	99.5	100.8	108.5
上海	Shanghai	102.2	103.4	100.2	105.5	104.5	99.1	104.6	111.6
南京	Nanjing	102.7	105.5	102.2	111.7	108.1	98.8	110.9	121.3
杭州	Hangzhou	102.7	104.8	101.4	107.0	104.5	97.7	105.9	122.3
宁波	Ningbo	102.7	103.5	99.8	109.2	107.2	97.8	104.5	113.7
合肥	Hefei	102.4	105.1	99.4	111.6	111.5	95.5	101.8	130.6
福州	Fuzhou	102.2	105.4	100.6	107.5	110.0	99.4	100.4	142.8
厦门	Xiamen	102.0	104.4	101.1	111.5	107.6	102.5	99.7	123.7
南昌	Nanchang	102.4	105.1	101.0	118.7	102.1	97.6	110.7	132.9
济南	Jinan	102.6	105.9	101.1	111.4	114.9	99.9	102.9	111.1
青岛	Qingdao	102.5	105.9	103.1	106.9	114.4	100.8	100.9	131.8
郑州	Zhengzhou	102.4	105.5	98.7	117.4	106.9	99.0	104.6	129.7
武汉	Wuhan	102.8	105.3	100.3	114.9	105.9	96.7	105.3	129.0
长沙	Changsha	102.6	104.9	100.3	112.6	106.4	100.8	106.3	112.3
广州	Guangzhou	103.0	105.2	99.8	112.2	103.4	102.6	102.2	120.3
深圳	Shenzhen	102.9	105.3	101.4	111.4	103.8	100.3	105.8	115.8
南宁	Nanning	102.6	105.1	97.9	116.0	101.1	106.6	100.4	138.5
海口	Haikou	102.5	103.6	101.0	110.1	101.1	100.4	104.8	116.0
重庆	Chongqing	102.3	104.4	98.2	106.9	112.5	98.6	104.4	115.3
成都	Chengdu	102.0	105.0	101.2	104.4	113.4	98.2	100.7	118.6
贵阳	Guiyang	102.3	104.6	101.0	105.1	108.5	99.1	104.0	118.5
昆明	Kunming	102.3	104.6	103.2	111.1	103.9	96.6	105.0	123.9
拉萨	Lasa	102.0	102.0	100.0	105.0	99.8	98.6	102.8	106.4
西安	Xi'an	102.4	102.6	99.8	103.5	109.5	95.7	103.1	107.1
兰州	Lanzhou	102.0	105.0	100.1	110.2	110.4	99.4	104.0	128.6
西宁	Xining	102.2	103.9	103.1	105.7	106.3	97.5	107.7	105.6
银川	Yinchuan	102.1	104.3	100.7	106.8	104.6	98.2	102.0	132.9
乌鲁木齐	Urumqi	101.7	104.5	99.5	109.1	107.3	98.2	100.9	115.9

3-70 续表 continued

(上年同期=100) (same period of preceding year=100)

地区	City	衣着 Clothing	居住 Residence	生活用品及服务 Household Facilities, Articles and Services	交通通信 Transport and Communications	教育文化娱乐 Education, Cultural and Recreation	医疗保健 Health Care and Medical Services	其他用品及服务 Miscellaneous Goods and Services
平均指数	**Average Index**	**102.3**	**101.7**	**101.2**	**98.6**	**102.9**	**102.8**	**102.5**
北京	Beijing	102.5	101.6	100.3	97.3	101.8	104.3	101.7
天津	Tianjin	102.4	102.5	101.1	100.0	103.5	100.9	102.7
石家庄	Shijiazhuang	102.4	100.8	100.8	97.8	104.8	103.1	101.0
太原	Taiyuan	102.6	101.8	100.6	99.9	103.8	100.9	102.0
呼和浩特	Hohhot	103.2	102.9	100.7	99.2	101.6	101.7	102.1
沈阳	Shenyang	102.1	101.2	100.8	98.8	102.8	101.0	102.0
大连	Dalian	103.2	101.1	100.7	99.4	102.4	102.8	100.0
长春	Changchun	103.1	104.3	102.2	95.6	101.6	101.2	102.3
哈尔滨	Harbin	101.4	99.0	99.9	100.4	103.0	102.5	101.3
上海	Shanghai	102.7	101.9	101.5	98.6	101.9	104.2	102.3
南京	Nanjing	102.6	102.1	102.5	98.4	103.9	101.1	102.3
杭州	Hangzhou	101.0	101.9	102.8	100.1	102.5	105.2	101.9
宁波	Ningbo	102.5	100.8	103.9	100.1	104.4	106.3	104.3
合肥	Hefei	103.0	101.3	101.4	96.2	104.5	102.9	102.7
福州	Fuzhou	103.6	100.6	101.1	99.2	101.1	101.1	102.5
厦门	Xiamen	108.1	101.1	100.7	97.3	99.9	102.0	101.6
南昌	Nanchang	100.1	103.1	99.9	98.5	102.6	101.5	101.6
济南	Jinan	101.7	101.0	101.0	98.4	102.9	102.6	103.0
青岛	Qingdao	100.7	100.4	100.7	97.3	104.7	103.0	104.0
郑州	Zhengzhou	101.8	99.1	101.3	97.5	106.2	101.5	106.3
武汉	Wuhan	103.0	101.9	101.0	100.6	103.5	100.1	101.2
长沙	Changsha	101.8	101.4	101.1	98.8	104.6	102.5	102.7
广州	Guangzhou	102.9	101.6	101.5	99.2	103.7	104.4	104.7
深圳	Shenzhen	100.0	102.4	101.1	99.4	103.7	104.5	102.0
南宁	Nanning	104.6	101.5	100.0	98.1	104.6	100.5	100.6
海口	Haikou	104.7	102.3	101.1	100.4	102.1	101.5	104.1
重庆	Chongqing	100.3	102.9	100.8	98.5	102.8	100.7	102.1
成都	Chengdu	103.4	101.8	100.8	94.4	101.9	102.9	103.3
贵阳	Guiyang	102.2	101.9	99.7	100.1	100.4	103.8	100.5
昆明	Kunming	102.9	99.8	100.2	99.9	105.3	101.2	102.7
拉萨	Lasa	107.8	102.2	100.7	99.5	100.0	102.8	100.8
西安	Xi'an	103.1	103.3	102.1	99.2	104.1	101.2	102.1
兰州	Lanzhou	101.6	99.5	101.3	99.8	100.5	103.1	101.4
西宁	Xining	102.0	100.4	99.6	99.1	106.1	101.4	101.7
银川	Yinchuan	101.0	102.5	100.4	98.8	99.5	104.3	101.3
乌鲁木齐	Urumqi	99.2	100.2	103.3	98.9	100.4	101.4	104.5

3-71 36个大中城市居民消费价格分类指数(累计比)
Consumer Price Indices by Category for 36 Major Large and Medium-sized Cities
(2019年1-8月)

(上年同期=100) (same period of preceding year=100)

地区	City	居民消费价格指数 Consumer Price Index	食品烟酒 Food, Tobacco and Liquor	粮食 Grain	鲜菜 Fresh Vegetables	畜肉 Meat	水产品 Aquatic Products	蛋 Eggs	鲜果 Fresh Fruits
平均指数	**Average Index**	**102.4**	**104.7**	**100.6**	**107.0**	**109.8**	**99.3**	**103.4**	**117.9**
北京	Beijing	102.0	104.3	99.7	103.9	109.0	97.8	102.2	119.3
天津	Tianjin	102.2	103.0	101.7	103.1	110.3	94.5	102.4	114.3
石家庄	Shijiazhuang	102.1	103.7	101.6	104.4	109.5	91.7	103.2	120.0
太原	Taiyuan	102.5	104.3	98.4	110.7	106.2	98.7	103.0	118.7
呼和浩特	Hohhot	102.4	104.3	100.1	105.2	111.9	100.2	112.6	116.3
沈阳	Shenyang	101.6	102.8	100.7	103.9	107.5	97.5	97.1	109.5
大连	Dalian	102.1	104.0	100.5	102.0	111.6	101.4	100.6	113.0
长春	Changchun	102.6	105.3	102.7	108.1	111.1	100.2	101.9	114.9
哈尔滨	Harbin	102.1	105.2	104.3	105.8	110.7	100.0	101.3	111.4
上海	Shanghai	102.2	103.6	100.4	105.0	106.1	99.2	104.5	112.3
南京	Nanjing	102.7	105.5	102.0	109.8	110.5	99.3	110.7	120.3
杭州	Hangzhou	102.8	105.0	101.3	106.1	107.1	98.0	105.6	122.9
宁波	Ningbo	102.7	103.8	99.9	108.8	110.2	97.8	104.2	115.0
合肥	Hefei	102.5	105.5	99.2	110.1	114.7	96.1	101.5	131.5
福州	Fuzhou	102.3	105.6	100.6	105.6	112.8	99.1	100.2	144.3
厦门	Xiamen	102.1	105.0	100.9	110.3	110.7	102.7	99.8	126.7
南昌	Nanchang	102.5	105.5	100.9	117.2	105.1	98.4	110.5	134.9
济南	Jinan	102.6	106.0	101.3	109.1	117.1	99.9	102.8	111.7
青岛	Qingdao	102.5	106.1	103.1	105.1	117.2	100.5	100.9	131.5
郑州	Zhengzhou	102.5	105.9	98.8	115.9	109.9	99.0	104.8	130.5
武汉	Wuhan	102.8	105.5	100.4	113.5	108.5	97.7	105.3	129.2
长沙	Changsha	102.7	105.6	100.4	111.7	110.9	101.1	105.6	114.9
广州	Guangzhou	103.0	105.7	99.9	111.2	106.5	102.8	102.4	121.5
深圳	Shenzhen	103.0	105.6	101.4	110.4	106.9	100.4	106.0	116.2
南宁	Nanning	102.9	106.3	98.0	114.8	109.0	107.2	100.8	137.6
海口	Haikou	102.7	104.5	101.0	109.0	105.4	101.0	104.5	119.2
重庆	Chongqing	102.3	104.7	98.3	105.9	115.6	99.2	103.9	115.1
成都	Chengdu	102.1	105.6	101.9	103.0	117.5	98.6	100.6	119.6
贵阳	Guiyang	102.3	104.9	100.9	105.0	109.8	99.8	103.7	120.6
昆明	Kunming	102.2	104.9	102.9	111.9	104.7	96.4	104.8	126.4
拉萨	Lasa	102.1	102.0	99.9	104.3	100.1	98.6	101.8	107.3
西安	Xi'an	102.4	102.8	99.9	102.1	111.7	96.6	102.8	108.0
兰州	Lanzhou	102.0	105.1	100.2	109.4	111.3	99.6	104.0	129.3
西宁	Xining	102.3	104.1	102.8	106.1	107.6	97.6	107.3	105.5
银川	Yinchuan	102.0	104.3	100.7	105.5	105.4	98.0	102.1	132.8
乌鲁木齐	Urumqi	101.8	104.7	99.6	109.5	108.4	98.3	100.9	116.7

3-71 续表 continued

(上年同期=100) (same period of preceding year=100)

地 区	City	衣着 Clothing	居住 Residence	生活用品及服务 Household Facilities, Articles and Services	交通通信 Transport and Communications	教育文化娱乐 Education, Cultural and Recreation	医疗保健 Health Care and Medical Services	其他用品及服务 Miscellaneous Goods and Services
平均指数	**Average Index**	**102.2**	**101.6**	**101.1**	**98.4**	**102.8**	**102.9**	**102.8**
北 京	Beijing	102.4	101.6	100.2	97.3	101.7	105.5	102.2
天 津	Tianjin	102.4	102.4	101.1	99.8	103.6	100.9	103.3
石家庄	Shijiazhuang	102.5	100.9	100.8	97.6	104.7	103.1	101.3
太 原	Taiyuan	102.5	101.9	100.8	99.7	104.1	100.8	102.1
呼和浩特	Hohhot	103.0	102.8	100.6	98.9	101.5	102.0	102.1
沈 阳	Shenyang	102.3	101.3	100.8	98.6	102.7	101.0	102.1
大 连	Dalian	103.2	101.1	100.7	99.2	102.1	102.7	100.7
长 春	Changchun	102.9	104.1	101.9	95.7	101.8	101.1	102.8
哈尔滨	Harbin	101.8	98.8	99.9	100.2	102.7	102.8	102.0
上 海	Shanghai	102.8	101.9	101.4	98.2	101.9	103.9	102.6
南 京	Nanjing	102.4	102.0	102.2	98.2	103.9	101.0	102.9
杭 州	Hangzhou	101.1	101.7	102.9	99.9	102.8	105.8	102.1
宁 波	Ningbo	102.3	100.8	103.8	99.9	104.4	105.8	104.5
合 肥	Hefei	103.0	101.3	101.4	95.9	104.4	102.7	103.0
福 州	Fuzhou	102.9	100.5	101.2	99.0	101.3	101.0	102.9
厦 门	Xiamen	108.3	101.1	100.8	97.3	99.8	101.8	101.8
南 昌	Nanchang	100.1	102.8	99.9	98.3	102.6	101.5	101.9
济 南	Jinan	101.6	101.1	100.8	98.1	103.0	102.4	103.5
青 岛	Qingdao	100.7	100.4	100.5	97.3	104.4	103.0	104.4
郑 州	Zhengzhou	101.8	99.4	101.3	97.3	106.2	101.5	107.0
武 汉	Wuhan	102.9	101.9	100.9	100.3	103.5	100.1	101.6
长 沙	Changsha	101.7	101.2	101.0	98.6	104.4	102.4	103.0
广 州	Guangzhou	102.8	101.4	101.3	99.0	103.4	104.3	104.6
深 圳	Shenzhen	100.1	102.2	101.0	99.2	103.7	104.4	102.2
南 宁	Nanning	104.2	101.4	100.0	98.0	104.7	100.6	101.0
海 口	Haikou	104.4	102.1	101.2	100.0	101.7	101.5	104.4
重 庆	Chongqing	100.2	102.7	100.9	98.5	102.7	100.7	102.4
成 都	Chengdu	103.4	101.6	100.8	94.1	101.8	102.9	103.7
贵 阳	Guiyang	102.0	101.7	99.7	99.9	100.4	103.8	100.8
昆 明	Kunming	102.2	99.8	100.3	99.6	105.0	101.1	102.9
拉 萨	Lasa	107.9	102.1	100.7	99.4	100.0	103.4	101.4
西 安	Xi'an	103.4	103.1	102.0	99.3	103.9	101.2	102.7
兰 州	Lanzhou	101.6	99.6	101.3	99.8	100.5	102.9	101.5
西 宁	Xining	102.2	100.4	99.6	99.2	106.0	101.4	102.4
银 川	Yinchuan	100.7	102.2	100.4	98.7	99.4	104.2	101.8
乌鲁木齐	Urumqi	99.3	100.2	103.1	98.7	100.6	101.4	105.0

3-72 36个大中城市居民消费价格分类指数(累计比)
Consumer Price Indices by Category for 36 Major Large and Medium-sized Cities
(2019年1-9月)

(上年同期=100) (same period of preceding year=100)

地区	City	居民消费价格指数 Consumer Price Index	食品烟酒 Food, Tobacco and Liquor	粮食 Grain	鲜菜 Fresh Vegetables	畜肉 Meat	水产品 Aquatic Products	蛋 Eggs	鲜果 Fresh Fruits
平均指数	**Average Index**	**102.4**	**104.9**	**100.6**	**104.6**	**113.5**	**99.7**	**103.8**	**116.9**
北京	Beijing	102.1	104.3	99.6	100.4	111.2	98.0	102.6	117.6
天津	Tianjin	102.3	103.2	101.8	99.8	113.3	95.0	103.3	113.4
石家庄	Shijiazhuang	102.1	103.8	101.3	101.7	112.9	92.0	104.4	117.0
太原	Taiyuan	102.5	104.5	98.4	107.5	109.6	99.1	104.7	117.2
呼和浩特	Hohhot	102.5	104.3	100.2	102.1	114.4	100.3	113.4	115.4
沈阳	Shenyang	101.7	103.3	100.9	102.3	111.2	97.7	98.1	110.2
大连	Dalian	102.1	104.2	100.6	100.5	115.2	101.7	101.3	111.3
长春	Changchun	102.6	105.7	102.5	107.0	114.1	100.1	102.3	114.8
哈尔滨	Harbin	102.3	105.9	104.2	104.7	114.4	100.4	102.4	112.8
上海	Shanghai	102.2	103.8	100.6	103.8	108.5	99.8	104.6	112.0
南京	Nanjing	102.7	105.6	101.7	106.8	114.2	99.5	110.9	118.2
杭州	Hangzhou	102.8	105.2	101.1	104.4	110.6	98.6	105.5	122.0
宁波	Ningbo	102.7	104.1	100.2	106.6	114.0	98.2	104.0	114.9
合肥	Hefei	102.5	105.6	99.1	106.3	118.8	96.8	101.7	128.8
福州	Fuzhou	102.2	105.7	100.0	100.9	117.0	99.5	101.5	142.1
厦门	Xiamen	102.3	105.5	100.7	107.3	115.4	102.9	100.3	127.0
南昌	Nanchang	102.5	105.6	100.9	113.8	109.2	99.0	110.5	133.2
济南	Jinan	102.6	106.4	101.5	105.4	122.1	100.2	103.6	110.2
青岛	Qingdao	102.6	106.4	103.2	102.0	121.5	101.0	101.5	130.0
郑州	Zhengzhou	102.6	106.3	98.9	112.9	114.5	99.1	105.7	127.9
武汉	Wuhan	102.9	105.8	100.4	110.6	112.9	98.8	105.7	126.6
长沙	Changsha	102.7	106.1	100.5	109.6	116.5	101.1	105.4	113.5
广州	Guangzhou	103.0	106.1	100.1	107.7	111.2	103.0	103.2	120.1
深圳	Shenzhen	103.0	106.0	101.4	107.3	110.9	100.6	106.1	115.5
南宁	Nanning	103.0	107.1	97.9	112.3	115.4	107.7	101.5	135.7
海口	Haikou	102.8	105.1	100.9	108.1	109.3	101.5	104.5	120.7
重庆	Chongqing	102.3	105.2	98.0	103.7	120.5	100.0	104.0	113.2
成都	Chengdu	102.3	106.4	102.2	101.2	123.0	99.0	100.8	119.0
贵阳	Guiyang	102.4	105.6	100.8	104.4	113.7	100.6	104.2	120.5
昆明	Kunming	102.1	105.2	102.5	111.6	106.7	96.6	104.6	126.8
拉萨	Lasa	102.1	102.1	99.9	103.5	101.1	98.6	101.5	106.9
西安	Xi'an	102.4	102.9	100.1	99.8	115.0	97.2	104.4	105.8
兰州	Lanzhou	102.0	105.0	100.4	107.4	113.0	99.8	104.7	126.7
西宁	Xining	102.3	104.1	102.5	104.3	108.8	97.5	108.0	104.8
银川	Yinchuan	101.9	104.2	101.0	102.7	107.5	98.1	103.1	129.5
乌鲁木齐	Urumqi	101.8	104.8	99.7	107.9	109.6	98.5	101.4	115.8

3-72 续表 continued

(上年同期=100) (same period of preceding year=100)

地　区	City	衣着 Clothing	居住 Residence	生活用品及服务 Household Facilities, Articles and Services	交通通信 Transport and Communications	教育文化娱乐 Education, Cultural and Recreation	医疗保健 Health Care and Medical Services	其他用品及服务 Miscellaneous Goods and Services
平均指数	**Average Index**	**102.2**	**101.5**	**101.1**	**98.2**	**102.7**	**103.0**	**103.2**
北　京	Beijing	102.4	101.5	100.1	97.2	101.4	106.5	102.6
天　津	Tianjin	102.4	102.4	101.0	99.6	103.9	100.9	104.0
石家庄	Shijiazhuang	102.6	100.9	100.8	97.4	104.6	103.2	101.7
太　原	Taiyuan	102.3	102.0	100.9	99.4	104.1	100.8	102.2
呼和浩特	Hohhot	103.0	102.7	100.7	98.7	101.9	102.3	102.2
沈　阳	Shenyang	102.5	101.3	100.8	98.4	102.7	101.0	102.2
大　连	Dalian	103.1	101.0	100.7	99.0	101.9	102.6	101.2
长　春	Changchun	102.7	103.7	101.7	95.5	102.0	101.2	103.3
哈尔滨	Harbin	101.8	98.5	99.8	100.0	102.7	103.0	102.8
上　海	Shanghai	102.9	101.9	101.2	97.9	101.7	103.7	102.9
南　京	Nanjing	102.4	101.9	102.0	98.0	104.1	100.9	103.4
杭　州	Hangzhou	101.1	101.4	102.9	99.5	103.3	106.3	102.4
宁　波	Ningbo	102.5	100.8	103.6	99.5	104.5	105.2	104.8
合　肥	Hefei	102.9	101.3	101.4	95.9	104.3	102.6	103.5
福　州	Fuzhou	102.4	100.5	101.3	98.9	101.4	101.0	103.3
厦　门	Xiamen	108.6	101.1	100.9	97.3	99.9	101.6	102.1
南　昌	Nanchang	100.3	102.6	99.9	98.1	102.8	101.5	102.3
济　南	Jinan	101.5	101.2	100.6	97.8	102.8	102.2	104.0
青　岛	Qingdao	100.6	100.5	100.5	97.3	104.4	103.0	104.8
郑　州	Zhengzhou	101.9	99.5	101.3	96.9	105.9	101.6	107.4
武　汉	Wuhan	102.8	101.9	100.8	100.2	103.2	100.1	102.1
长　沙	Changsha	101.6	100.9	100.9	98.5	104.0	102.3	103.4
广　州	Guangzhou	102.5	101.2	101.1	98.7	103.1	104.3	104.8
深　圳	Shenzhen	100.4	101.9	100.9	98.8	103.7	104.3	102.5
南　宁	Nanning	103.8	101.1	100.0	98.0	104.2	100.7	101.6
海　口	Haikou	104.0	101.9	101.3	99.5	101.4	101.4	105.0
重　庆	Chongqing	100.3	102.5	100.8	98.5	102.2	100.7	102.6
成　都	Chengdu	103.2	101.4	100.8	94.2	101.5	102.8	103.8
贵　阳	Guiyang	101.9	101.3	99.8	99.7	100.5	103.7	101.1
昆　明	Kunming	101.7	99.8	100.3	99.3	104.1	101.0	103.3
拉　萨	Lasa	107.9	102.0	100.8	99.2	100.0	103.8	101.7
西　安	Xi'an	103.5	103.0	101.8	99.2	104.0	101.1	103.3
兰　州	Lanzhou	101.5	99.7	101.3	99.8	100.6	102.8	102.0
西　宁	Xining	102.2	100.3	99.7	99.2	105.4	101.3	103.1
银　川	Yinchuan	100.6	101.9	100.3	98.6	99.5	104.2	102.3
乌鲁木齐	Urumqi	99.5	100.2	102.8	98.6	100.8	101.4	104.7

3–73 36个大中城市居民消费价格分类指数(累计比)

Consumer Price Indices by Category for 36 Major Large and Medium-sized Cities (2019年1–10月)

(上年同期=100) (same period of preceding year=100)

地 区	City	居民消费价格指数 Consumer Price Index	食品烟酒 Food, Tobacco and Liquor	粮食 Grain	鲜菜 Fresh Vegetables	畜肉 Meat	水产品 Aquatic Products	蛋 Eggs	鲜果 Fresh Fruits
平均指数	**Average Index**	**102.5**	**105.4**	**100.7**	**103.0**	**118.2**	**100.0**	**104.4**	**115.3**
北 京	Beijing	102.1	104.5	99.6	98.7	114.5	98.2	103.2	115.4
天 津	Tianjin	102.4	103.6	101.8	98.2	117.3	95.5	104.4	112.0
石家庄	Shijiazhuang	102.3	104.3	100.9	100.7	117.6	92.4	105.5	114.9
太 原	Taiyuan	102.5	104.8	98.3	104.5	114.7	99.3	106.6	114.6
呼和浩特	Hohhot	102.5	104.5	100.3	99.7	117.2	100.3	114.0	113.4
沈 阳	Shenyang	101.9	104.0	101.0	101.7	116.3	98.1	99.2	110.1
大 连	Dalian	102.2	104.7	100.6	100.0	120.5	102.0	101.6	110.2
长 春	Changchun	102.7	106.3	102.4	106.6	118.5	100.1	102.8	114.1
哈尔滨	Harbin	102.4	106.6	104.0	104.0	119.8	100.6	103.3	112.4
上 海	Shanghai	102.2	104.1	100.6	103.2	111.9	100.2	104.9	111.5
南 京	Nanjing	102.8	106.0	101.5	105.1	119.4	99.6	110.9	116.1
杭 州	Hangzhou	102.9	105.5	101.2	103.0	115.1	99.0	105.6	119.6
宁 波	Ningbo	102.8	104.4	100.3	105.0	118.0	98.6	104.0	113.0
合 肥	Hefei	102.6	106.1	99.1	104.4	124.4	97.4	101.9	124.8
福 州	Fuzhou	102.3	106.1	99.9	98.0	122.9	100.0	102.6	136.5
厦 门	Xiamen	102.5	106.2	100.6	105.4	121.5	103.1	100.9	125.1
南 昌	Nanchang	102.6	105.8	100.8	110.8	114.3	99.4	110.1	129.9
济 南	Jinan	102.8	107.2	101.6	103.3	128.7	100.4	104.3	108.9
青 岛	Qingdao	102.9	107.1	103.2	101.0	127.6	101.5	102.4	128.2
郑 州	Zhengzhou	102.8	106.9	98.9	110.4	120.6	99.2	106.4	124.2
武 汉	Wuhan	103.0	106.2	100.4	108.3	118.5	99.7	106.4	124.3
长 沙	Changsha	102.7	106.7	100.5	107.5	123.1	101.1	105.5	111.5
广 州	Guangzhou	103.1	106.6	100.0	105.4	116.7	102.9	104.2	117.0
深 圳	Shenzhen	103.1	106.5	101.4	105.5	115.7	100.7	106.3	114.1
南 宁	Nanning	103.1	107.9	97.9	109.8	121.8	108.0	102.1	133.3
海 口	Haikou	102.8	105.7	100.7	107.2	113.2	101.7	104.5	121.0
重 庆	Chongqing	102.4	105.7	97.9	101.1	125.9	100.6	104.2	111.5
成 都	Chengdu	102.5	107.3	102.5	99.5	129.0	99.3	100.9	118.0
贵 阳	Guiyang	102.5	106.3	100.7	103.3	118.9	101.2	104.8	119.4
昆 明	Kunming	102.1	105.5	102.3	109.7	111.0	96.4	104.8	125.9
拉 萨	Lasa	102.2	102.2	99.9	102.7	102.4	98.7	101.5	106.1
西 安	Xi'an	102.5	103.2	100.3	98.9	119.6	97.6	106.0	102.9
兰 州	Lanzhou	102.0	105.1	100.6	105.6	115.9	100.1	105.4	123.6
西 宁	Xining	102.3	104.4	102.3	103.0	111.7	97.5	108.3	103.5
银 川	Yinchuan	101.9	104.3	101.3	101.1	109.9	98.2	103.8	125.7
乌鲁木齐	Urumqi	101.8	105.0	99.8	106.5	111.5	98.9	102.3	115.0

3-73 续表 continued

(上年同期=100) (same period of preceding year=100)

地区	City	衣着 Clothing	居住 Residence	生活用品及服务 Household Facilities, Articles and Services	交通通信 Transport and Communications	教育文化娱乐 Education, Cultural and Recreation	医疗保健 Health Care and Medical Services	其他用品及服务 Miscellaneous Goods and Services
平均指数	**Average Index**	**102.1**	**101.5**	**101.0**	**98.0**	**102.7**	**103.0**	**103.4**
北　京	Beijing	102.2	101.5	100.0	97.1	101.2	107.3	102.9
天　津	Tianjin	102.3	102.4	101.0	99.4	104.1	100.9	104.5
石家庄	Shijiazhuang	102.8	100.9	100.7	97.3	104.7	103.2	101.9
太　原	Taiyuan	101.7	102.0	101.0	99.3	104.1	100.7	102.3
呼和浩特	Hohhot	102.8	102.5	100.7	98.3	102.2	102.6	102.2
沈　阳	Shenyang	102.6	101.2	100.8	98.2	102.8	100.9	102.4
大　连	Dalian	102.8	101.0	100.7	98.8	101.8	102.5	101.7
长　春	Changchun	102.5	103.3	101.7	95.4	102.2	101.2	103.7
哈尔滨	Harbin	101.4	98.4	99.7	99.7	102.6	103.2	103.3
上　海	Shanghai	103.0	101.9	101.1	97.7	101.4	103.5	103.2
南　京	Nanjing	102.4	101.8	101.8	97.8	104.3	100.9	103.8
杭　州	Hangzhou	101.0	101.2	103.0	99.2	103.8	106.6	102.5
宁　波	Ningbo	102.6	100.9	103.4	99.2	104.5	104.9	105.0
合　肥	Hefei	102.9	101.3	101.3	95.7	104.3	102.4	103.8
福　州	Fuzhou	101.9	100.4	101.3	98.7	101.4	101.0	103.6
厦　门	Xiamen	108.1	101.1	101.0	97.2	99.8	101.5	102.3
南　昌	Nanchang	100.3	102.4	99.9	97.9	103.0	101.5	102.6
济　南	Jinan	101.4	101.2	100.5	97.4	102.7	102.0	104.4
青　岛	Qingdao	100.7	100.5	100.5	97.2	104.6	102.9	105.1
郑　州	Zhengzhou	102.0	99.6	101.3	96.4	105.7	101.6	107.8
武　汉	Wuhan	102.8	102.0	100.8	100.0	102.9	100.1	102.3
长　沙	Changsha	101.5	100.7	100.8	98.3	103.7	102.3	103.7
广　州	Guangzhou	101.9	101.0	101.0	98.5	102.9	104.2	104.8
深　圳	Shenzhen	100.7	101.8	100.8	98.5	103.8	104.2	102.8
南　宁	Nanning	103.4	101.0	100.0	97.9	103.9	100.8	101.9
海　口	Haikou	103.6	101.7	101.2	99.1	101.2	101.3	105.2
重　庆	Chongqing	100.3	102.3	100.7	98.4	102.1	100.7	102.8
成　都	Chengdu	103.0	101.3	100.8	94.1	101.4	102.7	103.9
贵　阳	Guiyang	101.8	101.0	99.9	99.3	100.5	103.6	101.4
昆　明	Kunming	101.3	99.7	100.3	98.9	103.4	100.9	103.6
拉　萨	Lasa	108.0	101.9	100.9	99.1	100.0	104.2	102.0
西　安	Xi'an	103.3	102.9	101.6	99.2	104.1	101.0	103.8
兰　州	Lanzhou	101.4	99.8	101.2	99.7	100.7	102.7	102.3
西　宁	Xining	102.1	100.2	99.8	99.2	105.0	101.3	103.5
银　川	Yinchuan	100.5	101.6	100.2	98.5	99.6	104.1	102.3
乌鲁木齐	Urumqi	99.5	100.2	102.6	98.5	100.8	101.4	104.3

3-74 36个大中城市居民消费价格分类指数(累计比)

Consumer Price Indices by Category for 36 Major Large and Medium-sized Cities (2019年1-11月)

(上年同期=100) (same period of preceding year=100)

地区	City	居民消费价格指数 Consumer Price Index	食品烟酒 Food, Tobacco and Liquor	粮食 Grain	鲜菜 Fresh Vegetables	畜肉 Meat	水产品 Aquatic Products	蛋 Eggs	鲜果 Fresh Fruits
平均指数	**Average Index**	**102.6**	**106.0**	**100.7**	**103.1**	**122.8**	**100.3**	**104.9**	**113.3**
北京	Beijing	102.2	104.9	99.7	99.3	118.2	98.3	103.8	113.0
天津	Tianjin	102.5	104.2	101.8	98.9	121.3	96.0	105.1	110.4
石家庄	Shijiazhuang	102.5	105.2	100.8	102.0	122.7	92.9	106.1	111.6
太原	Taiyuan	102.6	105.4	98.4	104.3	120.6	99.4	107.4	110.7
呼和浩特	Hohhot	102.5	104.6	100.3	98.1	119.5	100.4	114.3	111.1
沈阳	Shenyang	102.2	104.8	101.1	102.2	120.7	98.6	100.1	109.9
大连	Dalian	102.3	105.4	100.7	100.8	125.7	102.3	102.1	108.7
长春	Changchun	102.8	106.9	102.3	107.0	122.7	100.3	103.2	112.4
哈尔滨	Harbin	102.5	107.4	104.1	103.8	124.5	100.8	104.0	111.3
上海	Shanghai	102.3	104.6	100.7	103.1	115.7	100.3	105.1	110.5
南京	Nanjing	102.9	106.8	101.5	105.1	124.7	99.9	111.0	114.0
杭州	Hangzhou	103.0	106.0	101.2	103.3	119.7	99.2	105.8	116.7
宁波	Ningbo	102.9	104.9	100.6	105.1	122.3	98.7	103.8	111.2
合肥	Hefei	102.8	106.8	99.1	105.0	129.7	97.8	101.8	121.2
福州	Fuzhou	102.4	106.7	99.6	97.9	128.8	100.4	103.7	130.7
厦门	Xiamen	102.7	107.1	100.5	105.6	127.8	103.4	101.6	122.5
南昌	Nanchang	102.7	106.3	100.6	110.5	119.2	99.7	109.5	125.9
济南	Jinan	103.1	108.4	101.4	103.7	135.6	100.7	104.8	107.1
青岛	Qingdao	103.1	108.1	103.3	101.9	133.5	102.2	103.1	125.7
郑州	Zhengzhou	102.9	107.6	99.1	109.5	126.1	99.2	106.8	120.6
武汉	Wuhan	103.1	106.8	100.4	107.6	123.7	100.2	106.9	122.2
长沙	Changsha	102.8	107.2	100.5	106.9	128.8	100.9	105.6	109.1
广州	Guangzhou	103.1	107.2	100.0	105.0	122.1	103.0	105.4	114.1
深圳	Shenzhen	103.2	107.1	101.2	105.4	120.5	100.9	106.5	112.5
南宁	Nanning	103.3	108.8	97.8	109.1	128.7	108.3	102.7	130.6
海口	Haikou	103.1	106.8	100.7	107.3	119.1	101.9	104.6	120.8
重庆	Chongqing	102.6	106.3	98.0	100.7	129.8	101.1	104.7	109.9
成都	Chengdu	102.7	108.2	103.0	99.5	133.6	99.6	101.1	116.3
贵阳	Guiyang	102.6	107.1	100.6	103.2	123.2	101.7	105.4	117.5
昆明	Kunming	102.1	106.2	102.1	108.8	116.0	96.1	105.4	124.5
拉萨	Lasa	102.2	102.4	99.9	101.7	103.9	99.3	101.5	105.2
西安	Xi'an	102.6	103.7	100.3	99.7	123.6	97.8	107.3	100.1
兰州	Lanzhou	102.1	105.4	100.7	105.1	119.0	100.4	106.1	120.8
西宁	Xining	102.4	104.9	102.1	102.7	114.8	97.6	108.7	102.4
银川	Yinchuan	102.0	104.8	101.4	101.9	112.8	98.4	104.4	122.6
乌鲁木齐	Urumqi	101.9	105.3	99.8	106.1	113.2	99.3	102.9	113.8

3-74 续表 continued

(上年同期=100) (same period of preceding year=100)

地区	City	衣着 Clothing	居住 Residence	生活用品及服务 Household Facilities, Articles and Services	交通通信 Transport and Communications	教育文化娱乐 Education, Cultural and Recreation	医疗保健 Health Care and Medical Services	其他用品及服务 Miscellaneous Goods and Services
平均指数	**Average Index**	**102.1**	**101.4**	**100.9**	**97.9**	**102.6**	**103.0**	**103.5**
北京	Beijing	102.1	101.4	99.9	97.1	101.1	107.9	103.1
天津	Tianjin	102.3	102.4	100.9	99.2	104.2	100.9	104.8
石家庄	Shijiazhuang	103.0	100.9	100.7	97.3	104.5	103.2	102.0
太原	Taiyuan	101.5	102.0	101.1	99.1	103.9	100.7	102.4
呼和浩特	Hohhot	102.7	102.4	100.7	98.2	102.5	102.7	102.2
沈阳	Shenyang	102.5	101.2	100.8	98.0	102.9	100.9	102.6
大连	Dalian	102.3	100.9	100.6	98.6	101.7	102.4	101.9
长春	Changchun	102.4	103.0	101.5	95.5	102.2	101.2	104.0
哈尔滨	Harbin	101.2	98.2	99.7	99.4	102.5	103.4	103.4
上海	Shanghai	103.1	101.9	101.0	97.7	101.3	103.4	103.3
南京	Nanjing	102.4	101.8	101.6	97.8	104.4	100.8	104.1
杭州	Hangzhou	101.2	101.1	103.0	99.0	104.1	106.8	102.6
宁波	Ningbo	102.8	101.0	103.2	98.9	104.5	104.5	105.0
合肥	Hefei	102.8	101.3	101.3	95.8	104.2	102.3	103.9
福州	Fuzhou	101.6	100.4	101.3	98.6	101.4	101.0	103.8
厦门	Xiamen	107.6	101.1	101.1	97.3	99.8	101.4	102.5
南昌	Nanchang	100.2	102.2	99.9	97.8	103.2	101.6	102.8
济南	Jinan	101.3	101.2	100.4	97.2	102.7	101.9	104.5
青岛	Qingdao	100.7	100.5	100.5	97.1	104.6	102.8	105.2
郑州	Zhengzhou	102.0	99.7	101.2	96.1	105.4	101.6	107.9
武汉	Wuhan	102.8	102.0	100.7	99.9	102.7	100.1	102.5
长沙	Changsha	101.3	100.6	100.7	98.2	103.4	102.2	103.8
广州	Guangzhou	101.5	100.7	100.7	98.3	102.7	104.0	104.7
深圳	Shenzhen	101.1	101.7	100.8	98.4	103.9	104.1	102.8
南宁	Nanning	102.6	100.8	100.0	97.9	103.6	100.8	102.1
海口	Haikou	103.1	101.6	101.1	98.8	101.4	101.3	105.3
重庆	Chongqing	100.3	102.1	100.7	98.4	102.0	100.7	102.8
成都	Chengdu	102.8	101.1	100.8	94.2	101.3	102.7	103.8
贵阳	Guiyang	101.4	100.8	100.0	99.1	100.7	103.4	101.5
昆明	Kunming	101.2	99.8	100.3	98.5	102.9	100.9	103.8
拉萨	Lasa	107.9	101.6	100.9	99.0	100.0	104.5	102.2
西安	Xi'an	103.2	102.7	101.6	99.2	104.1	100.9	103.8
兰州	Lanzhou	101.3	99.9	101.2	99.7	100.7	102.6	102.4
西宁	Xining	101.7	100.2	99.9	99.1	104.6	101.2	103.7
银川	Yinchuan	100.5	101.6	100.2	98.4	99.7	104.1	102.1
乌鲁木齐	Urumqi	99.5	100.3	102.4	98.4	100.9	101.4	104.0

3-75 36个大中城市居民消费价格分类指数(累计比)
Consumer Price Indices by Category for 36 Major Large and Medium-sized Cities (2019年1-12月)

(上年同期=100) (same period of preceding year=100)

地区	City	居民消费价格指数 Consumer Price Index	食品烟酒 Food, Tobacco and Liquor	粮食 Grain	鲜菜 Fresh Vegetables	畜肉 Meat	水产品 Aquatic Products	蛋 Eggs	鲜果 Fresh Fruits
平均指数	**Average Index**	**102.8**	**106.4**	**100.7**	**103.7**	**126.0**	**100.3**	**104.9**	**111.6**
北京	Beijing	102.3	105.2	99.6	100.7	120.9	98.4	103.8	111.2
天津	Tianjin	102.7	104.6	101.8	100.3	124.1	96.4	105.1	109.0
石家庄	Shijiazhuang	102.7	105.8	100.8	104.1	126.0	93.2	106.1	109.0
太原	Taiyuan	102.7	105.8	98.4	104.7	124.7	99.4	107.3	106.8
呼和浩特	Hohhot	102.6	104.8	100.4	98.4	120.7	100.4	114.2	109.6
沈阳	Shenyang	102.4	105.5	101.2	103.7	124.2	98.8	100.5	109.4
大连	Dalian	102.4	105.9	100.8	102.1	129.2	102.4	103.2	107.5
长春	Changchun	102.9	107.4	102.3	107.7	125.8	100.5	103.1	111.2
哈尔滨	Harbin	102.6	107.8	104.1	103.9	128.0	100.9	104.2	110.3
上海	Shanghai	102.5	105.0	100.7	103.8	118.7	100.3	105.2	109.9
南京	Nanjing	103.1	107.3	101.5	105.7	128.3	99.9	110.7	112.3
杭州	Hangzhou	103.1	106.3	101.1	103.4	123.1	99.1	105.6	114.6
宁波	Ningbo	103.0	105.2	100.5	105.2	125.3	98.6	103.7	109.6
合肥	Hefei	102.9	107.3	99.1	106.1	133.3	98.0	101.5	118.4
福州	Fuzhou	102.5	107.1	99.4	98.7	133.0	100.9	103.9	126.2
厦门	Xiamen	103.0	107.8	100.5	106.3	131.7	103.5	101.8	120.1
南昌	Nanchang	102.8	106.6	100.6	110.2	122.8	99.8	108.6	122.6
济南	Jinan	103.3	109.1	101.5	104.7	140.2	101.1	104.8	104.8
青岛	Qingdao	103.3	108.6	103.2	103.0	137.4	102.5	103.2	122.5
郑州	Zhengzhou	103.1	108.1	99.2	109.2	130.0	99.0	106.9	117.6
武汉	Wuhan	103.2	107.2	100.4	107.3	127.2	100.4	107.0	120.1
长沙	Changsha	102.9	107.6	100.6	106.6	132.5	100.9	105.3	106.8
广州	Guangzhou	103.0	107.5	99.9	104.5	125.8	102.8	105.8	111.3
深圳	Shenzhen	103.4	107.5	101.4	105.6	123.9	101.0	106.6	111.1
南宁	Nanning	103.4	109.5	97.8	108.8	133.5	108.5	103.0	128.3
海口	Haikou	103.3	107.5	100.6	106.9	123.6	101.8	104.6	120.3
重庆	Chongqing	102.7	106.8	97.7	101.5	133.1	101.4	104.7	107.8
成都	Chengdu	102.8	108.8	103.3	100.4	136.0	99.9	101.0	114.6
贵阳	Guiyang	102.7	107.6	100.5	103.8	126.1	102.0	105.7	116.0
昆明	Kunming	102.3	106.8	101.8	109.4	119.8	95.8	105.6	123.3
拉萨	Lasa	102.2	102.5	99.9	101.0	104.8	99.7	101.1	104.2
西安	Xi'an	102.7	104.1	100.4	101.0	126.2	97.9	107.3	97.7
兰州	Lanzhou	102.2	105.6	100.8	105.8	120.3	100.8	106.3	118.1
西宁	Xining	102.5	105.2	102.0	103.4	116.7	97.7	108.2	101.5
银川	Yinchuan	102.2	105.2	101.4	103.5	114.7	98.6	104.6	120.2
乌鲁木齐	Urumqi	102.0	105.4	99.9	106.3	114.5	99.4	103.4	112.3

3-75 续表 continued

(上年同期=100) (same period of preceding year=100)

地区	City	衣着 Clothing	居住 Residence	生活用品及服务 Household Facilities, Articles and Services	交通通信 Transport and Communications	教育文化娱乐 Education, Cultural and Recreation	医疗保健 Health Care and Medical Services	其他用品及服务 Miscellaneous Goods and Services
平均指数	**Average Index**	**102.0**	**101.3**	**100.8**	**98.0**	**102.6**	**103.0**	**103.6**
北京	Beijing	101.9	101.3	99.7	97.2	101.0	108.4	103.2
天津	Tianjin	102.1	102.4	100.9	99.3	104.2	100.9	105.0
石家庄	Shijiazhuang	103.1	101.0	100.6	97.5	104.3	103.2	102.1
太原	Taiyuan	101.4	101.9	101.2	99.3	103.7	100.6	102.4
呼和浩特	Hohhot	102.5	102.3	100.7	98.3	102.7	103.9	102.2
沈阳	Shenyang	102.4	101.2	100.8	98.0	102.8	100.9	102.6
大连	Dalian	102.0	100.8	100.7	98.6	101.5	102.3	102.2
长春	Changchun	102.2	102.8	101.5	95.6	102.1	101.2	104.2
哈尔滨	Harbin	101.0	97.8	99.6	99.3	102.5	103.5	103.7
上海	Shanghai	103.2	101.9	100.9	97.8	101.2	103.3	103.3
南京	Nanjing	102.3	101.7	101.5	97.9	104.4	100.7	104.3
杭州	Hangzhou	101.3	100.9	103.0	99.0	104.3	107.0	102.8
宁波	Ningbo	102.8	101.1	103.0	98.8	104.5	104.3	105.0
合肥	Hefei	102.6	101.2	101.2	96.0	104.1	102.2	104.0
福州	Fuzhou	101.4	100.4	101.3	98.7	101.3	101.0	103.9
厦门	Xiamen	107.3	101.1	101.2	97.6	99.9	101.4	102.6
南昌	Nanchang	100.2	102.1	99.9	97.9	103.3	101.6	103.1
济南	Jinan	101.3	101.3	100.3	97.3	102.7	101.7	104.5
青岛	Qingdao	100.6	100.5	100.5	97.3	104.7	102.8	105.3
郑州	Zhengzhou	102.0	99.8	101.2	95.9	105.0	101.6	108.0
武汉	Wuhan	102.8	101.9	100.6	99.8	102.6	100.2	102.6
长沙	Changsha	101.3	100.6	100.6	98.3	103.2	102.0	103.9
广州	Guangzhou	101.1	100.4	100.5	98.4	102.5	103.8	104.6
深圳	Shenzhen	101.3	101.6	100.7	98.5	104.0	103.9	102.9
南宁	Nanning	101.8	100.7	99.9	98.1	103.3	100.9	102.3
海口	Haikou	102.7	101.4	101.0	98.8	101.7	101.4	105.4
重庆	Chongqing	100.2	102.0	100.6	98.6	101.9	100.7	102.8
成都	Chengdu	102.6	100.9	100.8	94.5	101.3	102.7	103.7
贵阳	Guiyang	101.1	100.5	100.0	99.1	100.9	103.3	101.5
昆明	Kunming	101.1	99.8	100.2	98.5	102.9	100.9	103.9
拉萨	Lasa	107.7	101.4	100.9	99.2	100.0	104.7	102.5
西安	Xi'an	103.1	102.6	101.5	99.3	104.2	100.9	103.9
兰州	Lanzhou	101.3	99.9	101.2	99.6	100.8	102.5	102.5
西宁	Xining	101.4	100.4	100.1	99.3	104.3	101.2	103.9
银川	Yinchuan	100.3	101.6	100.2	98.4	99.8	104.0	101.9
乌鲁木齐	Urumqi	99.6	100.3	102.2	98.4	101.0	101.3	103.8

主要统计指标解释

城市居民消费价格指数 是反映城市居民购买的消费品及服务价格水平的变动趋势和变动程度的相对数。它是宏观经济分析和决策、价格总水平监测和调控以及国民经济核算的重要指标。其按年度计算的变动率通常被用来作为反映通货膨胀（或紧缩）程度的指标。

城市居民消费价格的调查范围包括城市居民购买并用于日常生活消费的商品和服务项目价格。按用途划分为8个大类，包括食品烟酒、衣着、居住、生活用品及服务、交通和通信、教育文化和娱乐、医疗保健、其他用品和服务等。

城市商品零售价格指数 是工业、商业、餐饮业和其他零售企业向城市居民、机关团体出售生活消费品和办公用品的价格水平变动趋势和变动程度的相对数。其目的在于掌握零售商品价格的变动趋势，为国家宏观调控和国民经济核算提供参考依据。

商品零售价格的调查范围涉及到各种类型的工业、商业、餐饮业和其他行业的零售商品以及农民对非农民居民出售商品的价格。包括食品、饮料烟酒、服装鞋帽、纺织品、家用电器及音响器材、文化办公用品、日用品、体育娱乐用品、交通通信用品、家具、化妆品、金银饰品、中西药品及医疗保健用品、书报杂志及电子出版物、燃料、建筑材料及五金电料等16大类。

固定资产投资价格指数 是反映一定时期内固定资产投资额价格变动趋势和程度的相对数。固定资产投资额是由建筑安装工程投资完成额、设备、工器具购置投资完成额和其他费用投资完成额三部分组成的。编制固定资产投资价格指数首先编制上述三部分投资的价格指数，然后采用加权算术平均法求出固定资产投资价格总指数。该指数可以准确地反映固定资产投资中涉及的各类商品和取费项目价格变动趋势和变动幅度，消除按现价计算的固定资产投资指标中的价格变动因素，真实地反映固定资产投资的规模、速度、结构和效益，为国家科学地制定、检查固定资产投资计划并提高宏观调控水平，为完善国民经济核算体系提供科学的、可靠的依据。

工业生产者出厂价格指数 是反映一定时期内全部工业产品出厂价格总水平的变动趋势和程度的相对数，包括工业企业售给本企业以外所有单位的各种产品和直接售给居民用于生活消费的产品。通过工业生产者出厂价格指数能观察出厂价格变动对工业总产值的影响。

工业生产者购进价格指数 是反映一定时期内全部工业企业作为生产投入，从物资交易市场和能源、原材料生产企业购买原材料、燃料和动力产品时，所支付的价格水平变动趋势和程度的相对数，是扣除工业企业物质消耗成本中的价格变动影响的重要依据。

住宅销售价格 指房产所有权转移时买卖双方实际成交的价格（合同价格）。房产买卖时，买房人购买的是房产的所有权，卖房人将房产所有权出让，同时要获得房产所有权出让的价值补偿。它主要包括新建住宅销售和二手住宅销售两部分。

新建商品住宅销售价格 指新建的、用于居住的进入房地产市场进行交易的房屋，第一次进行产权登记时的实际交易价格（合同价格）。其价格由成本、税金、利润、代收费用等组成，它受地段、层次、朝向、质量、材料差价等因素的影响。

二手住宅销售价格 指用于居住的进入房地产市场进行交易的房屋，再次进行产权登记时的实际交易价格。该指标取自《存量房屋买卖合同》。若合同中含有相关税费，则应将其扣除。

Explanatory Notes on Main Statistical Indicators

Urban Consumer Price Index reflects the trend and degree of changes in prices of consumer goods and services purchased by urban households. It is an indicator used for government decision making, price monitoring & controlling and improving the current national accounting system. The annual price index is used to reflect the degree of inflation and deflation.

Its survey field covers the prices of goods and services purchased by urban households and used for living. It is classified into 8 categories by food tobacco and liquor, clothing, residence, household facilities articles and services, transportation and communication, education, culture and recreation, health care and medical services, miscellaneous goods and services.

Urban Retail Price Index reflects the trend and degree of changes in retail prices of living consumer goods and office equipment which are sold to residents and organizations by retail enterprises. It can be used to know about the change tendency of the price of retailed goods, provides reliable data for government decision making and further improving the current national accounting system.

Its survey field covers the retail price of industry, commerce, catering trade and other sectors and prices of goods sold to non-agricultural population by farmers. Now it is classified into 16 categories by food, beverages tobacco and liquor, garments shoes and hats, textiles, household appliances music and video equipment, cultural and office appliances, articles for daily use, sports and recreation articles, transportation and communication appliances, furniture, cosmetics, gold silver and jewelry, traditional chinese and western medicines and health care articles, books newspapers magazines and electronic publications, fuels, building materials and hardware.

Price Index of Investment in Fixed Assets reflects the trend and degree of changes in prices of investment in fixed assets during a given period. The investment in fixed assets consists of three components, namely the investment in construction and installation, the investment in purchases of equipment and instrument, and the investment in other items. Price index of investment in fixed assets is calculated as the weighted arithmetic mean of the price indices of the three components of investment in fixed assets. Removing the factor of price change in the aggregates of investment at current prices, this indicator shows the changes in the prices of commodities and fees involved in the investment of fixed assets, and can be used to observe the actual size, growth, structure, and efficiency of investment in fixed assets and provides reliable and scientific date for government planning, management, decision making, and further improving the current national accounting system.

Industrial Producer Ex-factory Price Indices reflects the trend and degree of changes in general ex-factory prices of all industrial products during a given period, including sales of industrial products by an industrial enterprise to all units outside the enterprise, as well as sales of consumer goods to residents. It can be used to analyze the impact of ex-factory prices on gross industrial output value.

Industrial Producer Purchasing Price Indices reflects the trend and degree of changes in purchasing price of raw material, fuel and power paid by industrial enterprises when they purchase production as input from the market or other energy and raw material producers during a given period, and provide basis for measuring the material consumption of industrial enterprises after removing influence of price from cost.

Residential Houses Selling Price Index refers to the transfers the ownership of the property buyers and sellers of the actual clinch a deal price (the contract price). Estate sale, is the ownership of the property buyers to purchase, sellers will property ownership transfer, at the same time to obtain the value of the property ownership transfer compensation. It mainly includes two parts of the new housing sales and second-hand housing sales.

New Commodity Residential Houses Selling Price Index refers to the newly built into the real estate market, used to live in trading houses, undertake property right registration for the first time the actual transaction price of (the contract price). Its price by cost, taxes and profits, collecting fees, etc, it is location, level, orientation, quality, the factors of material price difference.

Second-hand Housing Sales Price refers to enter the real estate market for residential houses, which trade, undertake property right registration of actual transaction prices again. The index from the stock of the sale and purchase contract. If contract is contained in the relevant taxes, it should be deducted.

四、农　业

Chapter 4
AGRICULTURE

4-1 按人口平均的主要农产品产量
Per Capita Output of Major Agricultural Products (2015-2019)

指 标	Item	单位	Unit	2015	2016	2017	2018	2019
粮食总产量	Yield of Grain	千克	kilogram	119.25	128.29	136.35	134.45	142.94
#小 麦	Wheat	千克	kilogram	37.53	37.71	40.09	36.63	38.72
玉 米	Corn	千克	kilogram	69.70	75.98	76.62	70.89	73.75
水 稻	Rice	千克	kilogram	10.57	12.83	16.91	23.99	27.48
棉花总产量	Yield of Cotton	千克	kilogram	1.52	1.34	1.61	1.17	1.16
油料总产量	Yield of Oil-bearing Crops	千克	kilogram	0.23	0.86	0.81	0.46	0.26
蔬菜总产量	Yield of Vegetables	千克	kilogram	182.76	175.68	173.17	162.85	155.45
生猪出栏	Slaughtered Hogs	头	head	0.23	0.23	0.19	0.18	0.13
牛出栏	Slaughtered Cattle and Buffaloes	头	head	0.01	0.01	0.01	0.01	0.01
羊出栏	Slaughtered Sheep and Goats	只	head	0.04	0.04	0.04	0.03	0.02
家禽出栏	Slaughtered Poultry	只	head	4.84	4.70	3.94	3.49	4.35
肉类总产量	Output of Meat	千克	kilogram	28.13	27.57	23.21	21.72	19.49
#猪 肉	Pork	千克	kilogram	18.00	17.71	14.51	13.62	10.01
牛 肉	Beef	千克	kilogram	2.19	2.21	2.18	1.83	1.62
羊 肉	Mutton	千克	kilogram	0.96	0.95	0.91	0.76	0.54
禽蛋产量	Output of Poultry Eggs	千克	kilogram	12.20	12.25	12.20	12.45	12.40
奶类产量	Output of Milk	千克	kilogram	32.34	32.04	33.43	30.80	30.33
农林牧渔业产值	Output Value of Farming, Forestry, Animal Husbandry and Fishery	元	yuan	2446.36	2532.26	2454.09	2503.85	2652.98
农林牧渔业增加值	Added Value of Farming, Forestry, Animal Husbandry and Fishery	元	yuan	1081.61	1117.39	1117.63	1157.73	1226.83

注：人口数据为天津市常住人口数据。
Note: The population data is the permanent population data of Tianjin.

4−2 农业经济主要指标

Major Indicators of Agricultural Economy (2015-2019)

指　　标	Item	单位	Unit	2015	2016	2017	2018	2019
农作物总播种面积	Total Sown Area	万亩	10000 mu	649.92	665.49	662.54	643.91	615.40
#粮　食	Grain	万亩	10000 mu	528.22	543.01	527.10	525.32	508.90
棉　花	Cotton	万亩	10000 mu	25.98	19.35	31.00	25.65	21.16
油　料	Oil-bearing Crops	万亩	10000 mu	1.68	8.40	8.37	3.14	1.66
蔬　菜	Vegetables	万亩	10000 mu	77.05	70.35	73.92	74.62	72.51
粮食总产量	Yield of Grain	万吨	10000 tons	184.48	200.40	212.27	209.69	223.25
棉花总产量	Yield of Cotton	万吨	10000 tons	2.35	2.10	2.50	1.83	1.81
油料总产量	Yield of Oil-bearing Crops	万吨	10000 tons	0.36	1.34	1.26	0.72	0.41
蔬菜总产量	Output of Vegetables	万吨	10000 tons	282.72	274.43	269.61	253.98	242.78
生猪出栏	Slaughtered Hogs	万头	10000 heads	360.38	355.43	297.22	278.56	197.78
牛出栏	Slaughtered Cattle and Buffaloes	万头	10000 heads	19.62	20.07	19.49	16.69	14.10
羊出栏	Slaughtered Sheep and Goats	万只	10000 heads	63.32	63.51	55.22	49.17	34.21
家禽出栏	Slaughtered Poultry	万只	10000 heads	7492.90	7335.77	6137.62	5435.66	6786.50
肉类总产量	Output of Meat	万吨	10000 tons	43.51	43.07	36.14	33.88	30.43
禽蛋产量	Output of Eggs	万吨	10000 tons	18.87	19.13	18.99	19.41	19.36
奶类产量	Output of Milk	万吨	10000 tons	50.03	50.04	52.05	48.04	47.37
农林牧渔业总产值	Gross Output Value of Farming, Forestry, Animal Husbandry and Fishery	亿元	100 million yuan	378.44	395.57	382.07	390.50	414.35
农林牧渔业增加值	Added Value of Farming, Forestry, Animal Husbandry and Fishery	亿元	100 million yuan	167.32	174.55	174.00	180.56	191.61

4–3 农作物播种面积
Sown Area of Farm Crops (2015-2019)

单位：万亩 (10000 mu)

指 标	Item	2015	2016	2017	2018	2019
农作物总播种面积	**Total Sown Area**	**649.92**	**665.48**	**662.54**	**643.91**	**615.40**
一、粮食作物	**Grain Crops**	**528.22**	**543.01**	**527.10**	**525.32**	**508.90**
#夏收粮食	Grain Harvested in Summer	158.95	160.94	163.15	166.26	151.68
(一)谷 物	Cereal	519.76	534.16	517.06	513.58	498.48
#稻 谷	Rice	33.23	39.77	45.73	59.85	68.29
小 麦	Wheat	158.95	160.94	163.15	166.26	151.68
玉 米	Corn	323.57	329.29	302.13	280.16	271.16
(二)豆类合计	Beans	7.65	5.76	5.66	9.79	8.20
#大 豆	Soybean	7.12	5.31	5.06	9.31	7.72
绿 豆	Green Gram	0.31	0.11	0.20	0.18	0.18
红小豆	Ormosia	0.20	0.10	0.20	0.14	0.25
(三)薯类(折粮)	Tubers (converted into grain)	0.81	3.09	4.38	1.95	2.22
二.油料作物	**Oil-bearing Crops**	**1.68**	**8.38**	**8.37**	**3.14**	**1.66**
#花 生	Peanuts	1.17	1.90	2.20	2.15	1.36
芝 麻	Sesame	0.09	0.07	0.05	0.03	0.01
葵花籽	Sunflower Seeds	0.30	6.19	5.43	0.80	0.15
三、棉 花	**Cotton**	**25.98**	**19.39**	**31.00**	**25.65**	**21.16**
四、麻类合计	**Fiber Crops**					
五、蔬 菜(含菜用瓜)	**Vegetables (including melon-vegetable)**	**77.05**	**70.34**	**73.92**	**74.62**	**72.51**
六、瓜 类	**Melon**	**7.09**	**6.92**	**9.77**	**7.16**	**6.62**
#西 瓜	Watermelon	5.86	5.49	8.55	5.65	5.21
七、其他农作物	**Other Crops**	**9.91**	**17.44**	**12.38**	**8.02**	**4.55**

4–4 农作物种植结构
Planting Structure of Farm Crops (2015-2019)

单位：% (%)

指　　标	Item	2015	2016	2017	2018	2019
农作物总播种面积	**Total Sown Area**	**100.0**	**100.0**	**100.0**	**100.0**	**100.0**
一、粮食作物	**Grain Crops**	**81.3**	**81.6**	**79.6**	**81.6**	**82.7**
#夏收粮食	Grain Harvested in Summer	24.5	24.2	24.6	25.8	24.6
(一)谷　物	Cereal	80.0	80.3	78.0	79.8	81.0
#稻　谷	Rice	5.1	6.0	6.9	9.3	11.1
小　麦	Wheat	24.5	24.2	24.6	25.8	24.6
玉　米	Corn	49.8	49.5	45.6	43.5	44.1
(二)豆类合计	Beans	1.2	0.9	0.9	1.5	1.3
#大　豆	Soybean	1.1	0.8	0.8	1.4	1.3
绿　豆	Green Gram	0.0	0.0	0.0	0.0	0.0
红小豆	Ormosia	0.0	0.0	0.0	0.0	0.0
(三)薯类(折粮)	Tubers (converted into grain)	0.1	0.5	0.7	0.3	0.4
二.油料作物	**Oil-bearing Crops**	**0.3**	**1.3**	**1.3**	**0.5**	**0.3**
#花　生	Peanuts	0.2	0.3	0.3	0.3	0.2
芝　麻	Sesame	0.0	0.0	0.0	0.0	0.0
葵花籽	Sunflower Seeds	0.0	0.9	0.8	0.1	0.0
三、棉　花	**Cotton**	**4.0**	**2.9**	**4.7**	**4.0**	**3.4**
四、麻类合计	**Fiber Crops**					
五、蔬　菜(含菜用瓜)	**Vegetables (including melon-vegetable)**	**11.9**	**10.6**	**11.2**	**11.6**	**11.8**
六、瓜　类	**Melon**	**1.1**	**1.0**	**1.5**	**1.1**	**1.1**
#西　瓜	Watermelon	0.9	0.8	1.3	0.9	0.8
七、其他农作物	**Other Crops**	**1.5**	**2.6**	**1.9**	**1.2**	**0.7**

4–5 农作物总产量
Yield of Farm Crops (2015-2019)

单位：万吨 (10000 tons)

指 标	Item	2015	2016	2017	2018	2019
一、粮食作物	**Grain Crops**	**184.48**	**200.40**	**212.27**	**209.69**	**223.25**
#夏收粮食	Grain Harvested in Summer	58.06	58.90	62.41	57.13	60.47
(一) 谷 物	Cereal	183.08	198.60	209.94	207.36	221.17
#稻 谷	Rice	16.35	20.04	26.33	37.41	42.91
小 麦	Wheat	58.06	58.90	62.41	57.13	60.47
玉 米	Corn	107.82	118.69	119.29	110.55	115.18
(二)豆类合计	Beans	1.01	0.89	0.85	1.42	1.09
#大 豆	Soybean	0.95	0.83	0.78	1.35	1.04
绿 豆	Green Gram	0.04	0.01	0.02	0.02	0.02
红 小 豆	Ormosia	0.02	0.01	0.02	0.02	0.03
(三)薯类(折粮)	Tubers (converted into grain)	0.39	0.91	1.48	0.91	0.99
二.油料作物	**Oil-bearing Crops**	**0.36**	**1.34**	**1.26**	**0.72**	**0.41**
#花 生	Peanuts	0.27	0.43	0.53	0.62	0.36
芝 麻	Sesame	0.01	0.01	0.00	0.00	0.00
葵 花 籽	Sunflower Seeds	0.05	0.86	0.61	0.08	0.03
三、棉 花	**Cotton**	**2.35**	**2.10**	**2.50**	**1.83**	**1.81**
四、蔬 菜(含菜用瓜)	**Vegetables (including melon-vegetable)**	**282.72**	**274.43**	**269.61**	**253.98**	**242.78**
五、瓜 类	**Melon**	**23.07**	**21.77**	**20.26**	**22.64**	**21.67**
#西 瓜	Watermelon	20.33	18.94	18.45	18.91	18.71

4–6 畜牧业生产情况
Production of Animal Husbandry
(2015–2019)

指　　标	Item	单位	Unit	2015	2016	2017	2018	2019
一、畜禽存栏	**Livestock and Poultry Stocks**							
猪	Hogs	万头	10000 heads	187.80	180.80	179.95	196.91	124.26
牛	Cattle and Buffaloes	万头	10000 heads	23.16	23.21	25.85	24.57	25.68
1.肉牛	Beef Cattle	万头	10000 heads	12.32	12.39	13.84	13.27	14.68
2.奶牛	Cows	万头	10000 heads	10.74	10.75	11.95	11.30	11.00
羊	Sheep and Goats	万只	10000 heads	44.63	43.82	43.48	41.93	39.23
活家禽	Poultry	万只	10000 heads	2590.18	2601.44	2294.51	2230.98	2432.77
其中：活鸡	Chickens	万只	10000 heads	2498.61	2443.06	2158.35	2249.36	2334.01
二、畜禽出栏	**Number of Slaughtered Livestock and Poultry**							
猪	Hogs	万头	10000 heads	360.38	355.43	297.22	278.56	197.78
牛	Cattle and Buffaloes	万头	10000 heads	19.62	20.07	19.49	16.69	14.10
羊	Sheep and Goats	万只	10000 heads	63.32	63.51	55.22	49.17	34.21
活家禽	Poultry	万只	10000 heads	7492.90	7335.77	6137.62	5435.66	6786.50
三、畜禽产品产量	**Output of Livestock and Poultry Products**							
猪肉	Pork	万吨	10000 tons	27.85	27.67	22.59	21.24	15.64
牛肉	Beef	万吨	10000 tons	3.39	3.45	3.39	2.85	2.53
羊肉	Mutton	万吨	10000 tons	1.49	1.49	1.42	1.18	0.85
禽肉	Poultry	万吨	10000 tons	10.73	10.39	8.67	8.55	11.27
禽蛋	Poultry Eggs	万吨	10000 tons	18.87	19.13	18.99	19.41	19.36
其中：鸡蛋	Hen's Eggs	万吨	10000 tons	16.26	17.78	17.75	19.08	19.03
牛奶	Cow Milk	万吨	10000 tons	50.03	50.04	52.05	48.04	47.37

主要统计指标解释

农作物总播种面积 指应该在本日历年度内收获农产品的作物播种面积之和。其计算公式为：

农作物总播种面积=上年秋冬播作物面积+本年春播作物面积+本年夏播作物面积=本年夏收作物播种面积+本年秋收作物播种面积

粮食总产量 指全社会的产量。包括国有经济经营的、集体统一经营的和农民家庭经营的粮食产量，还包括工矿企业家属办的农场和其他生产单位的产量。包括稻谷、小麦、玉米、高粱、谷子、其他杂粮、薯类、大豆。其计算方法，豆类按去豆荚后的干豆计算；薯类按 5 公斤鲜薯折 1 公斤粮食计算。其他粮食一律按脱粒后的原粮计算。

当年出栏头数 指农林牧渔企业生产单位饲养的，供屠宰并已出栏的全部牲畜头数。包括交售给国家，集市上出售的部分。

Explanatory Notes on Main Statistical Indicators

Sown areas of Farm Crops refer to area of land sown incurrent year. The formula is:

Sown areas of Farm Crops = area of land sown in previous autumn and winter + area of land sown in current spring + area of land sown in current summer = sown area of current summer crops + sown area of current autumn crops

Grain Output refer to the total output in the whole region including grain produced by state farms, collective units, rural households, as well as by farms affiliated to industrial and mining enterprises and other production units. Grain includes rice, wheat, corn, sorghum, millet, tubers, soybean and others. The beans are calculated according to the dried beans after the pods. Tubers are calculated according to 5 kilograms of fresh tubers folded 1 kilogram of grain. All other grains are calculated according to the original grain after threshing.

Number of Livestock Slaughtered refers to the total number of animals for butchering by farming, forestry, animal husbandry and fishery, including parts of selling to country and markets.

主要统计指标解释

Explanatory Notes on Main Statistical Indicators